Un matriarcat en procès

Analyse systématique de romans canadiens-français,
1860-1960

collection «lignes québécoises»

dirigée par Laurent Mailhot

Léo-Paul Desrosiers ou le récit ambigu
par Michelle Gélinas

«Parti pris» littéraire
par Lise Gauvin, professeur à l'Université de Montréal

Anne Hébert et le miracle de la parole
par Jean-Louis Major, professeur à l'Université d'Ottawa

Le Fou et ses doubles : figures de la dramaturgie québécoise
par Pierre Gobin, professeur à l'Université Queen's

Saint-Denys Garneau à travers Regards et jeux dans l'espace
par Robert Vigneault, professeur à l'Université d'Ottawa

Germaine Guèvremont : une route, une maison
par Jean-Pierre Duquette, professeur à l'Université McGill

Jacques Ferron au pays des amélanchiers
par Jean-Pierre Boucher, professeur à l'Université McGill

Hubert Aquin, agent double
par Patricia Smart, professeur à l'Université Carleton

Marie-Claire Blais : le noir et le tendre
par Vincent Nadeau, professeur à l'Université Laval

Gilles Hénault : lecture de Sémaphore
par Hugues Corriveau, professeur au Collège de Sherbrooke

Paul-Marie Lapointe : la nuit incendiée
par Jean-Louis Major, professeur à l'Université d'Ottawa

Jacques Ferron, cartographe de l'imaginaire
par Pierre L'Hérault, professeur à l'Université Concordia

Alain Grandbois : le douloureux destin
par Yves Bolduc, professeur à l'Université de Moncton

Un matriarcat en procès

Analyse systématique
de romans canadiens-français,
1860-1960

Janine Boynard-Frot

1982
Les Presses de l'Université de Montréal
C.P. 6128, succ. «A», Montréal (Québec)
CANADA H3C 3J7

Cet ouvrage a été publié grâce à une subvention de la
Fédération canadienne des études humaines, dont les fonds
proviennent du Conseil de recherches en sciences humaines du Canada.

ISBN 2-7606-0609-0
DÉPÔT LÉGAL, 4ᵉ TRIMESTRE 1982, BIBLIOTHÈQUE NATIONALE DU QUÉBEC

Introduction

Le roman du terroir s'inscrit dans une aire culturelle et dans un système littéraire qui déterminent, et c'est cela que nous nous proposons de démontrer en travaillant au niveau de la macrostructure, ses propriétés structurelles.

Notre champ d'exploration est constitué d'un corpus de textes qui ont été classés par la critique littéraire dans un «genre» dit du terroir. Or, les traits communs relevés dans les romans du terroir et érigés en critères définitoires de ce «genre» sont susceptibles de se retrouver dans d'autres productions textuelles constitutives de l'environnement culturel du roman du terroir, qu'il s'agisse de poésies, contes, nouvelles ou autres textes et quel que soit leur étiquetage, romans de mœurs, historiques ou bibliques. Ce qui importe donc, c'est moins d'isoler un phénomène que de mettre à jour le processus par lequel se réalise l'assujettissement des individus à une idéologie dominante par le biais des pratiques de lecture-écriture. Un mode d'organisation sociale produit certains effets reconnaissables dans les formes secrétées par un mode de pensée propre à cette organisation. L'autonomie de la littérature étant un concept idéaliste, il faut, pour délivrer le sens d'un texte, «relier une théorie (des structures narratives) avec des théories qui décrivent et expliquent la production et la réception de telles structures, leur usage, conditionnement et fonction pour des individus et des groupes déterminés dans une société donnée et à une certaine époque» (Van Dijk, cité par Grivel, dans *Sémiotica*, X, 1974, 105).

Au-delà de l'apparente diversité des textes, nous identifierons des fonctionnements communs et identiques qui masquent, par l'illusoire cohésion qu'il donnent à cette production, les indices de contradictions qu'ils recèlent, indices refoulés sous l'action du commentaire critique qui les accompagne lors de leur émergence, afin d'orienter la lecture, conformément aux intérêts de la classe dominante, de sorte que la présence des classes ou groupes dominés qui apparaissent toujours en position dominée dans les textes soit oblitérée. Modelés par les structures inconscientes qu'ils enregistrent, les individus ne consommant que les productions et discours de la classe dominante sont alors aptes à reproduire la société de classes.

À peine dix pour cent de la production littéraire romanesque du terroir est entrée dans le musée de l'histoire littéraire. On a reproché à ces textes d'être nés d'une «volonté de linguistes et de théoriciens» (Pierre de Grandpré, *H.L.F.Q., II,* 115) et de s'être complus «dans le chant sentimental de la terre, dans l'ode en prose au paysan heureux et paisible, dispensateur du pain familial, conservateur des traditions nationales, promoteur enfin de la survivance de la race» (*ibid.,* 121). Or, le travail de ces linguistes et théoriciens sur la langue — et tout particulièrement celui de Mgr Camille Roy, que l'idéologie littéraire a assimilé à un travail «d'orfèvre» — s'inscrit en cette fin du XIXe siècle, dans une période qui vit, par la mise en place d'un dispositif de domination culturelle, se parachever le système de domination de la classe cléricale travaillant, non pas en dilettante mais efficacement et en vue de la reproduction de son idéologie.

Tout travail sur la langue, en vue de la codifier et de la normaliser, est susceptible de faire ainsi l'objet d'une représentation idéalisée. Mais une conception matérialiste de la littérature ne saurait ignorer que ce travail ne peut relever que d'une politique de la langue et n'être évalué qu'en fonction de ses effets, indissociables, sur les pratiques générales de lecture-écriture. La classe dominante, en ne nommant que le nommable, soustrait aux classes et groupes dominés les instruments linguistiques qui leur permettraient de prendre conscience de leur position dominée et d'articuler leurs revendications. Dotés d'un bagage linguistique restreint au cours de leur apprentissage de la langue, les dominés, ainsi que les signale France Vernier, apprennent que le mot «grève en bon français est synonyme de plage» (*l'Écriture et les textes*, 60) et par ailleurs, que le mot «sexisme», occulté par le dictionnaire Larousse dans son édition de 1975, est un acquis récent. Au-delà de la «beauté» de la langue française, au-delà de la «beauté» des productions textuelles, valeurs sur lesquelles la critique traditionnelle concentre son activité, il y a l'efficace de fonctionnement de ces productions qui fixent le code, exerçant ainsi une fonction de socialisation des individus destinés à entrer dans des rôles sociaux différents, selon qu'ils sont marqués du sexe féminin ou masculin et selon qu'ils appartiennent à la classe riche ou pauvre.

Nous nous détournons du point de vue idéaliste qui fit voir le roman du terroir comme «le chant sentimental d'un peuple heureux et sans histoire», pour appréhender les textes dans leur «matérialité signifiante, dans et par les opérations de signification et les différentes structurations actantielles, narratives où s'élabore le texte» (Solange Ouvrard, *Dialectiques*, 17).

1
Espace du roman

Chapitre premier

Le nouveau statut du texte comme effet de l'industrialisation

L'émergence des productions textuelles est conditionnée par un ensemble de déterminations liées tant aux normes morales et esthétiques en vigueur, lesquelles influent directement sur les pratiques de la lecture-écriture, qu'à des conditions externes relatives à la situation du marché de l'édition, à la position de l'écrivain(e) dans le système littéraire et dans le système social, de même qu'à la structuration du système littéraire et à son degré d'autonomie.

Nous saisissons le roman du terroir au moment de son émergence, au milieu du XIXe siècle, alors que de profonds changements institutionnels, notamment l'Acte d'Union fondant les deux Canada en un seul, devaient s'opérer sous les effets conjugués et inséparables de l'industrialisation et de l'expansion capitaliste et se répercuter sur la société canadienne-française «vouée», sous la pression du capital étranger, à une économie de subsistance.

Observant, dès 1852, que le marché du livre canadien-français est envahi par les productions européennes, Cherrier, l'éditeur du roman de Chauveau, *Charles Guérin*, n'est pas sans constater que le livre est entré dans l'ère industrielle, qu'un stade est révolu et que désormais c'est en termes de production-consommation que doit être perçu tout écrit.

Aussi amorce-t-il une tentative pour reconquérir ou tout au moins pour s'inscrire dans un marché contrôlé par les intérêts étrangers. Dans un avis préfaçant l'ouvrage de Chauveau, il annonce — et en cela il sera un initiateur — qu'il croit faire «acte de courage et de bon exemple, en achetant (le) premier une œuvre littéraire». C'est une attitude qu'à notre époque nous serions encline à juger bien timorée de la part d'un homme d'affaires plus motivé, semble-t-il, par les principes moraux que par le profit. Or, ce ton dévoué et soumis est susceptible d'avoir pour effet d'enrober les attaques portées par Cherrier contre les «pouvoirs» qui, selon ses dires, ont toujours dénié au produit littéraire toute valeur marchande ou symbolique, s'opposant même à l'émergence des productions textuelles en privant les producteurs dotés «d'inspiration» et de génie des «moyens» de production, les contraignant, en outre, à exercer une pratique «discréditée» dans l'anonymat et leur soustrayant les moyens de diffusion tant en ce qui regarde les services du «libraire» que ceux de «l'éditeur». Cherrier se serait donc engagé dans la pratique éditoriale pour épargner «les risques et les ennuis de la publication» aux auteurs. Les risques sont réels. Il n'est, pour s'en convaincre, que d'évoquer un cas donné en exemple par David Hayne (*RUO*, 1961, 137-157), celui de Louis Perrault qui fut arrêté à la suite de l'impression d'un roman dont le présumé auteur aurait été Napoléon Aubin, et qui décrivait la rébellion de 1837.

Le développement d'un système de production de biens symboliques, marqué notamment par une expansion de la presse[1], coïncide, en cette moitié du XIXᵉ siècle, avec l'industrialisation certes, mais aussi avec, sur le plan artistique, «le préromantisme canadien» représenté par David Hayney comme un développement du phénomène de production et de consommation des productions textuelles. Avant 1860, ainsi que l'observe cet auteur, la circulation des œuvres était intense. On lisait Lamartine Hugo, Chateaubriand, Sue, Balzac, Georges Sand, Byron, Dickens, Scott. On écrivait, on publiait dans les journaux et revues. Les idées et les événements révolutionnaires européens attisaient l'imagination et l'audace des Canadiens français qui, à la manière de Lenoir-Rolland, exprimaient leurs revendications dans leurs écrits.

> Occupez-vous aussi du sort du prolétaire : Soit qu'il fasse le crime à l'ombre du mystère, soit qu'auprès de la borne il s'asseye en priant! Journalistes, frondant toute erreur, tout scandale, cette question-ci vaut bien la féodale! Elle intéresse plus que celle d'Orient! (*RUO*, 155).

1.   Pas moins de vingt et un journaux ou feuilles apparurent sur le marché entre 1834 et 1859.

Il y a concomitance entre cet engouement pour le romantisme dont une des manifestations est la production d'écrits sur la rébellion de 1837 et l'action, sur le plan politique, d'une petite bourgeoisie professionnelle canadienne-française, liée par des intérêts de classe aux paysans, et à l'origine des idées nationalistes, démocratiques et anticléricales qui circulaient. La désaffectation du peuple pour les pratiques religieuses explique cette émancipation en même temps qu'elle atteste le déclin du pouvoir clérical en cette période. Mais après l'échec des insurrections de 1837, le clergé, ainsi que le souligne Denis Monière, «profite de cet état de confusion sociale pour reprendre son emprise sur le peuple» (*le Développement des idéologies au Québec*, 1977, 148) en même temps que les libéraux «modérés» sous l'action des capitalistes canadiens-français qui leur distribuent de petits privilèges, petits postes et petits pouvoirs, se substituent aux radicaux de 1830. De sorte que le virage — observé par David Hayne qui note qu'à partir de 1860 «la poésie politique perd sa vigueur» et qui observe, en outre, un double phénomène d'émergence de nouveaux thèmes et de rejet des normes admises — n'est qu'un effet de la victoire du clergé qui manifeste son pouvoir. Lenoir-Rolland, nommé au département de l'Instruction publique, chantera dès lors «Labeur et récompense» ou «Les laboureurs»; Routhier, en 1871, s'étonnera d'avoir pu éprouver tant d'émotion à lire Lamartine quelques années plus tôt alors qu'il n'y trouve plus que «du vide»; les textes, à l'exemple de *l'Influence d'un livre* expurgé par l'abbé Casgrain lors de sa réédition en 1864 ou de *Jean Rivard, le défricheur* lui aussi amputé de quelques pages et remanié en 1874 «en vue de la rendre plus acceptable à la classe de lecteurs auxquels il s'adresse spécialement», portent la marque de l'usage auquel ils sont dorénavant destinés.

Un dispositif de production et de diffusion de l'idéologie dominante sera dès lors mis en place pour contrer les effets d'une diffusion des idées que les méthodes industrielles, par la voie du «journal à un sou» et du «feuilleton à bon marché» ont, de l'avis d'Edmond Rousseau, l'auteur des *Exploits d'Iberville*, répandues partout, «vrai déluge» atteignant «les campagnes les plus reculées» et ensemençant les jeunes esprits de «songes creux» et de «doctrines subversives».

C'est dans ce cadre idéologique que l'on doit lire le texte de Charrier, homme peu soucieux de ses intérêts personnels parce que tout entier dévoué à des intérêts de classe. Du «dévouement» de Cherrier et de ses épigones va sourdre ce que

Bourdieu dénomme une sphère de production restreinte, lieu où va s'élaborer le code littéraire dominant, lieu de production d'une littérature embourgeoisée, dominée et sacralisée parce que érigée en modèle, par opposition à la littérature de masse transmise, elle, par les journaux et feuilletons, littérature déqualifiée sous l'effet du mercantilisme qui est à la base de sa production, et honnie par les détenteurs officiels du bon goût.

Les normes esthétiques et surtout morales constitutives du code littéraire dominant sont prescrites dans les préfaces des romans du XIXᵉ siècle, dans les articles de revues et de journaux, dans les discours, et naturellement inculquées par le système d'éducation scolaire et familial. Les directives ne prêtent pas à confusion, «peignons l'enfant du sol tel qu'il est, religieux, honnête, paisible de mœurs et de caractère», déclame Patrice Lacombe, agent des finances et conseiller juridique des Sulpiciens, dans une «postface» à *la Terre paternelle*; «peindre fidèlement les époques les plus remarquables de nos annales» recommande Joseph Marmette, fonctionnaire à Ottawa et fondateur de la Société royale du Canada, dans son introduction à la deuxième édition de *François Bienville;* quant à Phamphile Le May, conservateur de la Bibliothèque de l'Assemblée législative de Québec et membre fondateur de la Société royale du Canada, c'est «la peinture si vraie de nos mœurs (et le) tableau si frappant (de) notre histoire» qui l'incitent à rendre hommage à William Kirby, l'auteur de *le Chien d'or.* Vues que va amplifier et accréditer le prestigieux abbé Casgrain, lors de la présentation d'une Étude sur *Angéline de Montbrun* à une séance de la Société royale dans laquelle il subordonne l'existence de la littérature canadienne-française à la «peinture» des «mœurs», de «l'histoire» et de la «physionomie» du «pays de ses habitants».

La littérature se voit donc assigner une fonction exclusive de représentation d'une réalité que l'on prend soin de circonscrire. Le modèle proposé, c'est celui de l'habitant à l'aise mais modeste et surtout docile, tant il importe que ne soient point exhibés, ni même esquissés, les conflits sociaux générés par les revendications des classes opprimées qui réagissent en cette fin du XIXᵉ siècle. L'art en tant que pratique transformatrice est exclu. On va prohiber tout ce qui n'est pas «saine et utile littérature», tout ce qui n'est pas roman «bon», «honnête», «moral», «vertueux», «national». Et, afin de prévenir l'émergence de toute topique ou thématique non conforme et d'en refouler la tentation, on discrédite, sur la base de principes soi-disant nationalistes, toutes les productions étrangères fourmillant de drames sociaux et de conflits de toutes sortes, enfin tous ces romans, dira Patrice Lacombe, «des vieux pays que la civilisation a gâtés».

La notion d'imposition d'un code littéraire implique celle de répression. Louis Althusser (*la Pensée*, 1970, 3-38) a démontré que l'hégémonie d'une classe, dans une formation sociale donnée, se réalise par la médiation de deux types d'appareils, l'un répressif, l'autre idéologique. L'hégémonie, qui a pour effet d'assujettir les individus à l'idéologie dominante, s'exerce, à la fois, dans et sur les appareils idéologiques que sont la religion, le système d'enseignement, de même que les appareils culturels dont fait partie la littérature.

En même temps qu'une fraction de classe constituée de la petite bourgeoisie canadienne-française, tributaire et par le fait même ralliée à la classe dominante capitaliste anglaise, structurait l'appareil culturel, l'élite cléricale imposait sa domination sur l'appareil scolaire qui a pour caractéristique d'être l'appareil dominant en matière de contrôle idéologique.

Consciente que ce n'est qu'après «avoir formé la chaîne des idées dans la tête de ses concitoyens» qu'un «vrai politique les lie» (Charlot et Pigeat, *l'École aux enchères*, II), l'élite cléricale se préoccupe très tôt de la mise en place d'un système de diffusion de ses idées qui chemineront à travers journaux, prônes, mandements, lettres pastorales, séances de catéchisme. La confession, exerçant une pression sur chaque individu, isolément, secrètement, en le soumettant à un système de punition-récompense sous la forme publiquement affichée de l'attribution ou de la non-attribution de l'hostie au cours de la séance de communion, est un système de répression efficace qui permet d'atteindre, pour les assujettir, toutes les couches de la population peu ou pas scolarisées.

Le système d'éducation, par lequel se réalise en douceur et profondeur la socialisation des individus, fut perçu par cette élite comme une position stratégique qu'il lui fallait conquérir au besoin par la lutte. L'Église, qui contrôlait l'enseignement secondaire et collégial dont le but premier était de reproduire ses propres cadres, commença à se préoccuper du niveau primaire dès l'instant ou l'État, en 1801, puis l'élite laïque en 1829, tentent d'organiser ce niveau. Dès 1837 Mgr Lartigue entreprend donc la conquête de ce champ d'influence. Il fait venir quelques frères des Écoles chrétiennes et sensibilise le clergé à son rôle d'éducateur par voie de mandements; plus tard, les évêques lutteront[2] contre le rapport Buller qui éliminait le clergé en confiant l'administration locale des écoles à des commissaires élus. Ils auront gain de cause, puisque la loi sera modifiée à leur avantage en 1845. Dès lors, et sous l'égide de Mgr Bourget, on assiste à un renforcement de l'encadrement religieux qui se manifeste par un accroissement fulgurant des ordinations ainsi que par l'arrivée de communautés d'émigrés dont les Oblats, les Jésuites, les Clercs de Saint-Viateur et les Pères de Sainte-Croix, ultramontains qui influenceront le clergé québécois et favoriseront la fondation et l'expansion de communautés et de séminaires[3].

Cette victoire de l'Église, dans le domaine de l'Éducation, est l'indice de l'assomption d'un pouvoir qui ne cessera de s'accroître, de sorte qu'en 1871, l'évêque de Saint-Hyacinthe pouvait écrire :

> Louons Dieu de l'indépendance, de la liberté et des privilèges si amples et si large dont jouit notre modeste Église de la province de Québec, mieux partagée sous ce rapport qu'aucune autre Église du monde peut-être (*Mandements*, 3,418).

L'historique de la lutte entreprise par l'élite cléricale pour dominer le champ de la production des biens symboliques est suffisamment circonstanciée dans l'ouvrage dirigé par Fernand Dumond, ouvrage sous et sus-cité, que point n'est besoin d'élaborer sur ce chapitre. Rappelons simplement que sur le plan religieux l'excommunication et la privation de la communion ont été, en permanence, les armes pointées sur tout éventuel consommateur et il va sans dire sur tout producteur de textes non conformes. Les journaux tels que *l'Avenir, le Pays, la Lanterne,* de même que l'Institut canadien furent les cibles choyées de cette répression. De même, sur le plan politique, la censure s'introduisant chez les imprimeurs, chez les éditeurs

2. Voir l'historique de ces luttes dans *Idéologies au Canada français 1850-1900*, p. 73.
3. Pour plus d'informations, consulter «La vie du clergé québécois au XIXe siècle», dans *Idéologies au Canada français 1850-1900*, p. 265.

et les libraires[4], réprima et prévint toute subversion. Les producteurs réfractaires, à l'exemple d'Arthur Buies, seront privés des moyens de production sous l'effet de campagnes de discrédit et de pressions sur les employeurs, sur les amis, sur la famille. Par contre, une infrastructure est mise en place pour le «bon» livre, le «bon» journal, protégés contre les aléas du marché grâce à l'appui du clergé. Ainsi, *le Courrier du Canada* et *The True Witness*, tous deux aux prises avec des difficultés financières, furent-ils rescapés par l'évêque de Québec qui chargea les curés de recueillir des fonds auprès de leurs paroissiens afin, dit-il, de soutenir ces bonnes causes et de sauver les catholiques du «Bas-Canada» de «l'opprobre» dont les couvrirait la chute de ces feuilles.

En outre, les mandements, lettres pastorales et prônes, pullulent d'interdictions qui frappent tout ce qui a apparence de réunion motivée par les loisirs ou le travail, qu'il s'agisse de danses, de glissades, de théâtre, de pique-niques, de promenades à pied, en raquettes, ou de rassemblements avant, pendant ou après le travail ou à propos de travail. La charge du clergé contre les «sociétés secrètes», notamment les Chevaliers du travail, les Cordonniers, les Forestiers, les Odds Fellow, toutes condamnées et contraintes à s'activer en secret, témoigne du type de pouvoir autoritaire exercé par les ultramontains.

---

4.   David Hayne évoque le «nettoyage» de la Librairie Rolland au cours duquel 1 500 livres auraient été détruits, dans «Les origines du roman canadien-français», dans *le Roman canadien-français*, Montréal, Fidès, Archives des lettres canadiennes, t. III, 1964, p. 40.

Chapitre 2

L'idéologie agriculturiste comme effet de l'hégémonie cléricale

À la fin du XIXe siècle, l'Église exerce donc son hégémonie idéologique. Elle agit comme une force politique et, grâce à la mainmise sur la presse, contrôle l'électorat tout en manœuvrant les politiciens canadiens-français. Il importe de rappeler que l'emprise de la classe cléricale sur le peuple canadien-français fut favorisée, et là réside l'assise de ce pouvoir, par la classe dominante anglaise. Avant 1837, Durham déplorait, officiellement, «l'affaiblissement sérieux du rôle du clergé dans la région de Montréal» ce qui mettait, selon lui, le gouvernement dans l'impossibilité de «ramener la population à des sentiments meilleurs» (Monière, *ibid.*, 148). La «politique» agriculturiste préconisée par le clergé se situait très précisément dans la ligne de pensée du dominant qui offrit son large soutien. Le gouverneur général du Canada, Lord Elgin, fut prodigue de fonds pour la colonisation et plus encore, il composa lui-même un petit traité sur l'agriculture destiné aux Canadiens français. Mandé pour en assumer la diffusion, l'archevêque de Québec s'acquitta de cette tâche avec zèle.

> En mettant entre les mains de vos paroissiens, (écrit-il aux curés) ce gage de l'intérêt que son Excellence porte au bien-être des habitants du pays, vous profiterez, j'en suis sûr, avec plaisir, de la circonstance, pour leur apprendre à estimer leur état, à bien apprécier les ressources que leur offre l'agriculture, surtout si elle est aidée par une bonne et solide instruction, puis à les convaincre

qu'ils ne sauraient rendre un plus grand service à leurs enfants que de les faire entrer dans cette carrière, qui assure à tout homme laborieux une honnête indépendance, et qui renferme le plus d'éléments de prospérité et de bonheur (*Mandements*, 4, 21).

En maintes occasions, tant en 1759[1] qu'après 1837, l'Église exprima, en termes chaleureux et non équivoques, sa parfaite soumission à l'ordre britannique et offrit sa collaboration la plus zélée. Les évêques, par lettres pastorales, mandements, circulaires et journaux, entretiendront le peuple dans l'idée qu'il doit obéir à «l'autorité, à l'union fédérale» (*Mandements,* 4, 580), car il n'est point de plus grand bonheur, assurent les évêques de Québec et de Saint-Hyacinthe, que de voir notre pays «placé sous l'égide d'une puissance, qui ne nous moleste en rien, nous accorde la somme des libertés désirables et fait de nous le peuple le plus heureux de l'Univers» (*Mandements,* 9, 274). Peuple canadien-français, tellement heureux mais inconscient de son bonheur qu'une fois de plus dans l'histoire, les élites cléricales sauront, par la voix du cardinal Villeneuve, le préserver des erreurs de jugement au moment de la Deuxième Guerre mondiale en l'incitant à obéir à l'autorité et aux lois alors qu'il avait exprimé sa répugnance pour la guerre et la conscription.

Alors qu'au XIXe siècle s'opérait un nouveau mode de production fondé sur la coopération universelle, alors que le capitalisme dissolvait «les derniers restes de l'économie fermée» (Kostas Papaiouannou, *les Marxistes,* 137), l'Église canadienne, inapte à assumer le leadership dans le domaine économique, feignit d'ignorer les nouvelles conditions économiques qui prévalaient et ne sut, pour remédier au chômage, à la misère et à l'émigration qui sévissait[2], que promouvoir en l'idéalisant un mode de production inadéquat.

La colonisation, projet socio-politique à visées expansionnistes tronquées, reflète bien l'inaptitude de l'élite cléricale à orienter la société canadienne-française

1.   Auguste Gosselin, dans *l'Église du Canada,* relate les termes dans lesquels Mgr Pontbriand, évêque du Canada lors de la conquête en 1759, exprima sa soumission. «La religion chrétienne exige pour les princes victorieux et qui ont conquis un pays, toute l'obéissance, le respect que l'on doit aux autres, de sorte, mes Très chères Filles, que vous et toutes vos Sœurs pouvez avoir le même mérite que lorsque vous serviez les Français.» (vol. 3, 533).

2.   Entre 1840 et 1910, l'exode des Canadiens français a été évalué au chiffre de 1 500 000 d'après les recherches de G. Paquet, Y. Lavoie, L. Dechêne, cité par A. Sirois, dans «L'image de la ville dans le roman du terroir d'expression française et d'expression anglaise», dans *Revue canadienne de littérature comparée,* CRCL, automne, 1976, p. 279.

vers les marchés extérieurs. Pour résister à l'étouffement économique, cette classe ne sut proposer que le déplacement dans l'espace. Des missionnaires fondent des paroisses au Saguenay, sous la direction de Mgr Bourget qui préside l'association «Établissement des Townships» avec le concours des curés qui s'occupent du recrutement et de l'organisation de comités locaux en rapport avec les comités de régie. L'idéologie agriculturiste connaît un regain de vigueur et atteint son apogée au cours de la période précédant la Deuxième Guerre mondiale dans cette conjoncture qui vit un développement marqué du corporatisme. Pour enrayer le chômage, on préconise le retour des citadins à la campagne et le gigantesque plan de colonisation de l'Abitibi, qui marque cette période, constitue la dernière et vaine grande offensive pour échapper à l'étreinte de la domination étrangère. Toutefois, les échecs répétés des projets de colonisation, de même que les piètres performances de l'agriculture, n'empêcheront pas Duplessis d'affirmer, encore en 1950, que «l'agriculture, c'est l'industrie basique», qu'elle est la «pierre angulaire du progrès, de la stabilité et de la sécurité» et le signe de la force d'un peuple (Monière, *ibid.*, 303).

Fermée sur l'extérieur, la classe cléricale allait, par un phénomène de compensation, idéaliser son enfermement et vivre sur le plan de l'imaginaire son incapacité à résoudre les problèmes économiques, politiques et sociaux. Elle ne sut que proposer un modèle de société figurant une société agraire d'antan, modèle idéalisé et figuré par la société champêtre. Car l'organisation de la société agraire a ceci de particulier qu'elle offre une division parcellaire de la société; ici, «la parcelle, le paysan, sa famille; à côté, une autre parcelle, un autre paysan et une autre famille», ensemble fractionné qui ne permet

> aucune division du travail, aucune utilisation des méthodes scientifiques, et par conséquent, aucune diversité de développement, aucune variété de talents, aucune richesse de rapports sociaux (K. Papaiouannou, *ibid.*, 216).

Chaque famille se suffit à elle-même, système autarcique confinant les individus dans un isolement absolu puisque l'échange ne se fait pas avec la société mais avec la nature. Aucune communauté d'intérêts, aucune liaison nationale ni aucune organisation politique ne peuvent lier ces individus épars et condamnés, par suite d'un sort identique, à n'avoir jamais que le potentiel d'une classe. La propriété parcellaire est donc, dans une perspective marxiste, la situation idéale pour l'exercice d'un pouvoir, car elle crée sur toute la surface du pays l'égalité de niveau des rapports et des personnes et, par conséquent, elle offre la possibilité pour un pouvoir central d'exercer la même action sur tous les points de cette même masse (*ibid.,* 217).

La socialisation de ces classes, conditions nécessaires à l'exercice d'un pouvoir autoritaire à couverture cléricale, lequel ne peut s'afficher dans la violence, se réalisa partiellement au moyen du catéchisme inculquant aux individus des valeurs de soumission et développant des réflexes de peur et d'inhibition face à l'autorité, et aussi par la privation des savoirs essentiels au développement d'une conscience de classe[3].

Deux traits caractérisent la population rurale : «éparpillement dans l'espace» et «mentalité bornée» en raison du sous-développement intellectuel de cette classe. Ces deux facteurs déterminent la position dominée de cette classe dans la mesure où l'habitant est inapte à s'affirmer comme une «puissance sur le plan historique», ce qui permit alors à l'Église de restaurer, sur le plan de l'imaginaire religieux, sa grandeur passée. En niant l'industrialisation et la nécessité de s'ouvrir sur le marché extérieur, en condamnant puis en noyautant toutes les associations de travailleurs y compris les regroupements de loisirs, l'Église croyait freiner l'urbanisation et du même coup ralentir la montée d'une classe de travailleurs.

Masquant ses intérêts de classe limités en raison de son incompétence, tout entière occupée à exercer et à préserver son hégémonie, l'élite cléricale canadienne-française articula son idéologie sur la base de rapports conflictuels euphémiques. La ville figura l'ennemie à combattre. La ville honnie comme lieu de «concentration de la population, des instruments de production, du capital, des jouissances (et) des besoins» (*ibid.,* 104) opposée à la campagne manifestant «isolement et séparation», devait, jusqu'en 1960, constituer l'articulation de base des discours de l'idéologie dominante. Toute production textuelle dissertant de problèmes sociaux, de classes sociales, de division du travail ou de répartition des tâches de direction et d'exécution ou tendant, de quelque manière que ce soit, à mettre en cause le fonctionnement du système, ne pouvait que se heurter à la censure morale qui se confondait avec la censure politique et religieuse.

---

3.   Mgr Paquet, portant un regard critique sur le passé, reconnut «qu'un réseau d'écoles primaires [...] eût rendu de précieux services» mais «qu'il importait davantage de former les hommes appelés à défendre sur le terrain constitutionnel les droits de notre race et de notre religion». dans *Droit de l'Église, l'Éducation,* Québec, Imprimerie Laflamme, vol. 4, 1916, p. 322.

Chapitre 3

Évolution d'un roman de classe, le roman du terroir de 1860 à 1960

Le roman du terroir est à analyser comme produit des contradictions idéologiques qui ont affecté le Canada français soumis, à la fois et paradoxalement, aux effets des changements du mode de production qui contraignaient, dès 1860, les agriculteurs à produire pour le marché ou à vendre leurs terres, tandis que les élites, en réaction contre l'emprise étrangère, orientaient le Canada français vers une économie de subsistance ou d'autosuffisance.

La littérature, de même que la religion, se situent dans l'activité théorique de la reproduction de la vie sociale et reposent, selon l'idéologie littéraire et religieuse, sur «d'insondables mystères» qui masquent la profonde contradiction dans laquelle se déroule l'activité créatrice, activité essentiellement matérielle par la force de travail qu'elle sous-tend, laquelle n'est pas rétribuée, sinon sous forme d'octrois et de récompenses symboliques, par les fractions de classes dominantes qui en tirent profit de par l'utilisation qu'elles font des textes destinés à activer ou à réactiver leur idéologie centrée sur la reproduction de la vie sociale.

Ce rapport d'exploitation des classes dominées par les classes ou fractions de classes dominantes, est inscrit dans les textes littéraires, non pas manifesté au moyen d'une argumentation claire, mais investi dans les structures, exhibé dans ce spectacle qu'est tout roman, dans ce que Macherey entrevoit comme «la mise en scène de l'idéologie dominante» (Préface, *les Français fictifs*, 33).

Le roman du terroir ne constitue pas, de 1860 à 1960, un corpus homogène et unitaire. Soumise à des fluctuations, sa production est marquée par un fléchissement ou un accroissement à certaines périodes tandis que les textes, eux-mêmes, subissent des modifications d'ordre structurel.

Le texte littéraire, comme instrument de classe, se distingue des discours idéologiques véhiculés par les allocutions, prônes et textes journalistiques, en ce qu'il «invisibilise» son «rapport au social» (Grivel, «Sémiotica», X, 109) par un agencement de situations narratives propre à l'assujettissement des individus par suite des «effets de réalité» et de «fiction» qu'il crée.

L'appareil scolaire, prolongé dans son action par l'appareil critique qui prend le texte en charge lors de sa parution et en propose une ou des lectures dans lesquelles vont s'empêtrer les lecteurs, contribue[1] à invisibiliser ce rapport en privant les usagers du système scolaire des savoirs nécessaires au décryptage des textes destinés, par l'Institution sous laquelle ils émergent, à un usage spécifique dans le procès de reproduction de la société.

L'idéologie littéraire masque, par ses prises de position idéalistes, la fonction essentielle des textes littéraires et résorbe les contradictions qu'ils recèlent et qu'elle ne saurait d'ailleurs expliquer sans révéler les intérêts de classe qui fondent ses prises de position. Occultant le pouvoir de transformation du texte littéraire qui travaille les formes dans lesquelles sont investies les idéologies, elle procède par une exaltation de l'œuvre visant à l'abstraire de l'histoire et à la rendre inoffensive en la situant dans l'espace du mystère ou du sacré. Soumis à un traitement identique, l'auteur qui est sacralisé et doté d'une dimension suprahumaine, est ainsi neutralisé par l'attribution d'un pouvoir imaginaire, à la fois occulte et symbolique, en vertu duquel il est consacré «génie», ce qui permet à cette critique de soustraire le sens des productions aux consommateurs sous prétexte qu'elles sont incommunicables.

Le roman du terroir qui se fait le champion de la représentation du monde rural, représente, par ses structures, un mode de production dominé. Cette représentation,

---

1.   La contribution de la critique au maintien de l'idéologie dominante sous forme de lectures des textes qu'elle impose, ne sera pas intégrée à l'analyse des romans par suite de l'importance quantitative du corpus traité.

qui tente de concilier l'inconciliable, n'est toutefois pas uniforme de 1860 à 1960 car, en dépit de l'hégémonie exercée par l'élite cléricale et de l'efficace de son dispositif de contrôle structurel et culturel, des influences idéologiques contraires aux intérêts de cette classe s'infiltrent et viennent saper une idéologie inerte.

De 1860 à 1914, la production littéraire dans ce genre est peu importante quantitativement puisqu'on ne compte guère qu'une dizaine de romans, mais elle est quelque peu diversifiée sur le plan des «thèmes» et structures par rapport à la fraction de production comprise entre les deux guerres. Alors que la trentaine de romans produits entre les deux guerres présentent, comme effet direct de l'hégémonie ultramontaine, une trame narrative dépouillée à l'excès, ce qui situe cette production dans la ligne de pensée d'un Patrice Lacombe et d'un Gérin-Lajoie, tous deux soucieux de voir se perpétuer une représentation idéalisée du monde rural dont ils présentent d'ailleurs le modèle dans *la Terre paternelle* et *Jean Rivard, le défricheur*, ceux de la première période, pour la plupart, exhibent les problèmes et conflits sociaux et cherchent des solutions de compromis. Jean Lozé, dans *Robert Lozé*, accumulera son capital aux États-Unis et le réinvestira dans son pays en implantant une usine dans la campagne québécoise, réalisant ainsi le rêve de domination de la petite bourgeoisie canadienne-française éliminée du pouvoir politique et économique par le capital étranger. Ce roman reproduit, en même temps, «le mode de pensée bipolaire valorisant le rural au détriment de l'urbain» (Guy Ponton, «Actes de la recherche», 1977, 17 / 18, 63), représentation largement répandue dans les milieux conservateurs français, dont Louis Veuillot sera l'illustre représentant et dont le Canada français demeurera longtemps tributaire. Napoléon Legendre, dans *Annibal*, proposera, pour résoudre les contradictions, un modèle de ferme dotée d'un équipement mécanique et fonctionnel, ce qui ne se voit pas dans le roman de l'entre-deux-guerres où on laboure encore avec des bœufs, modèle rentable du fait de son ouverture sur le marché, tandis que inapte à résoudre ces mêmes contradictions, Ernest Choquette, dans *Claude Paysan*, ne verra d'autre échappée à la situation d'enfermement des Canadiens français que dans le suicide du héros. L'ensemble de cette production est caractérisée par la représentation de l'impuissance de l'élite canadienne-française à réaliser ses intérêts de classe dans la conjoncture économique et politique qui prévaut. Si cette production manifeste quelque audace, par rapport à celle de la période suivante, c'est qu'elle est le fait d'une élite sociale et politique.

Chauveau, l'auteur de *Charles Guérin*, fait carrière politique; il est Premier ministre de la province de Québec en 1867, président du Sénat en 1873; Ernest Choquette est médecin et maire de Saint-Hilaire et aussi conseiller législatif à Québec; Napoléon Legendre est avocat et administrateur provincial; Gérin-Lajoie est avocat et bibliothécaire au Parlement. Ces hommes sont liés à une classe qui a des ambitions politiques et économiques; en conséquence, ils s'opposent par leur idéologie aux producteurs de la deuxième période issus des classes moyennes. Ces écrivains font, en général, carrière dans le journalisme ou la prêtrise, à moins qu'ils ne soient sans profession. À de rares exceptions près, tous se borneront au rôle de porte-parole de l'idéologie dominante, s'appliquant à suivre le sillon littéraire tracé par Lacombe et Gérin-Lajoie. Si les producteurs de la première période, qui apparaissent encore sensibles aux événements de 1837 et aux courants du libéralisme, cherchent des solutions à leur situation de colonisés, ceux de la deuxième période l'assument. Tributaires des valeurs de l'idéologie dominante attachée à la promotion de l'agriculturisme, du messianisme et de l'antiétatisme, ils vont proposer comme modèle de société soi-disant propice à l'épanouissement individuel, un modèle de société agraire autarcique.

Loin d'être enrayé, comme certains critiques ont pu le supposer ou l'espérer[2], sous le coup de l'émergence de textes littéraires qui se virent consacrés, à l'exemple de *Trente arpents, le Survenant* ou *Menaud maître-draveur*, le mécanisme de production des romans du terroir, comme effet de scolarisation et d'éducation, devait continuer à fonctionner au moins jusqu'en 1960[3]. Dix-huit romans illustrent cette période. Cette production marque un net fléchissement à partir de 1952, date de parution de *Sur la route d'Oka* qui sera suivi de *la Prairie au soleil*, publié en 1960, soit après un hiatus de huit années. En 1960, on peut alors parler d'un roman du terroir moribond.

2.   Selon Gérard Tougas, dans *Histoire de la littérature canadienne-française*, «Ringuet signa l'arrêt de mort du roman du terroir», et, du point de vue des auteurs qui ont analysé «Le roman de 1930 à 1945», dans *Histoire de la littérature française du Québec (1900-1945)*, de P. de Grandpré, *Trente arpents* et *le Survenant* s'interpréteraient comme «le constat de la fin d'une époque».

3.   Léopold Lamontagne considère, en 1964, «Que la littérature dite du terroir n'a pas encore tout à fait épuisé sa source», dans «Les courants idéologiques dans la littérature canadienne-française du XIXe siècle», *Littérature et société canadiennes-françaises*, Québec, P.U.L., 1964, p. 110.

L'ensemble de cette production reflète les nombreuses contradictions vécues après la Deuxième Guerre. La part de l'agriculture, qui passe de 37 % qu'elle était en 1920 à 10 % en 1941[4], témoigne d'une accélération du dépeuplement des campagnes au profit de l'urbanisation, de sorte que devint inefficace un encadrement pensé en fonction d'une population à prédominance rurale. En outre, la situation économique de la bourgeoisie canadienne-française s'étant dégradée par suite de l'incompétene de l'élite cléricale à assumer le leadership sur le plan économique, cette classe devient menaçante. C'est dans ce contexe conflictuel que s'élabore la doctrine corporatiste visant au maintien et au développement de la petite entreprise canadienne-française à caractère familial.

La campagne, par les ressources de main-d'œuvre et d'alimentation à bon marché qu'elle a toujours été contrainte d'offrir pour le plus grand profit de l'industrie, fut perçue, par la petite bourgeoisie canadienne-française de la décade précédant la Deuxième Guerre mondiale, comme une source d'approvisionnement à exploiter. Ce fut donc l'epoque d'une publicité tapageuse encourageant les citadins au retour à la terre. Ce fut l'époque des grands plans de développement de la colonisation, ce qu'enregistra le roman par des modifications de sa structure, le héros n'étant plus le sujet qui quittait la campagne mais le citadin qui venait s'installer à la campagne. Le roman d'après-guerre allait en outre se démarquer de celui de la période précédente en dotant ses sujets d'un pouvoir de contestation de l'ordre établi. Vincent Douaire, dans *Nord-Sud* ou le Survenant (dans *le Survenant*) sont de cette race, de même d'ailleurs qu'une Angélina Desmarais, héroïne de ce dernier roman, qui conteste les valeurs en faisant valoir les droits du cœur. Ce roman va, par ailleurs, intégrer des éléments nouveaux. Le type du braconnier qui se substitue à l'habitant va émerger de même que l'intellectuel révolutionnaire ou encore le type du syndicaliste. Le roman de cette période émerge donc sous une forme de compromis, comme une contestation de l'ordre établi, contestation née, ainsi que le souligne Monière (*ibid.*, 267), de la crainte d'une bourgeoisie acculée à la prolétarisation, contestation appuyée par les syndicats qui, de 1935 à 1943, voient le pourcentage de syndiqués catholiques chuter de 74 % à 28 %, contestation jaillie des milieux intellectuels et

---

4.   Albert Faucher et Maurice Lamontagne, «L'histoire du développement industriel au Québec», dans *la Société canadienne-française*, Montréal, Hurtubise H.M.H., Ltée, 1971, p. 265-277.

exprimée par le *Refus global* de Borduas en 1949 de même que par *Cité libre* et manifesté, en outre, par un net fléchissement dans la production des ouvrages de vulgarisation à contenu religieux (de 28 % à 10 %), de même encore que par une plus grande différenciation dans le produit littéraire qui n'est plus essentiellement moralisateur et religieux mais ouvert sur l'essai scientifique et la poésie tandis que le pamphlet politique connaît à partir de 1960, un «notable accroissement» (*Littérature et société canadiennes-françaises*, 75-98).

En 1960, sous l'effet d'un éclatement structurel et culturel, la société canadienne-française se dissolvait pour donner naissance à une société québécoise qui allait se doter d'un système scolaire public, qui allait mettre en place une structure étatique assumant une responsabilité dans le domaine social de sorte que le «clergé québécois» tenu «en dehors des enjeux politiques» deviendra étonnamment discret (et) silencieux» (Guy Rocher, *le Québec en mutation*, 32) entraînant avec lui son roman dans sa retraite.

2
Espace de l'homme

Chapitre premier

Spécificité morphologique du roman du terroir

1.1 *Une articulation spatiale élémentaire*

Le roman du terroir raconte, sur le mode de la pastorale qui correspond à un parti pris d'idéalisation de la vie rurale, l'histoire d'une alliance entre l'homme et la terre. Cette alliance, précaire dans la mesure où elle repose moins sur la volonté d'un sujet que sur une volonté externe à ce sujet, fonde «l'ordre établi depuis des millénaires, depuis que l'homme, abdiquant la liberté que lui permettait une vie de chasse et de pêche, a accepté le joug des saisons et soumis sa vie au rythme annuel de la terre à laquelle il est désormais accouplé» (*TA, 56*).

Héritier d'un rêve, d'une vie antérieure non aliénée, nourri de représentations du monde rural et du monde urbain en rapports conflictuels, «l'homme de la terre», attaché à son bien foncier et soumis en même temps à l'influence euphorisante des rêves, est contraint d'opter pour un espace, l'espace familier ou l'espace étranger. La disjonction spatiale, quand elle s'accomplit, prend la forme d'une rupture contractuelle par suite des valeurs axiologiques investies dans l'actrice terre qui figure «la grande charmeuse», «l'amante généreuse», «l'amie» ou «la mère bien-aimée». Le départ est, en règle générale, enregistré comme une dépossession par un narrateur qui représente le point de vue de la société opposée au départ du héros. La terre, anthropomorphisée, est alors dotée d'un rôle thématique qui la rend susceptible de dérouler un parcours narratif, c'est la plus aimante, la plus vibrante et la plus prodigue des amies. Elle enveloppe l'objet de son amour de ses plus brûlantes caresses, pour lui elle se fait belle, parfumée, elle se couvre de fleurs et se pare comme une divinité. On dirait qu'elle s'acharne à attacher à elle son amant par les liens les plus tendres [...] Pour lui, elle se consume lentement (*EPG*, 239).

L'illusion du pouvoir de la terre, ainsi créée par le narrateur, naît de la simple juxtaposition de faits tels le départ et la mort des personnages déserteurs, destinés à être lus comme liés par une relation de cause à effet. Le sentiment de respect craintif à l'égard de la terre se transmet de père en fils à la manière d'un savoir. Euchariste Moisan transmet, en ces termes, la mise en garde à son fils Ephrem, «la terre, lui dit-il, est capable de se venger des ceusses qui parlent contre elle» (*TA*, 135), avertissement qui a pour effet d'accréditer ce pouvoir fictif.

Dans un univers clos, toute acquisition de valeurs modales ou objectives ne se réalise, ainsi qu'a pu le démontrer Greimas (*Langages*, 31, 13-35), qu'aux dépens d'un autre sujet. Dans le récit du terroir, le départ du héros crée une situation de manque figurée par la terre privée des bras du héros, privée de son amour et de ses sueurs nourricières, privée en fait de sa force de travail. À toute acquisition correspond donc une dépossession, double phénomène fondant l'organisation polémique du récit sur la base «d'un dédoublement de la structure actantielle correspondant aux deux deixis, positive et négative, du carré sémiotique» (Courtès, *Sémiotique narrative et discursive,* 1976, 98) de sorte qu'à tout programme narratif du sujet s'oppose l'antiprogramme d'un sujet dépossédé.

Le choc d'un départ peut être imprévisible et fondre sur la société au moment où elle s'y attend le moins. Ce peut être la manifestation d'une déception amoureuse masculine. Jean Beaulieu, dans *Un cœur fidèle*, ou Ephrem Brunet, dans *la Terre vivante*, qui réagissent ainsi au stimulus déceptif, figurent les héros types de cette série. D'autres, à l'exemple du fils Chauvin dans *la Terre paternelle*, lequel passe une nuit dans un hôtel et y côtoie des étrangers qui le séduisent par leurs récits, ne résistent pas à l'appel d'un ailleurs qu'ils entrevoient comme le lieu de réalisation de leur soif d'or ou de fortunes masquée par des rêves d'évasion et d'aventure.

Le roman du terroir que nous avons défini globalement comme l'histoire d'une alliance de l'homme et de la terre, est doté d'une structure syntaxique représentative de la transformation entre un état initial disjonctif qui correspond au départ du sujet et un état final conjonctif correspondant à son retour. «Tout se passe, selon Greimas, comme si le sujet destinateur ou destinataire de la narration, lorsqu'il se met en état de produire ou de lire les messages narratifs, dispose au préalable d'une structure élémentaire qui articule la signification en ensembles isotopes dont le carré sémiotique

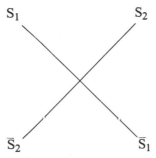

peut servir de modèle et qui distingue, en tous cas, la deixis positive ($S_1 + S_2$) de la deixis négative ($S_2 + S_1$)» (*Sémantique narrative et textuelle*, 1973, 163).

Nous reconnaissons, dans les récits du terroir, une dichotomisation de l'espace, ici *versus* ailleurs, figurée par campagne *versus* ville, correspondant aux deux *deixis* opposées. La conjonction du sujet héros avec l'un ou l'autre espace traduit sa conformité ou non-conformité avec les valeurs investies sur ces *deixis*.

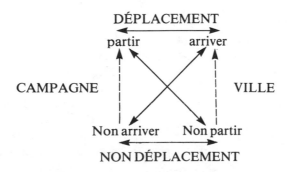

L'ensemble des relations qui s'instaurent entre le sujet et l'objet de son désir situé ici ou là, sont illustrées par un carré sémiotique qui articule deux termes contraires (partir *versus* arriver) complexes, en raison d'un couplage de deux axes sémantiques indiquant à la fois le mouvement et l'arrêt, sur l'axe du déplacement.

Les investissements sémantiques exclusifs sur les deux *deixis* opposées figurées par campagne *versus* ville, procèdent, lorsqu'elles sont assimilées à bon *versus* mauvais, d'une «moralisation dualiste rigide» (Greimas, *ibid.*, 163). C'est là, selon cet auteur, une caractéristique de la littérature ethnique. On reconnaîtrait «un investissement esthétisant» à une utilisation plus diversifiée des termes du carré sémiotique.

1.2 *Mode de différenciation des héros : distribution des sujets sur l'axe du déplacement*

Afin d'évaluer comment se réalise l'investissement sémantique dans le type de récit relativement simple qu'est le roman du terroir, nous identifierons et analyserons les différentes positions des sujets héros du corpus qui se distribuent sur l'axe du déplacement.

Deux catégories de sujets sont susceptibles d'apparaître selon que le déplacement s'effectue de la campagne vers la ville ou de la ville vers la campagne. Rappelons ici que cette double série résulte des modifications structurelles qui marquent le roman dans la période d'après-guerre, lequel met en évidence, sur le plan de la manifestation, le retour des citadins à la campagne.

Le programme narratif du sujet de la première catégorie est soumis à des modes de réalisation différents, soit que le départ survienne et qu'il permette au sujet héros d'atteindre l'objet de sa quête en l'espace étranger, soit que cet objet ne puisse être atteint, ce qui entraîne alors la rétrogression du héros vers l'espace initial de sorte qu'il y a non arrivée du héros, soit enfin que non doté des valeurs modales nécessaires il soit empêché de réaliser son programme de sorte que le départ, demeurant à l'état virtuel tout au cours du récit, se transmue en non départ selon la terminologie adoptée dans le carré sémiotique. Dans ce dernier cas, c'est sur le plan de l'imaginaire que s'opère l'arrivée dans un ailleurs, le héros menaçant de partir et obtenant l'objet de sa quête sans départ.

Envisagé d'un point de vue quantitatif, le départ-quête, qui fait passer le sujet d'un espace familier à un espace étranger perçu par le héros comme lieu de réalisation de ses rêves, entre dans le programme narratif de cinquante-neuf sujets héros qui se distribuent dans les *deixis* positive et négative de la manière suivante :

Axe de déplacement		Sujets	
		Masculins	Féminins
Départ-non arrivée } *deixis* +		37	2
Départ-non départ }		3	1
Départ-arrivée } *deixis* —		19	9

On dénombre quarante-trois sujets qui échouent dans leur tentative de passer dans la *deixis* négative (figurée par la «ville») de sorte que leur départ est suivi d'un retour, à moins, comme c'est le cas pour quatre d'entre eux, que le décollage de la sphère campagne ne réussisse pas à s'effectuer; tandis que vingt-huit sujets se disjoignent irrévocablement de l'espace initial.

Pour illustrer l'inaptitude des sujets à franchir les limites de leur espace d'origine il n'est que de citer le cas du père Chauvin (*TP*), vivant misérablement en ville et aspirant au retour à la campagne ou encore celui de Paul Duval (*AT*) ou d'un Jean Gervais (*DV*) souffrant du mépris des gens de la ville, à moins que leur situation de chômeurs ou d'accidentés ne les réduise à de pauvres hères à l'exemple de Oscar Gagnon (*RO*) ou de Hubert Rioux (*TA*).

On ne relève que deux cas où le sujet est de sexe féminin. Jeanne Girard, dans *Jeanne la fileuse*, ne quitte pas son village sous le coup d'une déception amoureuse ou d'un désir inchoatif, comme c'est le cas pour nombre de sujets masculins, mais par suite de sa situation socio-économique qui la révèle démunie et menacée dans sa survie même, ce qui n'est le cas pour aucun sujet masculin dans le roman du terroir. Alphonsine Ladouceur (*PT*), l'autre sujet féminin, s'éloigne afin de s'accorder un délai de réflexion avant d'accepter Amable Beauchemin qui l'a demandée en mariage. C'est un comportement non conforme de la part d'un sujet féminin dans le roman du terroir dont les sujets ne commencent à se diversifier qu'après la Deuxième Guerre.

En ce qui regarde les sujets qui accèdent à la *deixis* négative, ils démontrent, plus encore que ceux de la première série, l'inaptitude du sujet à se conjoindre à cet espace puisque près de la moitié du lot y périt par suite d'accidents ou de maladies. Parmi eux, citons les cas de Amable Beauchemin (*M-D*), Georges Dupont (*FV*), Jean-Pierre Lamothe (*NB*), victimes d'accidents, ou Paul Pelletier (*RC-N*), les Giroir (*EPG*) et autres qui meurent des suites de maladies.

L'ensemble des cas de cette série est susceptible d'être scindé en deux groupes car si certains sujets ne reviennent pas, anéantis qu'ils sont par la mort, d'autres sont empêchés de revenir, soit par une volonté externe à la leur, soit par un vouloir interne qui est alors figuré par le refus du sujet à réintégrer son espace d'origine. Lucas de Beaumont (*T*) qui s'est exilé après avoir commis un meurtre, ne pourrait, quand bien même il le désirerait, revenir cultiver sa terre puisque la police le recherche. Jacques Duval (*F*) qui a épousé une citadine opposée au mode de vie rurale est, lui aussi, soumis à cette volonté externe, de même que le sont tous ceux qui se retirent au couvent ou chez les Trappistes, à l'exemple de Rosette Sanschagrin ou d'Irénée Dugré (*CC*) retenus par Dieu.

Des différenciations, créatrices d'effets esthétiques, s'introduisent dans certains textes qui se conforment, en apparence, au mécanisme syntaxique du roman du terroir, mais qui se distinguent pourtant au niveau des investissements sémantiques. Ce qui caractérise l'ensemble des textes, c'est le passage d'un état disjonctif en séquence initiale à un état conjonctif en phase finale opéré par un sujet jeune. Or, dans *Trente Arpents*, la disjonction s'opère en séquence finale et par un sujet vieux; en outre, une volonté, d'abord externe puis interne au sujet s'oppose à la conjonction finale, ce qui se manifeste au niveau de la figuration textuelle par la résignation du vieil Euchariste Moisan à finir ses jours aux États-Unis.

La Scouine se différencie également par un élément de non-conformité dans la mesure où le héros, qui a nié les valeurs investies dans l'espace de la campagne en refusant d'assumer la succession de son père, demeure néanmoins dans la *deixis* positive où il «souffre en silence» à proximité de sa ferme au lieu d'être rejeté de cet espace comme c'est le cas pour tous les sujets héros négatifs. Un autre cas, éclairant quant à la manifestation d'une opposition interne au sujet, est figuré par Jean Girard, dans *Jeannne la fileuse*[1], lequel part aux États-Unis, s'installe à Fall River, s'y marie et mène une vie prospère dans un commerce d'épicerie qu'il refuse de quitter pour revenir dans son lieu d'origine. Le sujet est représenté dans un état euphorique, heureux en amour, réussissant en affaires, en dépit de son insertion dans la *deixis* négative; c'est là un élément de non-conformité qui distingue ce texte de tous les autres textes du terroir qui associent état dysphorique à *deixis* négative. Représenter le sujet heureux à l'étranger, c'est aller à l'encontre de l'idéologie dominante.

Les vingt-huit sujets impliqués dans la séquence départ-arrivée se répartissent en deux sous-groupes lorsque le résultat de leur quête est négatif (non arrivée). L'échec résulte soit de l'anéantissement du sujet qui meurt, soit de son incompétence. Le tableau ci-dessous synthétise ces données.

Séquence		Sujets	
		Masculins	Féminins
Départ-arrivée	mort	9	5
	incompétence	10	4

1.   La critique fut sévère à l'égard de ce roman qui affirme que la vie aux États-Unis est plus humaine que celle réservée aux habitants du Canada français. Un des aspects de la non-conformité de ce roman se trouve donc mis à jour : pouvoir revenir mais ne pas vouloir le faire, contrecarre l'idéologie.

La distinction du parcours des sujets masculins de celui des sujets féminins suscite quelques commentaires, à savoir que si la fréquence des déplacements est remarquablement basse pour le sujet féminin et si la proportion de ces déplacements est faible (5,1 %) par rapport à ceux du sujet masculin dans la séquence départ-non arrivée quand elle implique le retour du sujet à son point de départ, ces chiffres sont infiniment plus élevés dans la séquence départ-arrivée, quand elle implique le non-retour du sujet, puisqu'ils représentent pour le seul sujet féminin 35,7 % des cas.

En outre, en dépit du faible pourcentage de départs des sujets féminins (16,4 %) par rapport à l'ensemble des départs, la mort, consécutive au déplacement, frappe 45,4 % des sujets féminins qui se disjoignent de l'espace campagne, tandis qu'elle n'affecte qu'un faible pourcentage (16 %) de sujets masculins se livrant à des opérations identiques.

Le roman du terroir, par ce type particulier d'organisation structurelle et d'investissement, reproduit, en la dramatisant, l'idéologie bourgeoise essentiellement fondée sur la division sociale à commencer par l'inégalité de statut entre les hommes et les femmes. Le départ de la campagne vers l'espace urbain, bien que proscrit en principe tant pour les sujets masculins que féminins, se lit comme permis pour les sujets masculins tandis qu'il apparaît, vu la faible proportion de sujets féminins qui l'entreprennent et la sévère répression dont ils sont l'objet, incontestablement interdit pour les sujets féminins.

En ce qui concerne la séquence départ-non départ, elle est le fait de sujets dont le programme narratif demeure virtuel tout au cours du récit. Le fils Robertson, qui menace de quitter son père (*FP*) si ce dernier persiste à s'objecter à son mariage avec une Canadienne française, est un de ces cas où le départ demeure virtuel mais ne s'actualise point. D'autres exemples se manifestent dans *le Feu dans les roseaux* qui met en scène des jeunes gens découragés par les méthodes de culture peu rentables ce qui les incline à projeter d'abandonner les fermes. Leur projet de départ est contré par des groupes de jeunes qui s'organisent et apportent leur concours à ceux qui ont besoin d'aide. Ce roman d'après-guerre reproduit un aspect de la structure sociale québécoise qui vit, dès 1930, la jeunesse embrigadée dans différentes organisations telles que la JEC et la JOC.

Un autre mode d'articulation du récit, peu différencié mais caractéristique des romans d'après-guerre illustrant la période du retour des citadins vers la terre, phénomène qui fut d'ailleurs marqué par un accroissement de 13,9 % des fermes occupées (Monière, *op. cit.*, 274), se manifeste par un déplacement qui ne s'effectue plus de la campagne vers la ville, mais de la ville vers la campagne.

Le sujet, figuré par un citadin que sa quête pousse vers la campagne, n'a pas nécessairement le projet de cultiver la terre; il peut, comme le Docteur Barré (*LCC*) qui a pratiqué la médecine pendant de nombreuses années aux États-Unis, opter pour un nouveau mode de vie et désirer, à la faveur d'une visite dans sa famille, s'implanter dans son milieu d'origine. Ce peut être une maladie ou un mauvais état de santé qui l'incite à rechercher un espace doté d'un pouvoir curatif et apaisant. Les héros des romans de Harry Bernard, qu'il s'agisse du journaliste Raymond Chatel (*JA*) ou du héros narrateur dans *les Jours sont longs*, illustrent cette catégorie.

Sous le couvert des retrouvailles, que ce soit celles de parents, d'amis ou d'une terre familiale, à travers lesquelles semblent s'exprimer la volonté du sujet, se dissimule une volonté externe qui le fait vouloir revenir. Ainsi, le héros narrateur, dans *les Jours sont longs*, quitte la ville à la suite d'une déception amoureuse et s'oriente vers la campagne sous la poussée d'une sorte d'instinct hérité d'un ancêtre «mi-animal, mi-métis» qui lui «légua le goût de la solitude et du risque, de la forêt, des grèves perdues, des vastes espaces sentant l'eau, la résine et le tanin» (11). Pareillement, c'est la lointaine voix du sang qui attire Berloin (*TH*) à la campagne après qu'il eut tâté de la prison pour quelques pécadilles et le Survenant lui-même, cet homme à la nuque «trop blanche» (45), selon Angélina, pour être un homme de la terre, n'aurait-il pu être le brillant universitaire amnésique, inconsciemment porté, dans sa quête d'une identité, vers des lieux d'origine?

La biographie du sujet, intégrée dans le récit, crée l'illusion qu'on «ne naît point citadin mais qu'on le devient». Le roman du terroir reproduit cette idéologie selon laquelle, ainsi que l'exprima Groulx, «Le nous de première référence est le nous rural» (Monière, *op. cit.*, 248). Le déplacement-quête du sujet citadin ne correspond point à un aller vers la *deixis* positive, mais bien à un retour après un séjour insatisfaisant dans l'espace dysphorique, ce que nous représentons par un carré sémiotique du type:

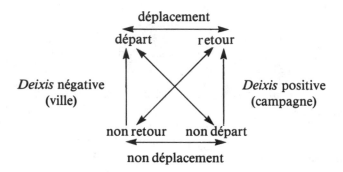

Selon qu'ils se conjoignent avec l'objet de leur quête figuré par l'espace campagne ou s'en disjoignent après une tentative de réaliser leur désir qui échoue par suite d'un manque de compétence, le récit mettant alors en scène un sujet incapable de s'adapter aux valeurs de l'espace campagne, les sujets se distribuent en deux catégories :

Axe de déplacement	Sujets	
	Masculins	Féminins
retour-non départ	7	8
retour-départ	5	4

Les sujets héros qui réalisent leur programme narratif sont dotés de qualifications en rapport avec le courage et le dynamisme. Nicole de Rencontre (*S*) ou Jean Berloin (*TH*), sont représentatifs de ce type de sujets héros. Le sujet subsume plusieurs rôles actantiels puisqu'il doit vaincre ses propres résistances issues de son appartenance à la *deixis* négative pour s'adapter à la *deixis* positive de sorte qu'il est à la fois son propre opposant et son propre adjuvant. La citadine, par exemple, pourra «se» forcer à avoir un enfant pour manifester son adaptation à la campagne. Non dotés de la compétence nécessaire, les sujets héros qui se distribuent sur l'axe retour-départ, tels que François Barré (*LCC*) ou le Survenant, ne réalisent pas leur programme et évacuent la *deixis* positive.

La proportion de sujets héros de sexe féminin, impliqués dans la séquence départ-retour, est plus élevée (53,3 %) que celle des sujets héros masculins, tandis qu'elle est plus faible (44,4 %) dans le cas de non-réussite du programme, ce qui se traduit par un nouveau départ vers la *deixis* négative. Le roman démontre ainsi que la citadine est plus irrésistiblement attirée par la campagne que le citadin et que son insertion s'y opère avec plus de facilité que celle du sujet masculin.

Par son organisation structurelle, le roman du terroir renvoie aux consommateurs des textes une image différente du sujet engagé dans la performance quand le faire impliqué est un déplacement selon qu'il s'agit d'un sujet féminin ou masculin. La sphère campagne est apparentée à un espace clos duquel ne s'évade qu'exceptionnellement la femme quand elle y est enclose de par ses origines de classe, c'est ce que signifie le fait que sur trente-neuf sujets qui accomplissent cette opération d'évasion, seulement deux soient des sujets féminins. C'est donc une représentation statique d'un sujet féminin fixé dans l'espace qui est donnée, représentation contredite, toutefois, par les chiffres rendant compte de l'opération retour des citadins vers la campagne lesquels démontrent, cette fois, que l'élément féminin domine par son dynamisme. La représentation du dynamisme de la femme semble donc fluctuer au gré des idéologies.

1.3 *Distribution des fonctions noces et procréation*

Outre cette structure de type paradigmatique caractéristique du roman du terroir, nous identifions un ensemble d'énoncés narratifs qu'en termes proppiens nous définissons par les fonctions noces et procréation, elles aussi caractéristiques de ce genre. Le roman donne à entendre, par les résultats qui démontrent que les personnages masculins quittent massivement la campagne, que la terre, par la force d'attraction qu'elle exerce sur la femme est, par excellence, son port d'attache. Or, et c'est là une pratique contradictoire, le sujet masculin, et lui seul, est exhibé au cœur de configurations discursives centrées sur le rôle de l'habitant et ayant pour effet de le représenter dans un rapport conjonctif euphorique avec la terre, ce qui ressort des notations figuratives reliant la terre «amies», «amante» ou «amoureuse» à l'homme tandis qu'il n'y a point, contrairement à ce que laisse prévoir la permanence du rapport conjonctif entre la terre et le sujet féminin, de traitement comparable qui le doterait du rôle thématique d'habitante nourri d'une relation affective ou amoureuse avec des champs amis ou des champs amants.

Entre le sujet féminin et la terre, il n'y a pas de relations, il n'y a qu'une simple analogie de situation, le statisme étant leur essentiel trait commun. Investi du rôle de porte-parole de la terre, le sujet féminin va être utilisé comme opposant pour contrer le projet du sujet masculin qui s'apprête à quitter la campagne. Dans ce rôle d'opposante, la sujette ne peut, pour dissuader le sujet que faire état de sa stabilité, d'une fixité si semblable à celle de la terre. «Si tu pars pour ne plus revenir, dit Jeanne Michaud, à Hubert son promis, je ne puis rien te promettre [...] je suis incapable de quitter la paroisse. Reste donc, Hubert» (*LTA,* 51)! implore-t-elle inutilement.

Cet attachement à la terre, à la paroisse, aux us et coutumes, confère au sujet féminin un rôle de doublure de la terre. L'identification de la femme à la terre se réalise en dotant l'acteur féminin d'un vouloir négatif, comme c'est le cas de Dosithée qui savait, dit le narrateur, que «loin de la terre paternelle, elle s'anémierait, elle mourrait» car «elle aimait ses parents au point de se sacrifier pour eux, et elle adorait cette terre» (*BR,* 16). Étant donné l'identification de la femme à la terre, toute disjonction entre le sujet masculin et l'objet terre se déploie en une configuration discursive figurant la rupture d'une liaison entre un fiancé et sa fiancée. De même, la conjonction entre la *deixis* positive et le héros sujet, figurée par le retour du héros, s'exprime par les épousailles de l'homme et de la femme.

Si le retour symbolise les épousailles avec la terre, c'est la fonction noce qui en est la manifestation concrète, fonction essentielle au récit du terroir et qui va être insérée sur le parcours syntagmatique de trente personnages parmi les trente-neuf qui se conforment à l'ordre de la séquence départ-non arrivée. Quant aux neuf cas restant, ils sont représentés par des personnages déjà mariés qui manifesteront leur conformité en s'adonnant à la procréation ou par des personnages que leur statut exempte définitivement ou provisoirement de ces fonctions, tel Pierre Gérin (*CG*) qui est un prêtre ou Jean Larochelle (*FJL*) qui est un enfant.

Parmi les sujets héros qui reviennent, aucun n'est exempté de charges familiales ou sociales, aucun n'est célibataire, le célibat étant vu, selon Courtès (dans *Structures élémentaires de la signification*, 1976, 75) dont nous reproduisons le carré sémiotique ci-dessous, comme la négation de ces deux constituants du mariage que sont les composantes sexuelle et sociale. Articulé dans le carré sémiotique, cet ensemble de relations opposant l'union libre qui privilégie la sexualité au détriment de la sociabilité, au mariage blanc qui nie la composante sexuelle pour ne retenir que le contrat social, indique les investissements possibles.

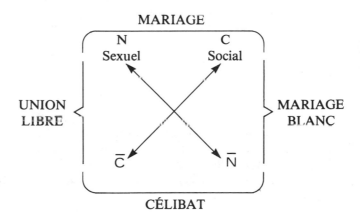

Dans le groupe des quatorze sujets héros soumis à la séquence départ-arrivée suivie de mort, trois d'entre eux sont liés à une autre personne par le contrat de mariage tandis que les autres sont célibataires. Quand au quatorze sujets héros impliqués dans une séquence identique et conjoints à la *deixis* négative (espace étranger) sept sont célibataires, sept mariés et deux sont impliqués dans la fonction procréation. Rappelons que seul Charlot Deschamps (*S*) ne se conforme pas puisqu'il reste célibataire et conjoint à la *deixis* positive (campagne).

La série de quinze cas relevés dans le roman véhiculant l'idéologie du retour des citadins à la campagne, cas articulés autour de l'axe retour-non départ, manifeste l'insertion de la fonction noces sur le parcours syntagmatique de cinq sujets et celle de procréation pour les neuf autres. Un seul demeure célibataire, mais c'est là un statut de marié virtuel étant donné la présence, dans son environnement, de Lucienne Lebeau (*JA*) qui le désire. Et en ce qui regarde les neuf cas impliqués dans la séquence retour-départ, le départ étant une conséquence de leur incapacité à s'adapter aux valeurs de la campagne, ils échappent au récit qui les nie en ne s'intéressant plus à eux.

Ces données, représentées dans le tableau suivant :

Axe de déplacement	Fonctions	
	Noces	Procréation
Départ-non arrivée	30	4
Départ-arrivée	7	2
Retour-non départ	5	9
Retour-départ		

suscitent quelques commentaires à savoir que c'est par l'affirmation de l'institution mariage et de la procréation que se marque la conformité à la *deixis* positive. Et, par contrecoup, c'est par la négation de ces valeurs que se marque la non-conformité car, si la procréation se manifeste dans 60 % des cas chez les citadins qui reviennent à la campagne, elle chute à 7,1 % chez les habitants qui s'établissent dans l'espace étranger.

Évoquons, pour évaluer l'importance de la fonction procréation comme ligne de partage entre les deux univers différents que sont la ville et la campagne, l'arrivée chez Euchariste Moisan des Larivière, cousins vivant aux États-Unis. Surpris de ce qu'ils n'aient que deux enfants, Euchariste s'exclame : «Quiens! c'est-y que ta femme est malade?» Et, bien qu'ignorant ce que cela signifiait que «mettre les brékes», il ne faisait aucun doute pour lui qu'il s'agissait de «quelqu'une de ces pratiques monstrueuses dont M. le curé avait parlé un jour à la retraite des hommes et qui ont pour but d'empêcher de s'accomplir les desseins de la Providence» (*TA*, 140). À noter encore la déception qu'il éprouve en arrivant chez son fils Éphrem vivant aux États-Unis quand il constate que ce dernier, «à trente-six ans, n'avait encore que deux enfants», se demandant en outre, quelle sortes de femmes étaient donc les femmes des États? Pourquoi aussi les fils du Québec émigrés [...] ne venaient-ils pas chercher [...] au pays, des épouses fécondes et douces qui sauraient peupler la maison et mettraient au monde fils ou filles une fois l'an, comme le veulent nature et Providence (*TA*, 260).

Déception identique chez le père Gagnon qui est «troublé», «inquiet», de ce que son fils Oscar qui a épousé une citadine, n'ait «pas encore d'enfant» (*RO*, 101). Mais alors que la femme d'Ephrem Moisan, en élisant un amant, privilégie l'union libre ce qui implique une affirmation de la sexualité au détriment de la sociabilité, Lucile, la citadine qui a épousé Oscar, en même temps qu'elle abandonne l'espace étranger pour rejoindre l'espace familier, abdique toute liberté sur le plan de la sexualité. «Elle se jura de faire violence à son égoïsme de citadine pour qui l'enfant est souvent une gêne [...] Elle sentait clairement sur elle l'implacable nécessité de participer au grand œuvre et de donner des enfants au Canada» (*RO*, 135-136).

Le célibat, qui nie les deux constituantes du mariage que sont la sexualité et la sociabilité, est interdit dans l'espace campagne. Nous ne relevons d'ailleurs qu'un cas non conforme, il s'agit de Charlot dans *la Scouine*, roman qui fut censuré dès sa parution. Non seulement Charlot demeure-t-il célibataire mais il s'est adonné, dans l'espace campagne, à l'union libre avec l'Irlandaise, méfait qui n'est sanctionné ni par la nature ni par la Providence. L'interdiction qui frappe le célibat ressort de situations contraignantes vécues par les célibataires. Un vieux célibataire, dans *Nuages sur les brûlés,* doit promettre de se marier pour obtenir un lot de colonisation; quant au frère de Deschamps, un vieux chercheur d'or, il se suicide dans *la Scouine*.

Le mariage est un contrat social institué en vue de la procréation, c'est-à-dire de la reproduction de la société. À l'acte sexuel, contrôlé par les pouvoirs, s'oppose l'acte sexuel procurant la jouissance individuelle. L'acte sexuel, exclusivement lié à la reproduction comme effet «nature» ou de «la Providence» assimilable au double pouvoir laïque et clérical, est une pratique directement reliée à un espace figuré dans le roman par la campagne, tandis que l'acte sexuel impliquant la jouissance individuelle, indépendamment de la procréation, est une pratique que le roman représente liée exclusivement à l'espace urbain.

La campagne, qui figure le lieu où se réalise l'isolement des individus, détermine des conditions favorables à la reproduction massive de la société par opposition à l'espace urbain, lieu où se réalise la régularisation de la reproduction. Le roman du terroir reproduit l'idéologie de la classe dominante soucieuse, nous l'avons signalé, de maintenir la campagne dans sa fonction de réservoir de main-d'œuvre à bon marché.

1.4 *Distribution de la fonction transfiguration*

Une autre fonction, non nécessaire au roman du terroir mais fréquemment observée, est la transfiguration du héros. Cette fonction revêt de multiples apparences lors de sa manifestation. Le héros victime peut revenir riche, il est alors magnifié par les dons qu'il fait à la société. Le fils Chauvin, par exemple, rachète la terre familiale et met fin à la pauvreté de sa famille (*TP*). Un petit village connaît une expansion industrielle grâce à la richesse et aux connaissances accumulées par le fils Lozé (*RL*) de retour des États-Unis; la prospection ayant réussi au «Paria» Jacques Bernier (*P*), le curé reçoit sa part de la manne; les fortunes, en général, servent à la fondation de villages de colonisation et à l'achat de fermes.

Parfois, c'est la force ou l'habileté du héros qui suscite admiration, estime ou reconnaissance de la part de la société. Oscar Gagnon (*RO*), saignant d'une main sûre un cheval tombé d'un coup de chaleur, prouve avec éclat combien vivaces encore sont ses acquis en dépit d'un séjour prolongé en ville. Léon Lambert (*F*), qu'on avait exempté de la corvée des foins à cause d'un état de santé déficient, est magnifié par son exploit quand il se soumet à une épreuve d'endurance. Affrontements d'homme à homme, combats symboliques ou réels[2], affrontements d'homme à animal[3], affrontements d'homme à la nature[4], toutes ces épreuves visent à valoriser le sujet héros transfiguré, dans la majorité des cas, par les souffrances endurées.

---

2.   Dans *le Trésor du géant*, David Béland affronte Polusk le Polonais; dans *Marie-Didace*, le Survenant affronte le fils Provençal et le lutteur professionnel; dans *Bertha et Rosette*, Gustin affronte la guerre; dans *la Terre*, Yves de Beaumont affronte également la guerre; dans *Annibal*, affrontements en 1837...

3.   Dans *la Terre du huitième*, Jean Berloin affronte les loups.

4.   Lutte contre les éléments naturels, feu ou froid, dans *la Rançon de la cognée, le Paria, le Français, Nuages sur les brûlés, la Terre que l'on défend*, ...

La disjonction qui s'opère à la suite de la quête-déplacement entre le sujet héros et son espace d'origine, entraîne une transformation du sujet qui passe d'un état de santé à un état de maladie quand il se déplace de la campagne vers la ville et inversement, d'un état de maladie à un état de santé quand s'inverse son parcours. Ces rôles thématiques de bien-portant ou de mal-portant sont greffés aux rôles actantiels qu'ils explicitent de sorte que la transfiguration du sujet héros doit être perçue comme une configuration discursive manifestant le héros dans une situation de bien-être coïncidant avec la conjonction à l'espace familier.

Notons que, contrairement au sujet masculin, le sujet féminin n'entre pas dans un rôle valorisant lorsqu'il revient dans l'espace d'origine. Lorsque Alphonsine Ladouceur (*PT*) revient à la campagne après un séjour en ville, elle devient un objet de méfiance et entre dans un rôle dévalorisant. De même, Jeanne Girard (*JF*), dégradée par l'accident dont elle a été victime, est représentée dans un état d'humiliation.

Par une organisation structurelle susceptible d'une représentation schématique du type suivant, laquelle manifeste deux parcours dont l'un est positif, l'autre négatif :

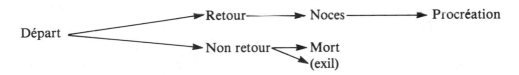

le roman du terroir reproduit la vision bipolaire de la classe dominante d'un univers articulé en deux espaces, la campagne s'opposant à la ville, ayant pour homologue la vision dichotomique d'un autre univers imaginaire, transcendant, l'univers matériel et représenté par l'opposition ciel *versus* enfer. Cette organisation structurelle reflète l'angoisse de l'élite dominante médusée par le développement urbain et ne sachant, pour le contrer, qu'interdire tout déplacement aux sujets. Car la performance du sujet que le roman met en scène, se résume bien à une tentative de déplacement suivie de punition quand elle réussit. Si le sort du sujet masculin est d'être exhibé dans une scène où il rate son évasion, celui du sujet féminin est d'être représenté inapte à se déplacer. Si, par ailleurs, le sujet féminin doit se manifester, ce que nous marquerons alors en lui restaurant sa dimension féminine, de sorte que l'expression «le sujet féminin» se muera en «la sujette», c'est dans l'espace clos de son univers que nous devrons explorer afin d'identifier la nature de cette performance.

Chapitre 2

L'espace campagne : un ensemble de lieux hiérarchisés

La narrativité, selon Greimas, «consiste en une ou plusieurs transformations dont les résultats sont des jonctions, c'est-à-dire soit des conjonctions, soit des disjonctions des sujets d'avec les objets» (cité par Courtès, *Sémiotique narrative et discursive*, 72). Mais, par ailleurs, ces objets ne polarisent le désir des sujets que dans la mesure où ils sont investis de valeurs ce qui leur confère une existence «virtuelle au sein de l'univers axiologique cautionné actantiellement par le Destinateur», (*ibid.*, 20). En outre, si l'inscription de la valeur dans le programme narratif du sujet «l'actualise», seule la conjonction de cette valeur avec le sujet la «réalise».

Dans le roman du terroir, la performance non conforme du sujet, laquelle se déduit de sa disjonction d'avec l'espace campagne, est sanctionnée par le Destinateur qui l'évacue de la scène romanesque, la mort étant la solution esthétique la plus simple et efficace. La conformité du faire ne peut donc se manifester que par la conjonction du sujet avec l'espace dénommé campagne dont la valeur est à déterminer.

2.1 *Le rang, l'espace virtuel du sujet héros*

L'image de la «narrativité, considérée comme l'irruption du discontinu dans la permanence discursive d'une vie, d'une histoire, d'un individu, d'une culture, qu'elle désarticule en états discrets entre lesquels elle situe des transformations» (Greimas, *Langages*, 31, 34) s'accorde à l'effet de désordre créé par le départ du héros de l'univers campagne. Tout départ est enregistré comme une dépossession par une terre, par une mère, une sœur, un père, une fiancée qui ressentent l'absence, à la fois comme un manque sur le plan affectif, dimension subjective traitée avec ampleur dans des configurations discursives, et comme perte d'un potentiel énergétique, situation objective, traitée avec plus de sobriété.

Anthropomorphisée, la terre des Giroir

> ne se sentant plus aimée de cet amour fécondant, ne sentant plus cette main amie remuer comme autrefois son sein avec cette sainte et folle ardeur, s'était comme refroidie. Bientôt, les récoltes diminuèrent... (*EPG*, 94).

Affectée dans son rendement, ses forces déclinent et bientôt la voilà livrée, comme une proie facile, aux prédateurs étrangers qui boutent Chauvin (*TP*) hors de chez lui et qui font planer leur menace sur les Duval (*AT*) sur les Salins (*TD*) et sur la plupart de ceux qui se révèlent inaptes à contrer le départ d'un fils.

Les personnages féminins, tout comme la terre, sont représentés souffrant sur le plan affectif, mais au-delà de ce bouleversement de surface de l'acteur se réalise une déperdition énergétique consécutive au départ du fils ou du frère. Dame Ouellet, dans *Bœufs roux*, se plaint d'être épuisée par les travaux complémentaires qui lui échouent du fait du départ de son fils et Adèle Rioux ne manque pas de dire, dans les lettres qu'elle adresse à son frère qui est parti, combien elle est «fatiguée le soir» après une journée de travail si bien remplie que certains prétendent que c'est une «honte», au «temps où nous vivons», relate-t-elle, de voir une jeune fille se «promener dans le labour du matin au soir» (*LTA*, 79). Élizabeth (*R-M*) connaît, elle aussi, le dur labeur dans les champs et encore Marcelle Rivard (*T*) qui fait les foins à la place de son mari à moins qu'elles ne soient contraintes de réduire leurs nuits de sommeil ainsi que le fait Madame Salins (*TD*).

D'importantes configurations discursives sont consacrées aux fiancées abandonnées et éplorées. Le récit manifeste l'ampleur du chagrin figuré par des héroïnes, dont nous n'énumèrerons point la liste, priant, pleurant, gémissant, pâlissant et maigrissant. L'effet créé par le départ du héros sujet, sur les fiancées, vise à créer l'illusion que le sujet masculin, qui est, dans la relation d'amour, l'objet de la quête du sujet féminin, est doté d'une valeur essentiellement subjective ou sentimentale. Or, d'autres effets peu explicités mais présents dans le récit et que nous analyserons ultérieurement, notamment la privation économique des moyens de survivre pour le sujet féminin affecté par une rupture de fiançailles, attestent que l'objet de sa quête est doté aussi d'une valeur objective.

Lieu du pouvoir sur la nature

Cette situation de désordre, que suscite tout départ, contraste avec l'ordre préexistant que le roman manifeste par la présentation d'un cadre rustique agrémenté de visions agrestes, idylliques. Le bien-être sinon la prospérité et l'aisance règnent, les relations entre individus sont cordiales, l'avenir apparaît réglé, organisé, garant d'une sécurité.

Les signes de richesse, ou tout simplement d'aisance, se manifestent à travers la maison «imposante», comme la «belle vieille maison en pierres grises de la Chesnaie» (*C*). Plus modestement, telle la propriété des Larochelle, elle peut n'être qu'une «coquette maison blanche entourée de ses dépendances à toitures rouges» (*FJL*), la simplicité alliée à la blancheur étant symbole de propreté et de moyens économiques. Plus que la maison ou les bâtiments en bon ordre, c'est la terre qui est le signe de prospérité. Déjà contenue dans l'énonciation succincte de ce fait : «Montépel possédait une des plus belles fermes des environs» (*JF*), c'est un tableau champêtre présentant l'embauche puis le travail de nombreux faneurs à l'époque des foins qui va contribuer à donner une plus juste appréciation de l'aisance du maître; souvent, aussi, il suffira d'un regard, celui du maître revenant des champs et contemplant avec fierté son bien;

> Oscar [...] regardait la ferme toute blanche, avec ses dépendances, ses étables, l'écurie, le silo, les garages. Bâtie à flanc de coteau, la maison [...] dominait un [...] vaste quadrilataire de terrains où s'éparpillaient le vert mat des prairies, l'or tendre des moissons mûrissantes, le vert luisant des hautes tiges de blé d'Inde et, tout au fond la floraison crèmeuse des champs de sarrazin (*RO*, 14).

Ou bien ce sera le voisin, un Pierre-Côme Provençal qui d'un «lent regard» en mesurera

> la richesse : vingt-sept arpents, neuf perches, par deux arpents, sept perches, plus ou moins. Les champs gris, uniformes, striés seulement de frais labours, se

déroulaient comme un drap de lin tendus de la baie de Lavallière jusqu'au chenal [...] dans ce sol alluvial [...] le sarrazin, le foin, l'avoine lèveraient encore à pleines clôtures pour de nombreuses récoltes (*S, 29*).

Le discours, dans son déploiement syntagmatique, intègre avec régularité ce type de configuration discursive constituée à partir de l'exploitation de certaines figures sélectionnées en fonction de l'isotopie choisie. La richesse se traduit donc par un déploiement quantitatif et qualitatif de la couleur, de la superficie et des objets produits.

Ces fermes prospères, ces terres qui rendent au centuple, ces bâtiments en ordre, c'est cet héritage que délaissent les sujets héros masculins presque tous propriétaires virtuels de ces biens quand ils se disjoignent de l'espace campagne. Le tableau ci-dessous indique la proportion d'héritiers en regard des catégories de sujets impliqués dans la fonction départ.

Axe de déplacement	Départ		Héritiers	
	SM	SF	SM	SF
Départ-non arrivée	37	2	29	0
Départ-arrivée (mort)	9	5	8	0
Départ-arrivée (exil)	10	4	10	0

Il est significatif que près de 100 % des héros sujets qui ne reviennent pas, par suite d'une mort accidentelle à moins qu'ils ne végètent ailleurs, soient des héritiers. La sanction s'exprime par la non-actualisation de l'état virtuel d'héritier en même temps que se réalise la valorisation de l'espace campagne par la relation d'opposition entre l'avoir-ici et le non avoir-ailleurs entraînant la négation de l'être. Remarquons, en outre, qu'aucun sujet féminin n'entre dans le rôle d'héritière; ceci vient étayer nos déductions, à savoir que l'objet masculin qui polarise le désir du sujet féminin, serait doté d'une valeur objective de par son statut de possédant virtuel.

Le récit du terroir s'ouvre, généralement, sur un état de prospérité résultant d'une relation conjonctive entre un sujet, figuré par le père, et un objet figuré par une ferme. Cet état, actualisé par le récit et qui correspond à celui de l'habitant à l'aise, résulte d'une transformation, relatée dans un récit rétrospectif, d'un état de non possédant en celui de possédant. Jean Rivard (*JRD*) parti de rien mais réussissant à force de volonté à fonder un village, est le modèle de héros de ces récits.

Le fils Barré, de retour des États-Unis après un long exil, ne manque pas d'être frappé à son retour par les signes d'aisance qu'il décèle dans la «maison paternelle... plus fraîche et plus épanouie que vingt ans auparavant [...] (dans) les champs clôturés [...] qui se déroulaient jusqu'au fleuve [...] comme d'immenses tapis verts» (*LCC*, 23). État actuel d'aisance que le narrateur justifie par un un passé de labeur continu du père Barré passant ses hivers au chantier, ses étés chez les «gros habitants», accumulant les «piastres» une à une, et puis la terre achetée, «agrandie, doublée, triplée».

Parcours analogue de Marcel Garon qui connaîtra huit années de misère à Sainte-Anne-des-Monts avant de vivre dans la douce aisance de l'homme chez qui le pain «ne manquait plus jamais» et qui, outre le petit pécule de «vingt-cinq louis (dormant) dans le traditionnel bas de laine pouvait s'enorgueillir d'un troupeau de «quatre belles vaches (qui) fournissaient le lait crémeux [...] et de brebis» pourvoyeuses de «la longue laine» destinée à fabriquer des «habits chauds» (*LTV*, 37). L'état actuel de Salins (*TD*, 16) est aussi celui de l'homme prospère possédant une «belle et vaste maison», doté d'un «agrès de sucrerie» renouvelé, modernisé et de bâtiments agrandis et lui aussi évoquera le labeur d'antan quand un jeune voisin hésitera à s'engager dans le métier d'habitant.

Le dur labeur, et tous les récits du terroir l'affirment, est l'épreuve qui conditionne l'acquisition de la richesse figurée par le bien foncier. Si les Dupont jouissent d'un domaine et d'une «maison à madriers de pin sur le plat, à bardeaux à la plane», c'est parce que des ancêtres «avaient travaillé durement pour défricher le domaine (et) bâtir la maison» (*FV*, 60). Dans le cas de Morel, dont la terre est convoitée par le voisin, c'est tout pareillement le grand-père qui l'avait défrichée «alors que le pays du Témiscamingue s'ouvrait à peine à la colonisation» (*F*, 6). Même origine, encore, du patrimoine du vieux Rioux «défriché par un homme de son nom» (*LTA*). Exemples qui s'opposent au parcours syntagmatique des sujets qui refusent de se soumettre à l'épreuve du dur labeur et qui, à la manière de François

Gaudreau (*PGC*), sont rejetés dans un espace dysphorique, disjoints des objets de valeur et représentés dans un état d'isolement et de misère. Toutefois, et c'est là une des contradictions du roman du terroir, la conjonction du sujet et de l'objet figuré par une riche propriété, ne procure pas nécessairement l'euphorie. Paul Pelletier (*RC-N*), vivant dans sa riche propriété de la Malbaie, eut, pendant de nombreuses années, la nostalgie de cette époque où il n'était que défricheur. Un incendie qui dévasta son domaine lui permit alors de réaliser son rêve et de s'épanouir à nouveau dans le rôle de défricheur. Le vieux Lamothe, comme le père Chapdelaine (dans *Maria Chapdelaine*) symbole du défricheur-errant largement exploité dans la littérature et les autres textes, «avançait toujours plus loin» dès que le lot «avait pris figure de terre cultivable» (*NB*, 90), en dépit de son âge avancé.

C'est moins la réalisation de l'état conjonctif, entre le sujet et un objet doté d'une valeur objective qui est valorisé dans le roman du terroir, que l'épreuve au cours de laquelle le sujet, qui est en même temps son propre objet, veut se prouver quelque chose, quête qui s'apparente à la recherche d'une valeur subjective. En situant la quête au niveau de l'être plutôt qu'au niveau de l'avoir, le roman donne de l'habitant la représentation d'un sujet valorisé par le seul déploiement spectaculaire de sa force de travail. La classe paysanne, dit le roman, ne travaille pas pour le profit mais pour le plaisir de se dépenser physiquement.

Lieu du pouvoir sur les êtres

Outre la relation conjonctive avec les objets de la nature, qui est l'indice d'une position dominante, le roman figure le sujet masculin dans des rôles selon qu'il est en rapport avec d'autres sujets masculins ou féminins, jeunes ou âgés.

Un Phydime Ouellet, par exemple, manifeste le degré de son pouvoir quand, à la première contrariété lui venant de sa femme et de son fils qui émettent une idée différente de la sienne, il ouvre toute grande la porte et s'écrie «allez-vous en tous, si vous n'êtes pas contents!» (*BR*, 10).

Que Fanny, la femme du fils Barré, ose s'insurger contre les décisions de son mari, voilà qui scandalise le vieux père Barré car, relate le narrateur, les femmes de «sa maison» n'oubliaient jamais que le «mari était le chef»; la bonne épouse «cherchait à saisir son point de vue, elle approuvait le plus possible, elle encourageait toujours, elle ne formulait ses doutes ou son opposition qu'en réservant d'avance sa soumission la plus entière à la décision finale» (*LCC*, 199-200).

Les signes de la puissance du sujet masculin, figuré par le père, sont inscrits dans des léxèmes tels que «maître», «seigneur», «chef», «roi». La relation de possession avec les objets de l'univers implique une relation de même nature avec les êtres de ce même univers. Le texte, par des arrangements de surface ayant pour effet de dissimuler cette relation, figure le sujet en position de dominant du fait de sa conjonction avec les objets de valeur, dans les rôles de père et d'habitant qui correspondent à un ensemble de comportements et de paroles stéréotypés faisant équivaloir ce double rôle à sagesse, bonté, modération.

Avec la terre, «un habitant est toujours sûr de son pain» rappelle le père de Jean Beaulieu qui conclut «un habitant est un roi» (*CF,* 62). «Cultiver, c'est une profession, Georges, c'est la liberté, c'est se mener soi-même, pas se faire mener par les autres» (*FV*, 56) explique Marcel Dupont à son fils. Et le leitmotiv court dans le roman du terroir. «Maître de la terre», «seigneur d'un domaine», «maître par droit de descendance et d'héritage incontesté» (*LTA,* 8), «roi de droit divin», privilège émanant de Dieu lui-même qui, selon Phydime Ouellet, a établi l'homme de la terre en son paradis terrestre, en lequel il l'a fait maître et roi, son sceptre étant la charrue, son drapeau le clocher, sa devise : Dieu, Patrie, Foyer. Le seul regret du vieux Douaire, le père de Vincent, est de ne pouvoir, à cause des «mauvaises années», acheter des fermes à ses fils qui «ne seraient pas, comme lui, comme ses ancêtres, des habitants propriétaires de fermes très grandes, sans un sou de dettes, indépendants, libres comme de petits rois sur leur terre» (*N-S,* 31). Même le plus pauvre, un ClaudePaysan, en même temps qu'il hérite de la terre à la mort du père, hérite du titre : «Il était le chef maintenant, [...] le seul gardien de son petit champ et de sa vieille mère» (*CP*, 28).

Le sujet, dans cet univers, c'est celui qui possède, c'est un sujet mâle. Exclue de l'héritage, la femme est du même coup exclue d'un type de discours métaphorique; il n'y a pas de reine, de maîtresse, de seigneuresse, de lignée féminine, d'ancêtres féminines; pas de déploiements d'images tendant à manifester l'enracinement de la femme au sol et la continuité de son règne.

Exclue de la relation de possession face aux objets de valeur, la femme est, dans sa relation au sujet dominant, apparemment assimilée à un objet. La fiancée que

Phydime Ouellet choisit pour son fils est désignée par «ça» quand il exprime la satisfaction qu'il éprouve à la suite de son choix : «ça pourra me faire une bru comme on en trouve pas tous les jours» jubile-t-il. Le «ça» traduit la passivité et prive l'humain de son «caractère discret et animé». «Le neutre «ça» permet d'effacer les différences de genre et de nombre et de représenter l'humanité sous l'aspect d'une substance uniforme» (Coquet, *Sémiotique littéraire*, 1972, 186). Quand Marguerite Morel refuse de s'incliner devant le choix de son père désireux de la marier à Duval, la double indignation du père et du narrateur éclate dans le roman : «il était le père, enfin, le maître! [...] Il avait (le) droit [...] de s'opposer à cet amour qu'elle venait de lui annoncer» (*F*, 71).

La relation avec les êtres ne s'articule qu'en fonction de la propriété et en ce qui concerne les femmes elles ne sont impliquées que

> si les garçons font défaut, c'est alors à la plus jeune des filles de placer la couronne du roi défunt sur la tête de celui que son cœur choisira pour régner; mais encore faudra-t-il que le nouveau roi soit du même sang, de la même condition que ceux de la maison ... autrement, la dynastie s'éteindrait... (*F*, 71).

Cette relation de dominant à dominé, qui est à la base des rapports établis entre l'homme et la femme, inclut les enfants et les adolescents, c'est-à-dire tous ceux qui sont assimilables à la femme de par leur statut de non-possédants. C'est parce qu'ils refusent de se soumettre au père que les jeunes hommes quittent le foyer familial. Pierre Montépel (*JF*) qui n'accepte pas l'épouse négociée par son père est contraint de partir, tout comme le fils de Robertson (*FP*) qui s'exile pour des raisons identiques ou encore Paul Garon (*LTV*), Oscar Gagnon (*RO*), Louis de Vieuxpont (*PO*), François Barré (*LCC*). Un Jean Larochelle (*FJL*) dont le goût pour la musique est réprimé, manifeste, lui aussi, sa révolte par un départ. Tous ceux qui tentent de s'affirmer, de faire valoir leurs goûts ou leurs idées, sont contraints de quitter les lieux si leur vision du monde n'est pas conforme à celle du maître. Le conflit qui oppose le père au fils transparaît, parfois, au niveau de petites querelles comme celles qui dressent Euchariste Moisan contre son fils Ephrem (*TA*) toujours en quête d'argent, à moins que des ambitions trop élevées chez un fils voulant devenir un «monsieur», comme c'est le cas de Paul Pelletier (*RC-N*) ou Hubert Rioux (*TA*), ne suscitent la colère du père.

Le conflit est un rapport de force qui met en présence le sujet actuel, en position dominante et figuré par le père, auquel se mesure un sujet virtuellement dominant figuré par le fils. Le premier affrontement, qui se solde par le départ du fils, manifeste la défaite du sujet virtuel dont le temps sera l'adjuvant puisque, en règle générale, le père meurt quand revient le fils qui accède alors à la position dominante par l'accession à l'héritage.

Parmi les trente-neuf personnages qui reviennent à la campagne après l'avoir quittée et qui se distribuent sur l'axe départ-non arrivée, vingt-deux sont confrontés, à leur retour, à une situation qui manifeste la défaillance d'un père fatigué, malade ou décédé. Évoquons quelques cas tels celui du père Rioux (*LTA*) qui meurt pendant que son fils fait bombance à Québec; le père Picard (*M*) terrassé par une syncope tandis que Fabien s'ébat à Montréal; le père Beaudry (*TV*) équivalant à un disparu à cause de son incapacité physique à assumer le travail de fermier; le vieux Gervais (*DV*), le père de Jean Larochelle (*FJL*), le vieux Robertson (*FP*), tous inaptes au travail par suite d'accidents ou de maladies ou encore pour d'autres raisons ainsi qu'en témoigne le cas de Lucas de Beaumont (*T*) qui doit, à cause de son ivrognerie, abandonner sa terre.

Au retour du sujet héros correspondant la conjonction de ce sujet de valeur figuré par l'héritage constitué du bien foncier. Or, ce qui importe, c'est moins l'accès à la propriété que l'acquisition du statut de dominant qui en découle, ce qui implique nécessairement l'évacuation du dominant actuel de la scène romanesque exempte d'une représentation de rapports relationnels humains non hiérarchisés. Pour que le fils règne, il faut que le père meure.

La valeur recherchée par le héros, qui conteste l'autorité du dominant, n'est pas investie dans la recherche d'un système conceptuel substituable au système relationnel actualisé dans le roman, lequel est fondé sur le rapport de force entre dominants et dominés, mais bien dans celle d'un statut de dominant qu'il convoite. Seul ce statut polarise le désir d'un Jacques Dufresne, chercheur d'or, qui nie tout intérêt pour le travail de fermier en dépit des demandes d'aide de son ami Claude Paysan (*CP*), mais qui fait volte-face, affirmant ce qu'il a nié, entrant alors sans ambages dans le double rôle de «maître du bien» et de «chef de famille» quand survient la mort de son ami qui lui lègue son bien et sa vieille mère.

Lorsque le père est encore vivant et en pleine santé en séquence finale, c'est par l'acquisition d'une terre et l'insertion de la fonction noces que le héros est marqué du statut de dominant. Les rares cas de vie commune entre le père et le fils s'expliquent par la déchéance physique ou mentale d'un père placé dans une position d'humiliation pour s'être livré à de mauvaises transactions ou spéculations, cas exemplaires de Euchariste Moisan (*TA*) ou de Chauvin (*TP*) qui est recueilli pauvre et déguenillé par un fils enrichi.

Le passage de dominé à dominant ne s'effectue pas dans quatre cas dont ceux de Jeanne Girard (*JF*) et Alphonsine Ladouceur (*PT*), lesquelles ont, en séquence initiale, un statut de non-dominées résultant de leur état de célibataire et d'orpheline. Cette double caractéristique explique la mobilité de ces deux sujettes, non en position virtuelle d'héritières, donc non liées par la propriété mais en position virtuelle de dominées, désirées qu'elles sont par un sujet masculin, ce qui se réalise en séquence finale puisqu'elles se marient. Cette alliance fonde, dans le système relationnel décrit, le statut de dominant du sujet mâle. Quant aux deux autres cas, il s'agit encore de deux sujettes qui ne voient pas leur statut de dominées se modifier puisqu'elles sont mariées, donc conjointes à un dominant, et que leur départ résulte moins d'un rapport conflictuel avec le dominant que de ce qui s'apparente à une négociation de sorte que le mari occupe le rôle actantiel de destinateur quand elles partent en quête d'un ailleurs.

On relève toutefois un cas de personnage masculin, dans *la Terre se venge*, qui revient dans l'espace campagne humilié, marqué en conséquence par un statut de dominé. Cependant, ce qui le distingue des cas de sujets féminins, c'est que l'état d'humiliation actualisé n'est que provisoire et destiné à se transformer en élévation par suite de son statut de futur héritier de la ferme de ses parents. Tandis qu'Alphonsine Ladouceur demeurera toujours en position d'humiliation dans les romans de Guèvremont. Quand Didace Beauchemin mourra, après que son mari soit lui-même décédé, ce n'est pas elle qui héritera de la propriété mais sa fille intégrée au patrimoine Beauchemin par filiation paternelle.

L'épreuve qui fait passer le sujet de statut de dominé à celui de dominant ne se résout point, à de rares exceptions près, par l'affrontement violent entre le père et le fils. Dans *la Scouine*, texte censuré, on voit les fils Tifa et Raclor saccager le verger de leur père à coups de hache et frapper sœur, frère et mère; de même, dans *Cet ailleurs qui respire*, les rapports de dominants à dominés s'expriment par la violence, la haine et les coups. Ce sont là, toutefois, des cas exceptionnels car l'image de la puissance renvoyée par le roman du terroir est celle d'une puissance débonnaire, effet qui se réalise par la représentation euphémique des rapports conflictuels. Il n'y a point, en l'espace campagne, de révolte contre l'ordre établi. La négation de cet ordre, par le sujet, se réalise par son abstraction de la poudrière et non point par un enracinement qui impliquerait affrontements gestuels et langagiers entre les antagonistes. De la même manière, c'est par l'évacuation du dominant, figuré par le père, de la scène romanesque en séquence finale, que se résorbe le conflit; ainsi se perpétue et se reproduit un système relationnel jamais ébranlé, les dominants n'étant vaincus que par le temps, les dominés n'exprimant leur révolte que par le départ.

2.2 *La forêt, l'espace du sujet virtuel*

Le lieu d'où émerge le sujet dominant est susceptible d'être représenté comme une portion de l'univers campagne. Nous le désignons par le rang, lieu marqué par un double système de relations hiérarchisées entre les êtres et les objets. À l'opposé se dessine un autre espace au sein du même univers, investi de valeurs contraires. À la lignée, qui donne à la population du rang son apparence homogène, à son mode d'organisation clanique, s'oppose la population hétérogène du village; à la dispersion des habitants dans l'espace s'oppose la concentration des individus dans le village.

Le principe de la différenciation de ces deux espaces repose sur l'avoir matériel. Le rang, comme espace des possédants, est hautement valorisé dans le roman. Là, le sujet dynamique acquiert des biens et domine. Le village s'oppose à une expansion dynamique de cet ordre, il opère un rétrécissement du champ d'action du sujet qui n'acquiert plus de biens, qui ne domine plus ni sur la nature, ni sur les êtres et qui, d'actant, se transforme en étant. Le village, dans la perspective de l'habitant, correspond à un lieu de dépossession. C'est là qu'on se retire lorsqu'on a perdu tout pouvoir physique ou moral, lorsqu'on est vieux, malade ou incapable d'assumer le travail de fermier.

La relation entre les constituants de l'univers campagne est susceptible d'être représentée dans un carré sémiotique par suite de la double homologation de l'espace rang à possession et de l'espace village à dépossession.

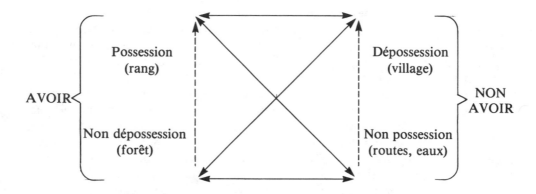

Le découpage de l'univers campagne opéré par le carré sémiotique manifeste l'existence de l'espace de la non-dépossession assimilable à l'espace forêt et celui de la non-possession assimilable aux voies routières et fluviales.

Selon les rapports qu'entretiennent les sujets entre eux et les relations qu'ils entretiennent avec les biens matériels, ils se distribuent sur chacun des termes du carré. La forêt, contrairement au rang, est un espace où l'on brasse des affaires et de l'argent, c'est le lieu des compagnies étrangères, la «Price» ou la «Laurentide Company» qui opèrent des coupes de bois en puisant dans le stock de main-d'œuvre accumulé dans les rangs. Les travailleurs, qui se concentrent en l'espace forêt, forment un groupe homogène dans la mesure où les individus qui le constituent sont jeunes, non possédants, non dominants dans leur classe hiérarchisée en fonction des possédants figurés par les propriétaires aisés, d'ailleurs non chargés d'une famille nombreuse, et les non-possédants situés en bas de l'échelle sociale et représentés par les colons chargés d'enfants.

Le passage d'un terme à l'autre, soit du rang à la forêt, correspond généralement au passage de l'étant à l'actant. Un Pierre Montépel (*JF*), révolté contre le dominant, s'oriente vers cet espace où, par son travail rémunéré, il est assuré de survivre. Mais, plus que cela, le sujet qui rejoint la forêt désire accumuler du capital en vue d'acquérir le seul objet qui soit doté de valeur dans le roman du terroir, c'est-à-dire la terre. L'argent est un moyen, non une fin.

C'est ainsi que chaque hiver les cinq fils Neuville partent pour les chantiers (*B* et *R*); Joseph Dugré (*CC*), avec ses dix-sept enfants, est contraint de s'en aller au chantier, tout comme Freddie Lacourse (*NB*) et tous les fils des colons nouvellement arrivés qui n'ont d'autre choix, s'ils veulent acquérir un lot, que de passer l'hiver en forêt. Un Charis Moisan, l'unique héritier de l'oncle Ephrem, pour avoir été exempté de ces exils dans sa jeunesse, rêvera de cet espace auréolé du mystère de l'inconnu et symbole de puissance, puissance des poches «lourdes d'argent» au retour, puissance de l'individu capable de «boire, de blasphémer, et de se battre» (*TA*,61).

C'est une collectivité qui se retrouve dans cet espace maniant «la grand'hache ou le godendard»; par «petits groupes» ils quittent les villages et «s'enfoncent dans les forêts du haut Saint-Maurice ou de la Gatineau pour la coupe du bois» (*TA*, 61). La formation de ces groupes obéit toutefois à une sélection; l'inspecteur de la compagnie étrangère prend contact avec Menaud le maître-draveur, par exemple, et c'est lui qui forme son équipe, désignant les uns après les autres d'abord «Josime» puis «les Maltais», «François Dufour», «Gagnon», «les deux Platon», «Joseph et Élie», «Bourin», «Simard La Gueule», les «trois Josime», les «Lajoie», les «Boudreault», les «Gauthier» et enfin «Le Lucon»; quant au «Délié», il l'élimine, «ôte toi de devant ma face!» lui dit-il (*MM-D*, 47). C'est donc bien une communauté qui se retrouve dans cet espace qui n'est valorisé que dans la mesure où il est un moyen d'atteindre le rang. Le vrai «lumber-Jack» né dans le camp et qui montre une tendance à dépenser toutes ses paies dans les hôtels, est exclu du roman du terroir.

Une autre catégorie de lieux, figurée par les voies fluviales et routières et assimilée à la non-possession, se différencie du village et du rang en ce qu'elle recouvre des individus non possédants, non dominants et mobiles par surcroît, ce qui les oppose tant aux individus liés à la terre dans le rang qu'à ceux du village liés au groupe par un ensemble de traditions constituées de modes de vie et de pensée. C'est le lieu de ceux qui ne possèdent rien, de ceux qui sont sans «argent», sans «terre», sans «avenir», sans «famille» (*F*, 69); lieux des errants, d'un Survenant, ce «grand-dieu-des-routes» (*S*, 212), d'un Léon Lambert ramassé dans le chemin à demi-mort gelé par Jean-Baptiste Morel (*F*); lieu d'un Bagon, d'une Irlandaise (*S*) surgie d'on ne sait où, et louant leurs services chez des fermiers; lieu encore de tous les colporteurs et indigents introduisant dans la sphère campagne, en même temps que toutes leurs breloques et leurs misères, les nouvelles de l'extérieur. Cet espace, ouvert sur le monde extérieur, est aussi le lieu des navigateurs : tantôt ici, tantôt là, avec une «fille dans chaque port», c'est le lieu d'un Ludger Aubuchon (*PT*), d'une Blanche Varieur (*M-D*) que ses rêveries éloignent du terrien Didace fixé au sol et enfermé depuis des générations dans les limites de cet espace.

En s'introduisant dans la sphère campagne, ces êtres dont les origines demeurent mystérieuses, ces êtres libres, non reliés à la terre par la propriété ou à d'autres êtres par les liens du mariage, introduisent la différence. Le Survenant est un «bon travaillant, capable de chaude amitié pour la terre» certes, mais c'est un «être «insoucieux, sans famille et sans but» (65); et pour Phonsine, indignée de son départ subit, c'est «un vrai sauvage, quoi! Ces survenants-là sont presquement pas du monde. Ils arrivent tout d'une ripousse. Ils repartent de même. C'est pire que des chiens errants» (222).

Cet espace, tout comme la forêt, est un lieu de transit. De même que l'espace rang polarise le désir du sujet conjoint à l'espace forêt, c'est également vers le rang que s'orientent, en séquence finale, les sujets situés dans les espaces ouverts que sont bois, routes et eaux. Le navigateur Ludger Aubuchon (*PT*) s'ancre au sol pour l'amour de Marie-Amanda de même que le fit Neuville (*B* et *R*) «pour les beaux yeux de Célanire» ou Menaud, le roi de la montagne, qui «avait défriché l'âpre terre de Mainsal» (35) par amour pour sa femme ou encore que s'apprêtait à le faire François Paradis, le coureur des bois amoureux de Maria Chapdelaine. Tous les désirs convergent vers le rang, y compris ceux des sujets qui s'en sont disjoints antérieurement et qui vivent au village avec le statut de retraités. Un Charlot Deschamps qui rêvait de la retraite, «souffre en silence» (*S*, 131) depuis qu'il vit cet état. Dans sa petite maison «il s'ennuie désespérément, atrocement» (130) et ne rêve que de retour à la terre. Avec quelle joie, le Père de Beaumont (*T*) qui est retraité n'accourt-il pas pour reprendre la ferme en main quand son fils se révèle inapte à en assumer la direction et le père Beaudry (*TV*), dans sa maison de retraité, ne rêve-t-il pas, pareillement, d'un retour à la terre...

La sphère campagne est donc constituée d'un ensemble de lieux hiérarchisés avec, au sommet de cette hiérarchie, le rang vers lequel converge la presque-totalité des sujets du roman du terroir. Au niveau le plus inférieur se situent les voies de circulation, espace rejeté à la périphérie de la sphère campagne, portes ouvertes sur l'extérieur, espace assimilé à l'espace étranger. Le roman évacue donc tous les sujets qui ont le pouvoir d'accéder à l'espace supérieur, mais qui en nient les valeurs par leur refus de s'y conjoindre, préférant les lieux ouverts sur la ville tels que le village ou ces autres espaces. Tous les sujets dont la progression syntagmatique s'opère sur l'axe départ-non retour empruntent ces voies de sortie.

Quant à la conjonction du sujet à l'emplacement forêt, ce qui a pour effet de lui conférer un statut de possédant virtuel, elle se révèle être la seule voie d'accès à la propriété, entraînant l'acquisition du statut de dominant pour le sujet non doté de pouvoir économique. L'existence de la forêt est garante de l'autonomie du sujet masculin et facilite son passage de l'état d'étant soumis au dominant à celui d'actant manifestant sa volonté, assuré qu'il est d'obtenir le pouvoir économique qui lui fait défaut. Le personnage féminin, exclu de la forêt représentée comme un tremplin économique dans l'accession à la propriété, demeure soumis au dominant avec le statut du «ça».

Ainsi se justifie l'écart entre le fort pourcentage de héros qui quittent la campagne et le faible pourcentage d'héroïnes : les uns sont assurés de survivre et de se doter des pouvoirs nécessaires dans une société économiquement structurée pour eux, les autres non.

2.3 L'espace spirituel : lieu du sujet transcendant

Rang, forêt, voies fluviales et routières, village, sont les constituants physiques de l'univers campagne. Chacun a ses caractéristiques propres, constitué qu'il est d'éléments homogènes et hétérogènes. Si le rang et la forêt se caractérisent par l'homogénéité du groupe social réuni en ces lieux, le village, par contre, est un ensemble fort hétérogène. C'est le lieu des habitants retraités côtoyant «l'aristocratie du village», tous ces professionnels, médecin, notaire, marchands et curé. C'est le lieu des plaisirs, lieux mal famés, hôtels où se réunissent les buveurs, les ivrognes, les aventuriers; c'est là qu'un fils Chauvin succombe à la tentation de l'évasion; lieux troubles et trompeurs, commerces à double face tels l'épicerie de la mère Auger avec sa petite salle arrière où, sous l'effet «des vapeurs de la bière et du whisky blanc», se trament les complots de désertion auxquels se mêlent les fils des mieux nantis de la paroisse dont un Ephrem Moisan (*TA*, 124), un Georges Dupont (*FV*), un Jean-Pierre Lamothe (*NB*), un Robert Legris (*FR*), un de ces fils, prétend Phydime Ouellet, «qui a tout sous les pieds et qui lâche ça pour s'en aller se mettre mercenaire» (*BR*, 27) en ville.

La composition sociale du village avec ses lieux diversifiés, lieu du prêtre situé dans un espace de spiritualité, lieu du commerce, lieu du trafic louche, «alambics dissimulés dans les caves», «codes» ouvrant certaines portes de restaurants tenus par des «Grecs» (*DV*), se traduit dans le roman par une représentation d'un lieu à la fois euphorique et dysphorique. Euphorique, dans la mesure où l'église est déjà la porte ouverte sur le paradis pour les retraités, et dysphorique dans la mesure où le commerce ouvre la porte sur l'extérieur, sur l'économie du marché, pratique qui s'oppose à l'économie de subsistance fondant l'organisation socio-économique du rang.

La représentation sociale dichotomique du village est figurée par des lieux de pouvoir économique et spirituel qui s'opposent par les valeurs objectives et subjectives qui sont au principe de leur institution. L'univers spirituel est le lieu du prêtre, sujet médiateur entre un univers transcendant dominé par Dieu «source et dépositaire des valeurs hors-circuit» (Greimas, *Langages*, 13-35) et un univers immanent où circulent les objets dotés d'une valeur objective. Le prêtre incarne donc un savoir et un pouvoir spirituels qui s'opposent au savoir et au pouvoir matériels du commerçant sur l'axe de la valeur.

La spiritualité, entendue comme mise en circulation de valeurs subjectives dans une formation sociale donnée, est dans un rapport effectif d'opposition avec la matérialité entendue comme mise en circulation d'objets dotés de valeur objective. En outre, et c'est là l'essentiel, leurs fonctionnements sont identiques puisque tous deux visent par leur pratique l'assujettissement des individus, ici consommateurs de valeurs spirituelles et par conséquent soumis à l'Église, là consommateurs de produits manufacturés et par conséquent soumis à l'économie de marché.

Cet ensemble relationnel est susceptible de s'articuler dans un carré sémiotique du type suivant :

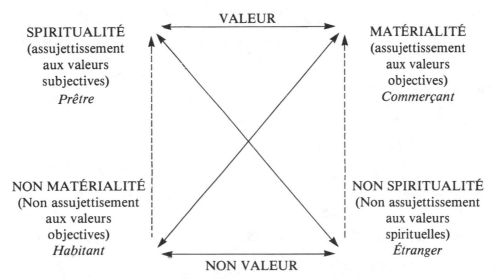

Implicitement ou explicitement le roman, affirme que le prêtre est le représentant de Dieu, ce qui lui confère un pouvoir sur les êtres et sur la nature. Exceptionnellement, le roman manifeste le pouvoir du prêtre sur la nature par l'inscription de miracles du type de celui qu'opère le père Oblat, dans *la Rivière-à-Mars*, lequel s'agenouille bras en croix priant face à l'incendie déchaîné qui rugit à travers la forêt et menace le village qui sera épargné grâce à cette intercession sacrée. Le pouvoir du prêtre se manifeste davantage dans les rapports qu'il entretient avec les sujets et son intervention, sur l'axe syntagmatique, se situe soit en position initiale, centrale ou finale, dans la séquence narrative.

En position initiale ou finale il est investi dans le rôle de celui qui baptise les nouveau-nés, de celui qui marie les couples et de celui qui enterre les morts, rôles anodins en apparence, mais qui sont autant de signes de l'omniprésence et de la puissance spirituelle du prêtre puisque aucun être humain n'est admis dans l'univers immanent sans ce visa d'entrée qu'est le baptême que seul le prêtre est autorisé à dispenser et que, de la même manière, aucune sortie de l'univers immanent ne s'effectue sans qu'à nouveau le pouvoir sanctionnant du prêtre, ouvrant ou fermant la porte du paradis, n'intervienne. Le mariage, qui ne devrait logiquement relever que du vouloir des deux sujets qui en sont les contractants, n'est nullement fondé sur ce vouloir mais sur un vouloir externe de sorte que l'union est, elle aussi, sanctionnée par le prêtre. Le sujet transcendant est doté d'un pouvoir qui ne s'évalue qu'en fonction de l'effet qu'il produit dans les relations que ce sujet entretient avec les objets de l'univers immanent.

Régulation qualitative des ressources humaines

Si le fils est une valeur qui est susceptible de polariser le désir des deux sujets figurés par le père et le curé, l'un tablant sur son potentiel énergétique, l'autre sur son potentiel intellectuel, tous deux agissant comme deux forces contraires, il n'en va pas de même lorsque l'enjeu est figuré par une fille, car dans ce cas il y a manifestement concertation entre les deux sujets.

C'est dans le cas du mariage que le curé intervient à propos de l'objet fille. Les conseils du curé peuvent être sollicités par un père préoccupé. Le père Beaudry (*TV*), par exemple, éprouve le besoin de connaître l'avis du curé quand il s'aperçoit que le fils du voisin, Ephrem Brunet, s'intéresse à sa fille Marie. L'approbation du curé semble aussi fort importante à Phydime Ouellet qui veut marier sa fille à Léandre Langelier (*BR*). Dans le cas du mariage de Marcelle Gagnon, c'est le curé qui en accélère le processus, c'est encore lui qui aide Rosette à conquérir Louis (*FV*); lui encore qui favorise le mariage de Georges et de Louise dans *la Prairie au soleil;* lui qui s'objecte au mariage d'Oscar (*RO*) Gagnon et de Lucile; lui qui exerce des pressions sur Bertha Neuville (*B* et *R*) pour qu'elle reste fidèle à son fiancé parti à la guerre; lui qui fait des pressions sur Irénée Dugré (*CC*) pour qu'il épouse Lucette Neuville; lui qui manigance de riches épousailles entre Esther Brillant et son protégé Jean Pèlerin (*OP*) et qui échoue mais se reprend, visant cette fois-ci une alliance entre un objet pauvre mais docile, figuré par Rose Després, et Jean Pèlerin, ce qui réussit.

Dans tous les cas le curé est un adjuvant du père, l'un préoccupé par la reproduction des valeurs spirituelles, l'autre par la reproduction des valeurs matérielles, lesquelles fondent leur statut de dominant. Les deux sujets transcendant et immanent forment un front commun contre tout éventuel départ qui équivaut à une perte de potentiel énergétique nécessaire à la reproduction des valeurs. Le mariage, qui accroît ce potentiel par l'apport de main-d'œuvre qu'il représente pour celui qui se voit attribuer la «bru» ou le «gendre», favorise l'acquisition de biens matériels pour le sujet immanent destinataire. En outre, en augmentant le patrimoine humain de la paroisse par la reproduction qui est la fin du mariage, il sert les intérêts du sujet transcendant.

Nous ne relevons, dans cet univers, aucun cas d'aide accordée par le curé à un fils ou à une fille en conflit avec ses parents. Dans tout conflit de cet ordre, le curé, s'il intervient, est systématiquement adjuvant du père et opposant du révolté. De même, aucun cas de mariage sanctionné par le curé n'émerge s'il n'est basé sur l'alliance avec la terre et les valeurs spirituelles de la paroisse. Ce qui signifie que le prêtre n'accorde sa bénédiction, dans le roman du terroir, qu'au propriétaire d'une terre, le lien au sol étant la seule garantie d'une source d'enrichissement pour le curé puisque, rappelons-le, la dîme est basée sur la récolte du blé, ce qui assure le curé d'un revenu. Ce n'est donc pas le désir d'un sujet polarisé par un objet et vice versa qui provoque l'inscription de la séquence mariage dans le roman, mais le vouloir d'un sujet externe, figuré par le père conjoint au prêtre, qui provoque l'apparition de cette séquence.

Ce n'est pas Marie Beaudry qui veut épouser Ephrem Brunet, ni Dosithée qui veut se marier; Marie, c'est le médecin Fernand Bellerose qu'elle veut et Dosithée se trouve bien dans son état de célibataire. C'est le père Beaudry, malade, qui veut s'adjoindre de l'aide afin de retourner dans sa ferme et c'est le curé, son allié, qui veut le retour d'Ephrem parti à la suite de sa déception sentimentale. De même, dans le cas de Dosithée, c'est Phydime, son père, qui cherche un substitut à son fils qui l'a quitté à la suite d'une querelle, c'est donc lui, parmi les trois choix qui s'offrent, qui sélectionne le prétendant; ce choix est approuvé par le curé car ce mariage est un moyen d'ancrer définitivement dans la paroisse un Léandre Langelier frais émoulu du collège, donc susceptible d'être attiré par la ville. En conséquence, ce que sanctionne le prêtre lors de la cérémonie du mariage, ce n'est pas l'amour entre deux êtres ou l'union réciproque de l'un à l'autre, mais leur soumission aux valeurs des deux sujets dominants de l'univers campagne.

En immolant son pouvoir et son vouloir, le sujet, sans révolte, se place de lui-même dans la catégorie des dominés et c'est cela que valorise le roman du terroir qui atteint, par le biais de telles situations, un équilibre et un ordre synonymes de bonheur.

Régulation distributive des ressources humaines

Le départ du héros est un événement qui suscite occasionnellement l'intervention du curé. Là encore, il est adjuvant du père. Au vieux Rioux (*TA*) qui lui raconte que son fils Hubert veut partir, il propose son aide : «amène-le moi», lui dit-il, et, usant de son pouvoir, il tente de dissuader le fils d'exécuter son projet; il intervient encore auprès d'Oscar Gagnon (*RO*) qu'il tente de fléchir quand celui-ci veut épouser une «dactylo» et vivre en ville; Carolus (*PO*) et les autres chercheurs d'or qui délaissent leurs terres et rêvent de «chimères», sont fustigés en chaire et dissuadés de donner suite à leurs projets au cours d'entretiens privés. Toutes les énergies du curé se déploient en vue de récupérer les exilés. C'est lui qui favorise le retour d'Ephrem Brunet (*TV*); lui qui convertit les citadins et les envoie dans les lots de colonisation à l'exemple de Lucile Gagnon (*RO*) qui, en dépit de sa répugnance pour le mode de vie des paysans, est ramenée, grâce à ses bons offices, à des sentiments plus conformes; les Hamelin, Lamothe, Lacourse (NB), tous ces citadins qui végétaient en ville, vont s'implanter sous son influence dans le Témiscamingue; Louise Rollin (*PS*), qui se croit inapte à affronter la solitude de la prairie, s'y intègre grâce à lui; c'est lui qui indique une ferme où le citadin physiquement éprouvé qu'est Raymond Chatel (*JMA*) saura restaurer sa santé; lui qui est la figure dominante et essentielle dans les nouveaux villages de colonisation ouverts tant par Charles Guérin que par Marcelle Larisière et Béland (*TG*); lui qui s'efforce d'y intégrer les colons par des encouragements ou des organisations sociales à caractère religieux comme c'est le cas dans *le Feu dans les roseaux*. La domination du sujet transcendant implique des sujets assujettissables aux valeurs et une transmission de ces valeurs. Les conditions de domination des sujets se réalisent dans l'espace rang par suite de la dispersion des individus dans l'espace, de leur attachement à cet espace par le biais de la propriété et de leur manque de moyens de production. C'est de ce lieu privilégié qu'est tirée l'élite destinée à reproduire le pouvoir clérical et c'est en cet espace que se réalise le mariage dans le roman. Le rang figure donc la base du système de reproduction des rapports sociaux, tant du point de vue qualitatif que quantitatif.

Par l'instruction, qui s'interprète comme une acquisition, celle du savoir qui donne un pouvoir, s'opère la différenciation entre les individus. Or le curé n'oriente jamais que vers le séminaire en vue de la prêtrise; seul l'agrandissement du territoire spirituel, c'est-à-dire du champ d'influence de l'Église, est visé au cours de ce processus de sélection destiné à reproduire le pouvoir clérical. Tous les éléments féminins de même que les éléments masculins des groupes dominés, c'est-à-dire les non-propriétaires, sont éliminés.

Seules les classes paysannes possédantes sont susceptibles d'acquérir un certain type de savoir débouchant sur une voie unique, celle de la prêtrise. Si Félix Gervais, que son curé destinait à la prêtrise dans *Au Diable vert* réussit à changer de filière en cours de route, s'orientant alors vers des études commerciales, ce n'est dû ni à son vouloir, ni à son pouvoir, mais à ceux d'un riche industriel qui entend ainsi s'acquitter d'une dette à l'égard du jeune Félix qui lui a sauvé la vie dans une circonstance particulière. Seul le hasard permet à la classe paysanne d'emprunter les filières réservées à l'élite dominante. Exclue des filières qui donnent le pouvoir économique et politique, la classe paysanne est représentée au comble de la satisfaction quand elle s'élève à la prêtrise, le pouvoir clérical étant l'unique possibilité de promotion sociale pour cette classe.

Le pouvoir du sujet transcendant ne s'exerce pas en vue d'une utilisation rationnelle du potentiel intellectuel humain, lequel est implicitement nié dans l'ensemble des romans et explicitement dans *la Scouine* où l'on voit le curé s'opposer à l'institutrice qui veut transmettre un savoir aux habitants. Le pouvoir du sujet transcendant, allié à celui du sujet immanent, s'exerce en vue d'augmenter quantitativement le potentiel énergétique humain dans l'espace rang.

La quête des sujets dans la séquence mariage est modalisée par le vouloir de ce double destinateur. L'objet du désir de chacun des deux sujets, pris réciproquement pour objets dans la séquence mariage, se situe sur la dimension de la sexualité, que cela soit dissimulé ou clairement explicité comme c'est le cas dans *Trente Arpents* où Charis Moisan «sentait son appétit d'homme s'exaspérer quand Alphonsine venait le reconduire après la veillée [...] Un désir montait en lui, à gros bouillons...» (19). L'objet du désir du sujet dominant, syncrétisme du père et du curé, se situe, par contre, sur la dimension de la sociabilité, l'union étant conçue comme une alliance sociale de biens matériels et spirituels. Le faire mariage, caractérisé par les deux composantes d'ordre sexuel et social, est donc susceptible d'être projeté sur le carré sémiotique.

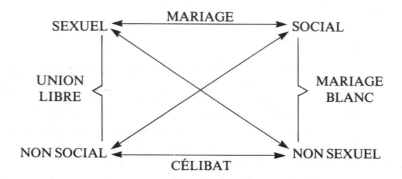

Selon les termes privilégiés, le mariage pourra n'être, à défaut de relations sexuelles, qu'un mariage blanc ou au contraire une union libre en cas de prédilection des relations sexuelles au détriment du contrat social négligé. Enfin, «l'absence (ou la négation) des deux constituants du mariage définira le célibat» (Courtès, *ibid.*, 75).

La soumission aux valeurs sociales s'exprime par la procréation. Alphonsine, la femme de Moisan, devait «avoir son nombre» (*TA,* 88) et la seule pensée d'exercer lui-même un contrôle sur cette production gênait Euchariste Moisan qui éprouvait une honte à l'idée de se substituer à Dieu et «d'empêcher de s'accomplir les desseins de la Providence» (141). Une volonté externe pèse donc sur le sujet en rapport avec l'objet de son désir, non pour qu'ils s'attribue une valeur subjective qui s'exprimerait par la quête d'un état euphorique résultant de la communication sexuelle, mais pour qu'il remplisse sa mission sociale qui est de procréer.

Les sujets dominants, tant le prêtre que le curé, interviennent dans la séquence mariage lorsque le couple ne remplit pas sa fonction sociale. Généralement, le père mandate le curé qui exerce des pressions sur la femme. Lucile subit ainsi les remontrances du curé qui la traite de «citadine égoïste», lui reprochant de ne voir en l'enfant qu'un «obstacle au plaisir» (*RO*) quand, après deux ans de mariage, elle n'a pas encore mis bas.

L'union libre demeure une situation exceptionnelle dans le roman du terroir. La prohibition qui frappe cet acte se donne à lire dans les conséquences qui en découlent;

Lemont dans *Un homme et son péché*, est acculé à la faillite pour n'avoir su résister à la jeune Célina Labranche elle-même punie puisqu'elle est enceinte; doublement punie, Lucette Neuville, dans *Conscience de Croyants*, est d'abord marquée par son état de femme enceinte puis dégradée par la maladie suivie de mort après avoir eu des relations sexuelles libres; quant au «fauteur», qui est un étranger, il est lui-même victime d'un accident. Pour s'être soustraites à la volonté du dominant, Madeleine Michaud (*AR*) qui tombe[1] enceinte, tente de se suicider, Adèle Cardinal (*JL*), dans la même situation, se noie et Rosette Sanschagrin (*B et R*), qui s'est adonnée aux relations sexuelles libres, échoue dans la réserve des prostituées en ville.

Le roman marque la prohibition qui pèse sur l'union libre en projetant massivement l'ensemble des sujets impliqués dans la séquence mariage dans les espaces conformes du carré sémiotique, la projection de quelques cas non conformes représentant la quête négative de sujets dits révoltés, ayant valeur d'exemple de-ce-qui-arrive-quand-on-n'obéit-pas, dans l'acte de communication qui s'établit au niveau supérieur entre le romancier et son lecteur. La division sociale est, en outre, inscrite dans l'écart qui se réalise entre le statut de l'homme et celui de la femme. Pour une quête identique, qui oriente les deux sujets tant masculin que féminin vers la recherche d'une valeur subjective euphorique, seule, dans la majorité des cas, la sujette est affectée d'un résultat négatif extrême qui s'exprime par sa mort. Sur le plan de la technique romanesque, la prohibition de la sexualité est marquée par la relation indirecte des événements proscrits, non exhibés dans des scènes narratives, mais rapportés sous forme de récits rétrospectifs et allusifs.

La relation en direct d'une scène d'amour implique la description d'un faire qui se traduit par des gestes, comportements, paroles articulées chez les deux sujets en fonction du bien recherché dans un programme où les deux partenaires sont solidaires. Une telle scène, donnée d'ailleurs comme itérative, est esquissée dans *Trente Arpents*. Euchariste, dit le narrateur, «entourait brusquement Alphonsine d'un geste hardi et maladroit contre lequel elle se défendait en riant d'un rire avide» (48). Aucun autre roman ne manifeste ainsi la communication amoureuse débouchant sur l'euphorie dans la relation d'amour. La représentation de la relation amoureuse, particulièrement lorsque les sujets ont choisi l'union libre, ne conduit pas à l'obtention d'un bien euphorique, mais à celle d'un bien dysphorique comme

---

1. L'expression populaire «tomber enceinte» signifie bien la déchéance qui frappe la femme.

résultat d'un rapport de domination, de haine et d'humiliation. Il y a là une contradiction que le roman tente de masquer en démontrant que l'individu qui exerce sa liberté par la sélection qu'il fait d'un partenaire conforme à ses goûts et désirs, passant ainsi outre les contraintes sociales, est inapte à réaliser son programme, c'est-à-dire à trouver le bonheur. Tout faire relationnel de cette nature, ne réussit que s'il est le fait de l'unique sujet de l'univers campagne figuré par le couple dominant père-curé, sujet externe à la relation qui ne met en cause, elle, que deux objets destinés à se reproduire et à reproduire sous la couverture de l'union maritale, la désunion sociale.

La paroisse, un «méta-espace»

La situation objective des habitants ressort de leur éparpillement dans l'espace, petits îlots familiaux dispersés ici et là, coupés les uns des autres par l'absence de voies de communications routières, primitifs dominés par la nature qui érige régulièrement des obstacles insurmontables, fermant la route de ses eaux au printemps par l'éboulis de ses glaces derrière le passage d'un père Chapdelaine ou coupant le chemin du retour en hiver à un François Paradis, réglant ainsi leurs déplacements et maîtrisant leurs destinées. Cette situation détermine et maintient l'habitant dans une production de subsistance, système autarcique, résultant de contraintes liées à la dépossession des moyens de production et masquées par le roman qui valorise la situation de l'habitant dit libre et indépendant en raison de son aptitude à s'autosuffire sur le plan des besoins fondamentaux vestimentaires et alimentaires, seuls besoins retenus par le roman. Ainsi, dans la ferme Douaire, ne produit-on point tout ce qui est nécessaire en «grains, beurre, sucre d'érable, légumes, étoffes, flanelle, filasse, toile, chapeaux de paille, volailles, œufs, cuir... (*N-S*, 26-27).

À cette tendance à la dispersion dans l'espace, à l'autonomie et au discontinu qu'opère le temps, qui sont autant de manifestations concrètes et effectives, vient s'opposer une tendance à la concentration, force abstraite et indicative qui unit ce qui est dispersé et qui instaure le continu dans le discontinu. Tous ces clans épars se ramifient en un ensemble structuré et structurant sous l'action de conventions, codes et normes qui régissent les rapports que les individus entretiennent entre eux, de même que leurs comportements gestuels ou langagiers. Par la fonction mariage, par le baptême, l'enterrement ou la messe, le clan s'ouvre sur d'autres clans, et tous se rejoignent en l'espace de spiritualité; ainsi se tissent «des liens de dépendance qui rendent l'intervention de la société indispensable» (Moscovici, *la Société contre nature*, 1972, 253).

Le curé et l'Église sont les représentations matérielles de l'espace de spiritualité qu'en des configurations discursives le roman représente comme le creuset d'une vie communautaire harmonieuse au sein de laquelle règne

> l'aisance et non pas la contrainte, le partage et non pas l'échange, l'accord et non pas l'opposition des intérêts particuliers aux intérêts généraux, la confiance qui naît de la sécurité et non pas la peur qui répond à la menace (*ibid.*, 24).

La messe est un événement social auquel tous participent, mais c'est moins la messe qui est inscrite dans le roman que le rassemblement populaire auquel donne lieu la clôture de cet événement. À la faveur de ces rassemblements, les sujets acquièrent certaines connaissances qui vont du bulletin de santé des membres de la communauté et de leurs projets matrimoniaux à des informations liées aux intérêts des habitants. Là, Salins apprend que les agents recruteurs de soldats rôdent dans les parages (*TD*); c'est là que Douaire est informé que des terres, susceptibles de l'intéresser, vont être vendues (*N-S*). Le curé, réceptionnant en général toutes les informations relatives à la mort ou au mariage, c'est là que Mérilda Bellefleur (*RC*) est mise au courant de l'accident survenu à son fiancé et, naturellement, c'est le lieu privilégié de l'éclosion de nouvelles amours. François Paradis y découvre Maria Chapdelaine et le Survenant y donne un paquet de bonbons à Angélina.

Ce n'est pas le faire du sujet pratiquant dans son rôle de catholique qui est inscrit dans le roman mais les événements qui précèdent ou suivent de sorte que l'état d'euphorie, résultant de la conjonction d'un sujet à l'objet de son désir n'est pas actualisé dans le roman où le fait d'assister à la messe n'est pas générateur d'euphorie alors que le désir de se rendre à l'église est manifesté. Si Jean Beaulieu (*GF*) y éprouve un sentiment de bonheur, c'est que son regard s'attarde sur Marie. Le désir du faire : aller à la messe, se manifeste, généralement, par l'empêchement. Ne pas pouvoir aller à la messe, à cause de l'éloignement ou du mauvais temps, est enregistré comme une dépossession par le sujet qui, à la manière de François Gaudreau, manifeste des sentiments de contrariété. Seul Deschamps, dans *la Scouine*, demeure indifférent. «Vous n'étiez pas à la messe dimanche?» lui demande son curé, «Pour sûr que non; i faisait trop mauvais» de répliquer Deschamps. En vertu de quoi, le curé lui ordonne :

«venez à la messe dimanche prochain» (47). Le fait d'aller à la messe ne relève donc pas du vouloir faire du sujet qui est éliminé s'il ne veut pas, comme c'est le cas de Latulipe, dans *Nuages sur les brûlés*, qui se suicide; type de mort propre aux non-croyants conduits à se nier pour avoir nié Dieu et ses représentants.

D'autres événements auxquels participe le groupe témoignent de l'emprise «harmonieuse» de la société sur l'individu. Ils prennent la forme de réveillons ou de réunions familiales et amicales à l'occasion de la nuit de Noël. L'abondance des nourritures, la profusion des parfums, la richesse des saveurs et le chatoiement des coloris sont créateurs d'euphorie. Les tables croulent sous le poids des nourritures produites à la campagne : sirop d'érable, crème, lait frais, pommes, etc., et le fourneau tel une outre à parfums, exhale en même temps que les doux bruits des viandes qui mijotent et grésillent, les effluves odorantes de ses «poulets qui rôtissent» en compagnie des «rôtis de porc et de bœuf entourés de patates rondes et dorées» pendant que, surplombant la scène, les «assiettes de croquignoles dorées», «les tartes» aux pommes, aux framboises et aux fraises font valoir leurs atours dentelés et festonnés, sur le dessus du poêle (*EPG*, 77-78).

Ce n'est pas exclusivement le fait de manger qui met l'individu en émoi, car des mets il en est de plus rares que les «rôtis, dindes, beignes, croquignoles, cretons et boudins» (*VS*, 40), mets dont rêve un exilé qui évoque avec nostalgie les nuits de Noël passées autrefois en son pays. Ce qui exacerbe les sens et l'affectivité, c'est la participation commune à un événement, en des modalités très strictes qui distinguent cette communauté et cet espace de toutes les autres communautés et espaces. Par cet événement le passé se trouve relié au présent qui le confirme et le valide en répétant le geste des ancêtres qui attelaient la carriole à l'appel de la cloche du village et, dans une envolée de neige, de grelots et de rires, bondissaient vers l'église, vers la messe de minuit. L'avenir, de même, se trouve inscrit dans cet événement dont les éléments constitutifs sont préservés et transmis d'une génération à l'autre.

Aux mets traditionnels, aux gestes traditionnels, vont s'ajouter les récits et légendes, les chants et danses, eux aussi traditionnels. Ils ont pour fonction de faire revivre le passé, de l'évoquer pour l'affirmer. Ils ont pour fonction d'inscrire le passé dans le présent et de déterminer ainsi l'avenir.

Chacun des éléments du groupe, vieux ou jeune, se reconnaît en l'autre dans ce type de société où sont préservés intacts les comportements, gestes, paroles, ensemble stéréotypé dénommé les traditions. La vieille Marie, c'est au «milieu des acclamations» qu'elle danse car le «galant salut» que le vieux Baptiste, fait à «sa vieille» qui s'avance «accorte et cérémonieuse, comme les vieilles dames d'autrefois» (*LCC,* 96) ou les quadrilles dont chacun peut apprécier la conformité par la connaissance qu'il a des figures, constituent une somme de gestes, de comportements et de mimiques qui font partie du savoir de la société et équivalent à un bagage culturel fermé dans lequel les membres puisent en ces occasions de fêtes et de veillées.

«Chansons à répondre» et récits sont les traits d'union entre les membres du groupe qui renouent avec le passé par le biais des légendes évoquant soit un passé idéalisé, soit un passé de violence dont «le grand dérangement des Acadiens» est un aspect. Ces légendes n'attisent pas les désirs de vengeance, elles disent la grandeur d'âme du peuple par son aptitude à souffrir. C'est ce type de comportement que valorise, par exemple, la légende de «la mère Casse-Pine» (*CC*) fidèle à l'aimé en dépit du temps, de l'éloignement jusqu'à la mort. Pierre Landry, devenu «Pain bénit», est une figure de légende rappelant combien cette sorte de fidélité est approuvée par Dieu qui punit par le feu et la mort le seigneur de Vincelette qui avait refusé le «Pain bénit». La légende du «fantôme de l'avare», racontée dans *Jeanne la fileuse,* valorise elle aussi un certain type de comportement altruiste où l'individu s'efface au bénéfice de la collectivité ou d'un autre individu.

Chansons, historiettes, qui véhiculent dictons et autres pensées stéréotypées, légendes qui transmettent les grandes lignes du comportement, danses, mets, tenues vestimentaires, tout cela résulte d'une sélection opérée dans les domaines artistique, gustatif, gestuel, langagier, visuel et autres, ensemble qui constitue l'héritage culturel reçu intact des ascendants qui, à la faveur de ces réunions sociales, le transmettent aux descendants.

Le sentiment d'appartenance à la société, c'est en ces occasions de veillées qu'il se développe et se renforce. Chacun, par sa manière de penser, de manger, de s'habiller, se retrouve en son voisin. Les jeunes se retrouvent dans les vieux, les vivants dans les morts et le présent dans le passé. Ces quelques éléments culturels figés, qui constituent le savoir, confèrent à leurs détenteurs un sentiment d'euphorie par suite du pouvoir qu'il donne de distinguer le porteur de valeurs conformes de celui non conforme.

C'est sur ce fond «harmonieux» que se détachent ceux qui refusent de se fondre au groupe. Un Duval (*F*) qui chante des chansons modernes, importées de la ville, rejette par le fait même la sélection de chansons opérée par la société et transmise depuis des générations; il fait valoir ses propres goûts, il impose son choix et manifeste ainsi la primauté de l'individuel sur le collectif, du présent sur le passé; Duval introduit, par son savoir non conforme, une différence insupportable pour son entourage, notamment pour Marguerite qui le punira en se soustrayant à ses avances. L'éviction du cœur de la femme, disponible comme la terre, est assimilée à l'expulsion de l'espace campagne. Un sort identique est réservé à ceux qui se distinguent des autres par leur habillement; Jean-Pierre Lamothe, Lucette Neuville, Fanny Lebrun, Lucinda Moisan, par leurs toilettes qui les mettent en relief, se différencient et sont rejetés d'un espace où l'uniformité de la tenue vestimentaire fait partie du code. L'individu, et particulièrement l'individu féminin, en se fondant dans son vêtement devient invisible. Dans la grisaille du tissu social, aucun élément ne doit distraire les regards concentrés sur les dominants.

Les bras nus de Lucinda ou le décolleté de Fanny, en donnant trop de relief à ces sujettes qui captivent les regards et absorbent les pensées des membres de la collectivité, ne peuvent que porter ombrage aux dominants dont le pouvoir est battu en brèche. Que Lucinda ose s'avancer «dans une robe neuve de taffetas vert sans manches qui offrait la chair appétissante de ses bras nus» pendant «la grand-messe chantée par le fils d'Euchariste Moisan», et quand «Eucharistie lui-même, en sa qualité de marguillier en charge, rayonnait au banc d'œuvre», voilà, par le détournement de l'attention publique qu'elle opère, qui suffit à faire éclater le conflit. Le fils d'Eucharistie, outré d'avoir été dépossédé d'une partie de l'attention publique pendant la messe, rompt avec sa famille, notamment avec son père qui n'a su réduire Lucinda au modèle féminin traditionnel. La famille Barré (*LCC*) manifeste un comportement analogue envers Fanny qui, à cause de sa robe décolletée, devient le point de mire de l'assistance. Et dans ce cas, c'est le mari de Fanny qui sera rejeté par le clan des sujets masculins dominants par suite de son incapacité notoire à réduire sa femme.

Toute conduite novatrice suscite des réactions négatives en raison de sa non-inscription dans le code. Un Survenant qui boit seul, «lentement, amoureusement» et qui donne à Bernadette Salvail le «sentiment pénible d'être témoin d'une extase à laquelle elle ne participait point» (122), ne peut s'intégrer à l'espace campagne où boire est, soit un acte collectif, soit un acte irrationnel. L'alcool est dangereux en ce qu'il donne au sujet le pouvoir de s'affranchir de la volonté externe qui pèse sur lui par le biais du code.

L'ivresse donne, parfois, le pouvoir d'échapper aux contradictions sociales qui pèsent sur les sujets. C'est dans ces conditions que le vieux Lacourse (*NB*) réalise son rêve et s'achète une auto alors que sa famille vit dans la misère. Mais le roman du terroir masque cet aspect en stéréotypant la conduite des ivrognes qui sont dotés, par l'alcool, d'un pouvoir qui s'exprime par la violence. Tous les sujets en état d'ivresse, tant Georges Dupont (*FV*) que Hubert Rioux (*TA*) ou le Survenant, ne savent qu'agresser un adversaire. Quant au sujet féminin, il n'émerge pas en état d'ivresse dans ce genre de roman, sauf dans ce texte d'exception qu'est *la Scouine* où l'Irlandaise, saoûle, donne libre cours à ses désirs sexuels et s'accouple dans le foin avec Charlot.

La différenciation, qui s'interprète comme la manifestation d'un sujet, est toujours suivie d'un affrontement avec le sujet dominant figuré par le père. En l'espace rang, un unique sujet est détenteur du pouvoir, c'est ce que signifie le père Montépel à son fils, en ces termes : «Tu es le premier de la famille qui ait osé désobéir aux ordres de son père et qui ait cru devoir s'écarter de la voie tracée par les ancêtres» lui reproche-t-il, fondant ainsi son pouvoir sur une pratique traditionnelle et, afin que son fils comprenne bien qu'il n'y a pas place pour deux sujets, il l'avertit : «Je suis le maître ici, et j'entends que l'on m'obéisse» (*JF*, 148).

Le roman du terroir représente l'état de culture, en l'espace campagne, par un ensemble de relations interindividuelles euphorisantes. Il y a les veillées qui manifestent le processus de jonction de l'individu au groupe, c'est-à-dire le passage de l'individuel au collectif à la faveur des activités de loisirs. Une conception idéaliste analogue sous-tend la représentation des activités de travail. Les individus s'assistent et se secourent mutuellement. Les corvées témoignent de cette conception d'une vie communautaire harmonieuse. Le père de Josephte Auray (*N-S*) dont la terre ne rend plus, doit l'abandonner et s'en aller défricher un lot. Tous les hommes du village vont alors, spontanément, s'assembler et l'aider à bâtir sa maison. Jacques Pelletier (*RC-N*), ruiné par l'incendie qui dévasta ses bâtiments et ses troupeaux, bénéficie d'un service de cette nature, tout comme Alexis Maltais (*R-M*) qui apprécie d'autant plus cette aide que ses propres enfants l'ont abandonné pour aller vivre en ville, sans compter Jean-Baptiste Morel (*F*) qui est heureux d'être secouru quand vient le temps de la moisson.

Or, la solidarité, qui apparaît comme un ensemble de relations articulées en fonction du besoin d'un individu et de la disponibilité de la collectivité caractérisée par la bonté et la serviabilité, n'est que la représentation figurative d'un contrat entre l'individu et la collectivité dans l'exercice duquel seul l'individu est exhibé sous l'aspect du bénéficiaire. Le roman du terroir ne met donc en scène qu'un aspect de la relation contractuelle fondée sur l'échange. Ce qu'invisibilise le roman, dans cette structure d'échange, c'est la nature du don que fait le bénéficiaire du bienfait collectif à la collectivité. Ce don se déduit de l'absence de la fonction de communication dans le roman, le sujet n'étant qu'une force mécanique dépossédée de tout potentiel affectif et intellectuel. Les sujets masculins dominants, porteurs des valeurs sociales, agissent ou réagissent comme des forces stéréotypées selon que les valeurs sont affirmées ou contestées. Par ailleurs, la solidarité dont il est question n'implique que des dominants qui ont pour caractéristiques d'être des sujets masculins et âgés, en relation de propriété avec la terre, avec des sujets masculins jeunes, et avec tous les sujets féminins sans distinction d'âge. Il s'agit donc d'une solidarité de classe, laquelle vise à maintenir les droits d'un petit groupe sur les ressources matérielles et humaines. À l'état de nature, qui implique «égalité entre les individus», «libre accès aux richesses» et «statut personnel indifférencié» (Moscovici, *ibid.*, 23), se substitue donc un «état de culture qui subordonne les êtres les uns aux autres», les «mots de seigneur et de serviteur, de roi et de sujet, faisant alors leur apparition», qui concentre, en outre, les richesses et le pouvoir entre les mains d'une classe, les femmes et les enfants étant intégrés au patrimoine matériel, et qui, pour se perpétuer et se reproduire, assimile ou élimine tout déviant, c'est-à-dire tout individu dominé qui conteste cet ordre social.

Chapitre 3

La ville, un espace indifférencié

Alors que l'espace campagne est constitué d'un ensemble de lieux hiérarchisés et diversifiés, le rang s'opposant au village, le spirituel au matériel, la ville, elle, apparaît comme un espace homogène et qu'il s'agisse de villes canadiennes-françaises, Québec et Montréal, ou de villes américaines, New York et Duluth par exemple, la ville forme un bloc indifférencié qui s'oppose à tous les points du système campagne.

La campagne, et particulièrement l'espace rang, est, nous l'avons vu, un espace où règne la représentation de la prospérité. Fermes blanches et propres, bâtiments en bon ordre, troupeaux abondants et paisibles, végétation luxuriante : érables, frênes, bouleaux, peupliers, saules peuplent les paysages, bordent les maisons; arbres fruitiers : pommiers, cerisiers, pruniers, framboisiers, croulent sous leur charge «excitant les convoitises»; partout s'étalent les gazons verdoyants, les récoltes abondantes, épis lourds courbant la tête, foins odorants; où que s'oriente le regard, ici ou là c'est un «délice pour les yeux», de dire le vieux Rioux à son fils (*LTA*), un «Éden» de renchérir Phydime Ouellet (*BR*) et quand Jacques Bernier regarde le «beau territoire de chasse, parsemé de lacs, boisé d'arbres aux essences les plus diverses, accidenté, giboyeux», c'est «un paradis terrestre en miniature» (*P*, 203), qu'il a conscience d'avoir acquis après tant de tourments vécus en ville.

La campagne, c'est ce qui captive tous les sens : «le vent y faisant toujours tourner quelque parfum soit des bois, soit des champs» (*MM-D*, 118). La maison d'Alexis Maltais, toute pauvre qu'elle soit, simple cabane en bois rond, «odore le pin, le sapin et l'épinette» (*R-M*); «senteurs balsamiques» qui se dégagent aussi de la portion de terre que les Giroir ont dénommée «les sapins» et qui embaume l'atmosphère sans réussir toutefois à supplanter les «foins odorants» des «riches prairies» voisines (*EPG*, 23). Dépourvue de végétation, la terre dans sa nudité a une odeur propre, une odeur personnelle que le vieux Rioux voudrait faire sentir à son fils Hubert : «Ah la terre! s'exclame-t-il, la bonne terre du vieux père, ton grand-père, et de l'autre et de l'autre encore! Sens-tu l'odeur qui monte jusqu'ici?» (*LTA*, 5). Même extase chez le père l'Épicier (*H*, 18) qui saisit une poignée de terre qu'il presse entre ses doigts afin d'en aspirer l'odeur avec volupté.

Profusion de parfums surgis de la terre, émanant des récoltes, des forêts, des jardins et plates-bandes fleuris, s'échappant des armoires pleines de linge, parfums envoûtants et pacificateurs ou parfums excitants échappés des chaudrons qui mijotent dans les cuisines, la campagne est une outre magique qui comble l'odorat. La vue, elle aussi, est repue d'images symbolisant l'ordre et les richesses étalées. Les personnages, tels les deux frères Guérin, sont fréquemment en «contemplation» devant une nature perçue ici comme «grandiose», tant à cause de la richesse et de la prospérité du lieu que de la «succession si harmonieuse de tous les genres de paysages inimaginables» allant de l'horizon des montagnes «bleuâtres» au Saint-Laurent coulant à leurs pieds et recélant une petite île verdoyante.

Vue, odorat, ouïe, tous les sens sont comblés dans cet espace, mais «l'enivrante buée des bois, des chaumes et des avoines» ainsi que la «fraîcheur» des coteaux ombragés, plus que le corps, c'est l'âme qu'ils séduisent, l'âme qui «seule peut en concevoir la saveur infiniment pénétrante» (*T*, 119). Le roman figure les sujets, notamment les sujets féminins, en communion avec une nature anthropomorphisée. Suzanne Germain (*M*, 33) cherche vainement à communiquer son sentiment d'euphorie à Fabien qui est attiré par la ville; je suis, dit-elle, «intime avec chaque coin du pays. Je parle aux arbres, aux fleurs. Ils me comprennent». De même, pour Jeanne Michaud, il est inconcevable d'imaginer que le bonheur puisse être en ville où «l'on ne voit pas de champs, pas de mer [...], rarement la lune et presque pas le ciel» (*LTA*, 20). La relation avec la terre, Marie Dumont en éprouve la force quand, au retour du couvent, elle suit son père aux champs afin de revoir les semailles car, dit-elle, «il y a trop longtemps que j'ai pas vu cela!» (*CF*, 57). Cet espace communique donc aux sujets conformes une «douceur pacifiante», sensation privilégiée qui échappe à l'Américaine Fanny qui ne fait qu'entrevoir «ce qui fait le charme profond de la province de Québec» (*LCC*, 162), sensation fugace, «sentiment poétique, presque religieux», perçu un soir d'été alors qu'elle avait consenti à se hisser sur une charge de foin.

Par les sens, les sujets prennent possession de la nature. Posséder la terre c'est, pour le sujet masculin, la conquérir tant par le travail physique que, à la manière de Menaud, par la foulée qui en délimite les contours ou encore par le regard, l'odorat et l'ouïe qui s'approprient l'essence des choses.

3.1 *L'espace de la dépossession physique*

L'inscription de l'espace étranger ou ville dans le roman, se réalise par suite du départ du héros qui se disjoint de l'espace familier. Le héros, qui opère la quête déplacement, est donc susceptible d'acquérir les valeurs subjectives ou objectives qu'il convoite à moins qu'il ne s'expose lui-même à être dépossédé des valeurs qu'il détient.

Aux espaces ouverts de l'espace familier, figurés par les champs et les forêts, vont s'opposer les espaces clos de l'univers étranger meublé d'usines, de filatures, de manufactures ou de chambres étroites enfouies au cœur de la ville. Locaux exigus où un Paul Duval (*AT*) s'abrutit sur un travail de copiste, où un Hubert Rioux (*LTA*) sombre dans l'ennui et dans l'ivresse. À la lumière, à la transparence de l'air, aux senteurs de foins coupés et de fleurs s'opposent les «fumées délétères» (*CC*, 98), les «fumées d'autos», l'air «lourd, vicié et malsain, atmosphère empoisonnée, empestée et enfumée qui vomit des vapeurs nitreuses» dans les usines et manufactures, les «fumées des cigarettes», «odeurs de parfums, de poudre et de chair» (*P*, 197).

Aux «joyeux éclats de voix», aux «rires clairs d'enfants espiègles», aux murmures de «la voix tendre» des mamans, «au fredonnement agréable d'une voix de jeune fille», au «délicieux pétillement (du) bois d'érable dont on bourre un fourneau», aux «chocs argentins d'ustensiles et de vaisselles», au «ronronnement du rouet» (*BR*, 6), bref, à la douceur pacifiante, à «la douceur amicale du sol et du ciel», à son «apaisante sérénité» (*TA*, 288), se substitue l'enfer du bruit de la «ville agitée, bruyante, convulsive» (*P*, 173). Les tramways passent, fulgurants et rageurs, se frayant un chemin à coup de gong brutal; les autos empuantissent de leur haleine la nuit violentée par le clignotement des affiches (*TA*, 246) et «le halètement des locomotives, les grincements de freins» et autres bruits.

Aux représentations figuratives manifestant les sujets de l'espace campagne pleins de santé, de force et vigueur, s'opposent des sujets en état de dégradation physique. Ainsi les «neuf belles filles» de Pierre Giroir, parties «les joues pleines de santé» ne sont plus, après un séjour dans les filatures des États-Unis, qu'ombres d'elles-mêmes avec leurs «joues pâles et flétries, des yeux cerclés de noir et brûlants déjà la fièvre, décharnées, pincées par la phtisie» (*EPG*, 101). La campagne, représentée comme une source de vie où viennent se retremper les héros à bout de souffle, un David Béland aux «poumons encrassés» (*TG*), un Vincent Douaire exténué (*N-S*), une Lucile Gagnon tuberculeuse (*RO*), s'oppose à la ville représentée comme un lieu de supplice où les sujets se vident de leur substance et meurent.

Privés d'air, intoxiqués, les sujets sont dépossédés des constituants de l'atmosphère en même temps que des atteintes sont portées contre l'odorat lésé par la puanteur, contre la vue blessée par les éclairages artificiels ou se heurtant aux murs dissimulant le ciel et le soleil, et contre l'ouïe martelée par le vacarme de la ville résonnant du crissement des pneus, du grincement des freins, du hurlement des klaxons et du halètement des machines.

La ville, comme lieu de consommation des ressources alimentaires et énergétiques, s'oppose à la campagne, lieu de production de ces ressources. Tandis que les errants pâtissent, loin de l'espace familier, de la faim et du froid, les bons feux de bois d'érable pétillent à la campagne. Par «brassées» on jette l'érable ou le cyprès dans la «gueule béante de la boîte à bois» (*RC*, 8), car les forêts sont prodigues en bois de chauffage, en bois de construction aussi d'ailleurs et en témoignent les maisons spacieuses des colons dont rêvent les héros lorsqu'ils sont cloîtrés dans leurs logements exigus en ville. Les forêts et les eaux, par leurs réserves giboyeuses et poisonneuses, donnent le nécessaire et le superflu. Amédée Cardinal (*JL*) prélève directement sur le butin de la forêt la part nécessaire pour nourrir sa famille; un Raymond Chatel puise dans ce vaste réservoir pour varier les menus de son hôtesse

Madame Lebeau (*JA*) et au Chenal-Le-Moine, Didace et le Survenant n'ont, pareille-ment, qu'à puiser dans un lac noir de canards; la nature est là offrant avec prodigalité les nourritures les plus variées, qu'il s'agisse du gibier avec ses ours et orignaux, ses perdrix et canards ou bien des fruits, notamment ses framboises dont Jean Beaulieu gave son amie Marie (*CF*), ses cerises que par poignées Léon Lambert jette dans le bord retroussé de la robe de Marguerite (*F*) et ses nappes de bleuets, cette multitude de grappes gorgées «de soleil et de sucre» (*MM-D*, 115-116), véritable «offrande» de la nature que par familles entières on va recevoir. Et surtout, coulant des érables, le sirop doré source de sucreries et de friandises qui est le nectar de la campagne.

À la campagne, la nourriture ne fait jamais défaut. Un visiteur arrive-t-il à l'improviste? La rivière est là et l'habitant est là qui ira pêcher sur l'heure un brochet pour le visiteur de son curé (*TV*). À la campagne, les ressources alimentaires y sont en abondance et de qualité, le lait y «porte son doigt de crème» (*MM-D*, 118) tandis qu'à la ville, ou dans l'espace étranger, tous les héros se plaignent, soit de la faim, soit d'être privés des plaisirs gustatifs qu'évoquent en eux les souvenirs des réveillons familiaux.

Au sujet dominant de l'espace campagne figuré par l'habitant et représenté en relation d'appropriation avec les objets matériels, s'oppose le héros sujet conjoint à l'espace étranger et représenté en état d'une dépossession qui se situe au niveau de l'être puisque celui qui part n'est jamais doté matériellement, de sorte qu'il ne peut être dépossédé sur le plan de l'avoir. Le déplacement quête du héros n'est qu'exceptionnellement suivi de l'obtention de l'objet de son désir. Et s'il l'est, comme dans le cas du fils Chauvin ou du fils Lozé qui reviennent enrichis, le récit ne s'intéresse pas au déroulement syntagmatique du programme narratif de ces sujets, lequel ne fait l'objet que d'un récit rétrospectif succinct au moment de leur retour, tandis qu'il y a fréquemment mise en scène du programme narratif du sujet héros qui échoue ou du sujet qui réussit mais seulement quand c'est le hasard qui le met sur la piste de la fortune, comme cela se produit dans *le Trésor du géant* ou dans *le Paria*.

Un relevé systématique des professions exercées par les sujets quittant l'espace campagne révèle que les emplois qu'ils occupent se distribuent tant dans les secteurs primaire que secondaire ou tertiaire. Ce qui caractérise les sujets, c'est moins le type d'emplois auxquels ils accèdent que leur mobilité. En outre, aucun cas de réussite sociale n'est observé, et par réussite nous entendons acquisition d'une situation stable suivie d'une élévation du statut social et économique du sujet. La filière de production sociale, suivie par le colon qui trime dur dans les débuts, bénéficiant de l'aide de la communauté et parvenant à l'aisance après avoir démontré son courage et son endurance, n'a pas de correspondante homologue en ville. Le passage d'un état d'humiliation à celui d'élévation en passant par l'épreuve qualifiante ne se réalise qu'en l'espace campagne tandis qu'en ville, le sujet stagne dans l'humiliation.

Ceux que la mer fascine, Paul Pelletier, Jean Pèlerin, Pierre Guérin, Louis de Vieuxpont, s'adonnent au pénible métier de matelot et sont entourés d'êtres grossiers, brutaux, cyniques. L'argent durement gagné est dépensé dans chaque port, dans les boîtes de nuit et les tavernes. Au terme du voyage commence la quête du travail, travail au jour le jour, vie errante assimilant les héros aux bohémiens. Pierre Guérin, débarqué en France, est «historien ambulant» pendant quelque temps, puis il se dirige sur Marseille où, pour vivre, il donne des «leçons d'anglais» jusqu'à ce que, lassé, il s'embarque pour Gênes où il ne peut séjourner faute d'emploi. Il se dirige alors sur Smyrne quand son périple est brusquement interrompu par un naufrage qui le rejette malade à Civitta-Vecchia (*CG*, 181-182). Ceux qui restent sur le continent n'échappent pas à cette vie errante. Jean Beaulieu relate son calvaire, «j'ai eu gros d'peine», raconte-t-il à celle qu'il aime. «Comme le juif-errant», il a parcouru le pays, demandant l'hospitalité ici et là, repoussé de partout sauf lorsqu'il frappait chez un Canadien français; couchant sur la paille comme les vagabonds, errant en quête de travail, trouvant enfin un emploi dans un moulin de bois pour le flottage des billots mais l'abandonnant à la suite de la mort accidentelle d'un compagnon, se dirigeant alors vers Amos en Abitibi, s'engageant chez un habitant polonais puis gagnant finalement les États-Unis (*CF*, 180-190). Périple semblable parcouru par un Ephrem Brunet (*TV*, 173-180) parti pour la Saskatchewan avec des Polonais, des Russes, des Anglais pour faire les récoltes; mal logé, couchant dans la paille, souffrant du froid, pas payé les jours de pluie, se retrouvant deux mois plus tard au Manitoba en plein soleil travaillant au chemin de fer puis, bouleversé par les morts accidentelles, il revient à Montréal où il creuse des canaux.

Le roman du terroir procède volontiers à la mise en scène de l'incapacité du sujet à réaliser ses désirs en l'espace étranger, soit que ce sujet prenne conscience de son état d'humiliation à la faveur de la mort de ses compagnons de travail niés en tant que sujets et exploités pour leur potentiel énergétique, ce qui l'entraîne alors à vouloir changer d'état et le nouveau départ traduit cette volonté, à moins qu'il ne soit empêché de se maintenir ou de s'élever dans son état actuel par un sujet dominant, figuré par un patron qui le congédie, comme c'est le cas de Georges Dupont (*FV*) ou de Paul Garon (*TV*) mis en demeure de quitter leur emploi, l'un parce que son cheval est mort dans l'exercice de ses fonctions, l'autre parce qu'il a déplu à un riche client du bureau d'assurances qui l'avait engagé.

3.2 *L'espace de la dépossession «morale»*

Outre cette atteinte à l'intégrité physique, le sujet conjoint à l'espace ville subit une sorte de traumatisme assimilable à une dépossession morale. Le héros quitte une collectivité dont les membres sont étroitement liés par un ensemble d'éléments culturels peu nombreux, de sorte que les individus peu différenciés forment un bloc compact, un tout homogène, le passé étant le modèle du présent et le présent celui de l'avenir. Extrait de cet encadrement, le héros soudainement doté d'un pouvoir et d'un vouloir lui conférant le statut du sujet, se trouve désorienté. Le chemin n'est plus l'étroit sentier rectiligne tracé depuis des générations, il est à inventer par un sujet qui doit se frayer un chemin en même temps qu'il doit s'insérer dans un nouveau réseau de relations sociales.

À sa quête d'emplois infructueuse correspond son inaptitude à s'insérer dans la structure sociale de l'espace étranger. Alors que les veillées, danses, chansons et la compagnie d'amis ou de fiancé(e) animent les soirées en l'espace campagne, en ville le héros se voit confiné dans une petite chambre où il pleure parfois en évoquant le visage d'une fiancée; réfugiés dans les tavernes, entraînés dans les rixes, exposés aux violences et aux grossièretés, succombant à l'ivrognerie, les héros perdent le sens de la «dignité» quand ce n'est pas «l'honneur» qui est menacé à la suite d'arrestations. Robert Lozé, lui-même, malgré son statut d'avocat n'incarne plus, dit le narrateur, le «peuple gentilhomme» car il a les «cheveux trop longs» et «son existence se consume dans (une) sombre officine des miasmes sociaux» (16). Robert Lozé n'est marqué ni par la joie ni par la réussite sociale, pas plus que Félix Gervais (*DV*), pourtant élevé et traité comme le propre fils du riche industriel Lalonde qui lui paie des études à Montréal mais qui n'est pas heureux en ville car Edna, la fille de son bienfaiteur, encouragée d'ailleurs par des amies «mondaines», méprise le garçon de la campagne qui rêve de sa Gaspésie. La même inaptitude à demeurer en ville se retrouve encore chez le jeune Jean Larochelle (*FJL*) qui y souffre d'ennui, de solitude, de froid et finalement retourne chez lui.

Les sujets féminins n'échappent pas à cette nostalgie. Alphonsine Ladouceur, qui a voulu surseoir à son mariage avec Amable Beauchemin, avoue à son retour : «J'ai pâti d'amitié en ville» (*PT*, 16). Les sujettes, plus que les sujets, sont soumises à des conditions draconiennes d'isolement. Alors que les sujets masculins se distribuent dans des groupes de travailleurs, qu'ils se réunissent en groupes dans les tavernes, qu'ils errent ici et là avec d'autres sujets, les sujettes, elles, sont irrémédiablement coupées des autres sujettes de la société : il n'y a pas de tavernes féminines, pas de groupes de travailleuses, pas de groupes de femmes qui errent ici et là. Celles qui partent se retrouvent donc moralement et physiquement seules. Marietta (*VS*), Lucette Neuville (*CG*) ou Rosette Sanschagrin (*B* et *R*) sont confrontées à cette absolue solitude.

Il n'y a pas de liens d'amitié qui se créent en ville. Les héros y sont seuls et ceux qui les entourent sont des ennemis. C'est pour l'éloigner de la campagne afin de lui soustraire sa fiancée que Delphis Morin (*LTA*) a entraîné Hubert Rioux à Québec où, sous couvert d'amitié, il le corrompt. Voisin, un avocat, ne fréquente Charles Guérin que pour lui nuire dans ses études et lui soustraire la riche héritière Wagnaër qu'il convoite. Lucette Neuville n'est séduite par Clément que pour être abandonnée et tous la repoussent ensuite. Jean Larochelle (*FJL*) se lie bien d'amitié avec un individu qui lui vole son argent en retour, faux ami à la solde de ses parents qui ont imaginé ce stratagème pour le contraindre à revenir.

La ville est représentée comme le lieu de la non-communication. L'environnement même, milieu hétérogène constitué de «cheminaux, trimardeurs, dangereux débauchés» (*RL*) et d'étrangers, est un milieu peu propice à l'établissement de liens d'amitié. La vie errante, qui est le lot des héros, est encore un facteur d'isolement. Rares sont les héros qui, même occasionnellement, se trouvent un compagnon comme c'est le cas de Pierre Guérin qui chemine avec un compagnon d'aventures, gagnant ensemble quelque argent en s'adonnant au métier «d'historiens ambulants». Le roman passe sous silence ces rares instants de compagnonnage et ne les privilégie pas. Le héros erre dans l'espace, dans le temps, il ne connaît pas la halte de l'amitié de sorte que sa liberté, qu'il ne sait pas utiliser, lui apparaît plus contraignante que la sujétion à laquelle il a voulu échapper en quittant l'espace campagne. Loin de la campagne, il idéalise sa sujétion d'antan auréolée de visions agrestes, paisibles et harmonieuses.

La ville, avec sa population hétérogène, dépourvue d'ascendants communs et aux descendants imprévisibles, s'oppose à la campagne constituée d'une communauté, c'est-à-dire d'un ensemble d'individus liés, solidarité d'ordre synchronique et diachronique, passé, présent et avenir formant un continuum. L'absence de communauté affecte le héros qui est hors de la société et par conséquent condamné à une dépossession sur le plan moral et affectif qui complète la dépossession physique et énergétique infligée en cet espace.

3.3 Le citadin en quête de l'espace campagne

Le retour du héros, figuré par le fils de l'habitant qui revient chez lui, réalise la valorisation de l'espace campagne par la mise en scène d'un sujet doté du savoir et du pouvoir et qui fait un choix quand il revient. C'est une situation qui contraste avec la situation romanesque initiale qui prévaut à l'ouverture du roman où le sujet n'apparaît pas doté du savoir ou du pouvoir nécessaires à la réalisation d'un programme narratif de sorte qu'il est, en règle générale, soumis à une volonté externe, qu'il s'agisse d'amis qui l'entraînent ou d'une femme qui l'attire en ville. Son départ est représenté comme un «coup de tête». Lorsque Oscar Gagnon quitte la ferme de son père pour rejoindre Lucile, il est «subjugué» et la perçoit comme «une idole très chère mais quelque peu redoutée» (*SO*, 58), ce qui signifie que dans la relation réciproque d'un sujet à un objet que constitue la relation d'amour, Oscar est soumis à la volonté de Lucile. Or, en séquence finale, lors du retour du héros, cette relation est transformée, les termes s'inversent et c'est Lucile qui est en position de soumission. Sur une question de son père, l'interrogeant sur l'aptitude de Lucile à s'adapter à la campagne, Oscar réplique : «Lucile? elle nous accompagnera et nous fera la cuisine» (*RO*, 193).

Le héros qui revient a acquis un savoir subjectif, ou objectif s'il a su gagner une fortune, et s'il revient ce n'est que parce qu'il le désire. De sorte que son propre investissement dans l'espace campagne contribue à la mise en valeur de cet espace.

Mais plus encore que le retour du sujet héros, figuré par l'habitant, c'est l'acquisition d'un sujet héros figuré par le citadin qui parachève le processus de valorisation de la campagne. La valeur de cet espace est — et c'est là un indice de la représentation d'une société de classes — moins déterminée par la concentration quantitative des ressources humaines que par des variables qualitatives, de sorte que plus le statut social des citadins qui optent pour la campagne est élevé, plus facile à créer est l'illusion que cet espace est doté de valeur. La campagne polarise donc le désir des sujets citadins jeunes ou vieux, les vieux ayant plus de savoir que les jeunes, pauvres ou riches, les riches ayant plus de pouvoir que les pauvres, savoir et pouvoir manifestant le choix des sujets et accréditant la thèse romanesque à savoir que la campagne est le lieu propice à l'épanouissement de l'être humain.

Si la quête du sujet habitant qui quitte l'espace campagne est inchoative, celle du sujet citadin ne l'est pas moins. La dégradation physique d'un sujet affecté d'un état de santé défaillant dicte, par la voix du médecin, le transfert du sujet qui entreprend ainsi son déplacement vers la campagne. On reconnaît dans la représentation de l'intervention de cette classe de professionnels refoulant les citadins vers la campagne dont la valeur thérapeutique, pour être affirmée, implique la négation du savoir et du pouvoir médical, les conflits de classes qui fondent l'idéologie agriculturiste car, rappelons-le, les professionnels de la santé qui voyaient sous l'effet du dépeuplement des campagnes leur clientèle fondre comme neige au soleil, faisaient chorus avec les élites économiques, politiques et sociales dans l'apologie de la campagne. Ce n'est donc qu'au prix de l'incohérence et sans souci des contradictions que le roman soutient les intérêts de cette classe par la mise en scène du médecin représenté comme incompétent, qui nie la science et affirme le pouvoir de la nature en expédiant son patient à la campagne.

Les sujets citadins, dans une forte proportion, sont malades. C'est un Lamothe (*TD*) dont la santé «altérée» exige le retour à la campagne, retour d'ailleurs d'autant plus impérieux que son fils «s'étiole» en ville. C'est un Châtel (*JA*) qui a les poumons «délabrés», une Lucile qui est tuberculeuse, un Vincent Douaire (*N-S*) qui est souffreteux, un Berloin (*TH*) déjà voûté.

Les prêtres, comme les médecins, et là aussi est inscrit le conflit de classes, poussent les citadins vers la campagne. Prolongeant l'action persuasive du médecin, c'est le prêtre qui trouve un lieu d'hébergement aux citadins souffreteux, c'est lui qui reprend en main les brebis égarées, toutes ces femmes qui se sont laissé séduire par la ville, et qui tente de les insérer dans leur encadrement, tout comme il y convoie les futurs colons, tous ces citadins qui végètent en ville et qu'il oriente vers les lots de colonisation.

Le passage de la ville à la campagne se marque par la transformation du sujet qui de l'état de dépossession où il stagne acquiert un nouveau statut. En même temps que sa santé se restaure, un réseau de relations sociales l'enserre. On le contraint, par les dons qu'on lui fait en gestes, bonnes paroles et services divers, à se mettre en position de reconnaissance, à reconnaître comme valeur cet ensemble de relations sociales que constitue la communauté et à nier, comme valeur, cette unité que constitue le sujet volontaire. Les sujets citadins, et particulièrement les sujets dotés de pouvoir, marquent leur adhésion à l'espace campagne auquel ils se conjoignent par des transformations spectaculaires. Une Lucile qui ne voulait pas d'enfants, qui aimait se maquiller et qui avait horreur de la campagne, accepte de vivre au fond des bois et d'y enfanter. La seule manière spectaculaire de marquer son adhésion pour la vieille dame Lamothe âgée de cinquante ans, qui n'a eu qu'un enfant en ville, c'est d'en faire un autre. Quant à Nicole de Rencontre (S), exquise par sa beauté, par son élégance, par le raffinement de ses toilettes, de ses bijoux, brillante par son intelligence et son éducation, comment peut-elle marquer son adhésion sinon en niant tout ce qu'elle est, en se montrant maculée de cambouis, vêtue d'une salopette, bricolant sur un vieux camion et heureuse de la promiscuité des animaux de ferme?

Par la dépossession volontaire de certains moyens matériels, réalisant superficiellement la mise en valeur de la sujette en l'espace urbain, tels que le tube de rouge à lèvres et les autres accessoires de maquillage qu'une Lucile jette à la poubelle ou encore les robes, bijoux et voiture luxueuse dont Nicole de Rencontre se départit, le roman crée l'illusion que la ville se résume à ces accessoires, masquant la réalité d'un espace urbain doté des moyens matériels récréatifs et éducatifs, lesquels permettent à l'individu d'accéder au statut de sujet.

Le passage de l'espace ville à l'espace campagne implique, de fait, une transformation d'un sujet à l'état d'objet. L'assimilation réussie est figurée par un personnage comme Lucile qui «souriait» à toutes les personnes de son entourage «dont la sympathie lui était désormais acquise» pendant que son beau-père la couvait «d'un regard affectueux : le pacte était scellé, publiquement, le passé était oublié» (*RO*, 199-201). La soumission est créatrice d'un état euphorique. L'ex-sujet n'a plus à vouloir, la communauté le place sur les rails de la vie. L'ex-sujette, quand il s'agit de Marie Beaudry (*TV*), est convaincue que c'est en vain qu'on dépense de l'énergie pour sortir de sa classe; l'idéal, c'est de «rester avec son monde», d'attendre qu'un «gars de chez nous» vienne vous cueillir, telle est d'ailleurs la volonté du bon Dieu qui l'a punie pour avoir eu des ambitions. L'ex-sujet est susceptible de passer le reste de sa vie à regretter son acte d'indépendance. Ainsi en est-il de François Barré qui n'est pas heureux avec sa femme, «par ta faute», lui reproche le clan familial, puisque «tu as épousé une Américaine» sans nous consulter pendant que la «bonne Octavie Lachapelle» à qui tu avais fait des promesses avant de partir t'attendait ici (*LCC*). Quant à ceux qui persistent à vouloir conserver leur distinction et qui s'objectent à se fondre dans la collectivité, ils sont évincés de la campagne.

3.4 *Au-delà de la fiction romanesque*

Si nous convenons, avec Macherey, que «ce qui produit le texte littéraire, c'est fondamentalement l'efficace d'une ou plusieurs contradictions idéologiques, en tant précisément que ces contradictions ne peuvent être résolues dans l'idéologie» (Balibar, *op. cit.*, 32) nous reconnaissons, sous l'apparente conformité idéologique du roman du terroir à l'idéologie dominante, les conditions contradictoires qui déterminent cette production comme conforme.

L'idéologie dominante mise en scène est exhibée dans le fonctionnement que nous avons décelé, le roman s'articulant autour de l'axe départ-retour et visant la réinsertion du héros sujet dans l'espace campagne valorisé comme espace euphorique par rapport à l'espace ville marqué comme espace dysphorique. Or, le départ du héros est la solution imaginaire proposée par le roman en règlement du conflit né du refus du sujet héros d'accepter son état de dominé. Elle produit, certes, l'effet d'une «conciliation imaginaire de termes inconciliables» par la situation finale d'équilibre qui voit le retour du héros réconcilié, mais il ne s'agit là que d'une illusion car ce n'est qu'au prix d'un redoublement des contradictions que se réalise un tel équilibre. En effet, le déplacement du héros qui résulte en fait du refus du sujet de supporter sa situation de dominé, est fondé au niveau apparent du texte sur un désir vague, imprécis, une sorte de rêve d'un sujet sans objet et qui est, en outre, lancé dans un programme narratif qui le fait passer de l'état de dominé à celui de dominant, non pas sous l'effet de sa propre action volontaire puisqu'il ne sait résister à l'assujettissement que par l'évasion, mais plutôt sous l'effet de l'action du temps ou du hasard qui éliminent ou supplantent le sujet dominant jamais représenté comme tel mais bien comme un homme juste, bon et sage, figure du père, autorité incontestable et incontestée en apparence, figure sacralisée parce que tenue hors des affrontements... sauf dans *la Scouine!*

Le roman du terroir reproduit donc l'idéologie dominante dans la mesure où la représentation du pouvoir est celle d'un pouvoir patriarcal et où la classe paysanne y est représentée en position dominée. L'habitant qui veut sortir de sa classe y est refoulé et seul l'état d'humiliation le caractérise dans les rapports qu'il établit hors de sa classe. L'habitant ne connaît de promotion sociale ou d'élévation que dans sa classe, telle est la représentation que donne le roman du terroir d'une classe inapte à s'élever ailleurs que dans le secteur d'emploi où les pouvoirs désirent la maintenir.

Le maintien des habitants dans leur position dominée implique, et nous l'avons démontré, la soustraction du savoir et du pouvoir aux sujets, coupés les uns des autres par suite de leur situation matérielle dans les lots de colonisation et par conséquent inaptes à développer une conscience de classe, maintenus dans un état que le roman représente comme le bonheur figuré par un étant sans savoir, ni pouvoir, ni vouloir, heureux d'être soumis à une déperdition de son potentiel énergétique.

3
Espace
de la femme

Chapitre premier

Les signes de son émergence sur la scène romanesque

Contrairement au sujet, la sujette n'entre pas par son propre faire en relation d'appropriation avec les objets de valeur. Néanmoins, et occasionnellement, la sujette apparaît en relation d'appropriation avec des biens matériels, mais c'est un fait qui résulte moins de son désir que de celui d'un sujet externe qui la dote de biens, à l'exemple de la petite-fille de Didace Beauchemin qui hérite de la terre par suite de l'absence d'un héritier mâle dans la famille. Par ailleurs, le dynamisme caractérise le sujet masculin jeune qui se soustrait par un faire-déplacement à l'état de dominé dans la relation qui s'instaure entre lui et un sujet vieux figuré par son père, tandis que la sujette, non dotée de dynamisme, ce que reflète le faible pourcentage de départs (deux sujettes pour trente-sept sujets dans la séquence départ-retour) assume l'état de dominée dans la relation qui la lie à un sujet dominant.

Se conformant à l'idéologie dominante articulée sur la base de la société divisée, le roman se donne pour tâche de réaliser l'inégalité de rapports entre les sujets masculins et féminins en créant l'illusion que l'organisation culturelle incohérente fondée sur la division sociale, est génératrice d'ordre et de rapports harmonieux et qu'en outre elle figure un ordre prétendument naturel. L'analyse de la représentation romanesque de la figure féminine saisie dans ses rapports avec les objets et les êtres de l'univers fictionnel, tant dans ses rôles actantiels que thématiques, vise à identifier les mécanismes créateurs de l'illusion romanesque, niveau superficiel fondant par tradition toute lecture idéaliste.

1.1 *Les déterminants de la position topographique de la sujette*

Les rapports que les individus entretiennent entre eux déterminent la structure sociale et en assurent la reproduction. Les possibilités de rapports entre les individus sont multiples, tant par la nature des liens d'amour ou de haine, sexuels ou non sexuels qui les unissent ou les opposent que par les constituants même de la relation dont le nombre et le genre peuvent varier, soit qu'elle n'implique que des individus de sexe masculin à l'exclusion de ceux de sexe féminin, ou vice versa, soit encore qu'elle implique des individus des deux sexes.

Un relevé systématique des personnages féminins saisis en rapport avec d'autres personnages, met en relief la présence dominante des rapports réciproques entre les deux sexes et la présence relativement faible de rapports entre les individus de sexe féminin, qu'ils soient articulés sur la base d'un rapport d'amour entendu au sens Todorovien et dont le spectre inclut l'amitié. Les rapports que les sujettes établissent avec les sujets sont déterminés par leur statut juridique, soit que la sujette figure en l'état de célibataire ou de mariée ou encore de non mariée ou de non célibataire. La transformation d'un état à l'autre, de célibataire à mariée par exemple, implique deux types de relations, l'une d'ordre sexuel d'une sujette en rapport avec un autre sujet, l'autre d'ordre contractuel d'un sujet individuel en rapport avec un autre sujet collectif figuré par la collectivité.

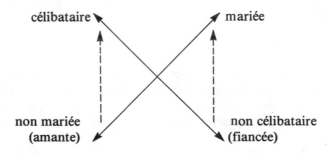

L'état de mariée réalise à la fois la relation sexuelle et la relation contractuelle, tandis que l'état de non célibataire (fiancée) les virtualise quant à l'état de non mariée (amante), il réalise la relation sexuelle à l'exclusion de la relation contractuelle.

L'état de célibataire, un appât sexuel

La distribution des sujettes, selon leur état, sur les différents termes du carré sémiotique qui articule cet ensemble de relations, manifeste en séquence initiale une forte proportion de sujettes (cinquante-cinq) marquées par le célibat tandis que vingt sont fiancées, dix mariées et une non mariée. En séquence finale, une transformation s'opère de sorte que cinquante demeurent en scène en l'état de mariées et quatre célibataires. Le roman enregistre donc une notable déperdition puisque trente-deux femmes disparaissent de la scène romanesque, soit 37,2% des personnages féminins qui voient surgir sur leur parcours syntagmatique des embûches qui les évacuent du roman.

Ce qui caractérise le personnage féminin, dans le roman du terroir, c'est donc la transformation de son état de célibataire en phase initiale à celui de mariée en séquence finale. Cette transformation, toutefois, ne s'applique qu'aux sujettes jeunes tandis que les sujettes âgées figurées par des mères, si elles sont présentes à l'ouverture du roman comme c'est le cas pour trente-quatre d'entre elles, se voient évacuées de la scène romanesque bien avant la séquence finale, généralement emportées par la maladie ce qu'illustre le cas de la mère Chapdelaine. La figure de la mère, contrairement à celle du père, ne serait donc pas essentielle au roman du terroir.

La transformation d'un état en un autre suppose l'intervention d'un vouloir et d'un pouvoir. Or, tous les personnages féminins du roman sont dotés du vouloir se marier, y compris les célibataires figurant en séquence finale dont Angélina Desmarais (S) ou Josephte Auray (N-S) délaissées par l'homme qu'elles désirent, toutes, sauf peut-être Paulima Deschamps, dans la Scouine, immariable car dépourvue des qualifications physiques et morales qui sont attribuées aux personnages féminins dans les autres romans.

Ce qui polarise le désir de la sujette dans la relation d'amour, c'est le cœur de l'élu qui a, comme caractéristique, outre le fait d'euphémiser la relation sexuelle, d'être enclos dans un espace que l'aimé clôture. «Je serais trop heureuse de répondre aux vœux de ton cœur et d'essayer de faire le bonheur de ta vie» (*EPG*, 169), si je n'avais choisi Dieu, écrit Bella à son cousin qui lui offrait son cœur. La quête implique donc, pour la sujette, le franchissement de cet objet frontière qu'est l'aimé et l'internement dans ce petit réduit figuré par son cœur. L'élévation qui est susceptible de s'ensuivre masque l'humiliation de la séquestration. «Je ferai de toi, ma reine, la reine de mon cœur, et je déposerai à tes pieds tout le fruit de mon travail» (*M*, 33), déclare Fabien à Suzanne. Moins grandiloquent, moins soucieux de doter l'aimée de pouvoir, le sujet peut, à la manière du héros dans *la Voix des sillons* rêvant d'offrir à l'aimée son «cœur» où «nulle autre femme n'aurait place», promettre l'exclusivité dans l'occupation de ce petit territoire.

La rencontre de la sujette et du sujet, destinés à entrer dans une relation d'amour, semble fortuite mais elle se produit en général dans les espaces ouverts tels que les champs ou sur le bord des fleuves ou des rivières ou encore sur les chemins. Un dimanche qu'elle se promenait seule dans la nature, Madeleine Riendeau (*FP*) «déboule» accidentellement d'un talus et se retrouve, la mine piteuse, aux pieds du fils Robertson qui pêchait en contrebas au bord de la rivière. Et voilà que s'amorce la relation d'amour. Nombre sujettes se trouvent ainsi, inopinément, à l'extérieur de la maison quand apparaît l'objet destiné à polariser leur désir. Flânant sur le chemin, Irène de la Gorgendière y croise Robert Lozé; Gisèle Blouin, elle, se trouve dans un champ de foin (*PO*), tandis que Jeanne Michaud, occupée à cueillir des églantines, fait sa rencontre sur le bord du fleuve, tout comme Dosithée (*BR*) qui est sur la plage quand apparaît Léandre. Fréquemment c'est une obligation qui met le sujet en rapport avec la sujette. Charles Guérin est chargé par Monsieur Lebrun de conduire sa fille vers le lieu de ses emplettes et de l'accompagner dans les veillées. Pareillement Marie Beaudry, Marie-Anne Salins, Dosithée Ouellet, sont accompagnées dans leurs déplacements par un sujet mandaté par le père pour les conduire au lieu de leur destination.

Exceptionnellement, et c'est là un fait contradictoire, le personnage féminin apparaît dans l'espace ouvert en situation de travail, comme c'est le cas de Marie Beaudry (*TV*) qui séduit Ephrem Brunet quand leurs fourches s'entremêlent et que résonne son rire cristallin durant le ramassage du foin, ou encore comme Jeanne

Girard (*JF*) que le fils Montépel distingue parmi le lot d'engagés de son père. Au cours de cette rencontre, le sujet manifeste son désir, soit par le biais d'un compliment qui distingue l'aimée de toutes les femmes, soit (fait rarissime) par un baiser ou encore l'échange, à moins que ce ne soit un rappel, de la promesse qui les lie. C'est à ce moment précis que se manifeste le personnage féminin volontaire. À peine la promesse est-elle échangée, sous quelque forme que ce soit, que la sujette effectue un mouvement de retraite en direction des espaces clos. «Vite! Rentrons! Maman sera inquiète et se fâchera» (*PO*, 52) s'affole Gisèle Blouin qui ne songe plus à folâtrer dans le foin après que Louis de Vieuxpont l'y eut «embrassée longuement». Plus pondérée, Marichette Lebrun fait le bilan de la situation à la suite de l'aveu d'amour de Charles Guérin : «après ce que vous venez de me dire, lui dit-elle, je ne dois pas rester si longtemps seule avec vous» (87).

L'état de promise, un contrat social virtuel

Toutes les sujettes, en présence de leur amoureux et en plein air, éprouvent un malaise. Jeanne Michaud «mal à l'aise» (*LTA*, 21) réagit par un mouvement de retraite vers les lieux clos ainsi que le fait Mérilda Bellefleur entraînant «son trop galant cavalier» (*RC*) qui la serre d'un peu trop près, à la faveur de la nuit, vers la maison.

Ce déplacement qui transforme un état conjonctif en état disjonctif puisqu'il disjoint les sujets, s'opère moins sous la volonté de la sujette que sous celle d'un sujet externe. Marichette ne dit pas à Charles : je ne veux pas rester avec vous, mais «je ne dois pas» et il en va de même de Gisèle Blouin qui manifeste la crainte qu'elle a de sa mère. Parfois, le sujet externe manifeste directement son pouvoir à la manière de Monsieur de la Gorgendière qui donne l'ordre à sa fille Irène de se tenir à distance de Robert Lozé qui a exprimé le désir de l'épouser. À moins que le sujet de la relation amoureuse ne cumule deux rôles, étant à la fois le sujet amoureux bénéficiaire de la relation et à la fois le sujet externe s'opposant à la relation. On voit ainsi, dans *la Terre du huitième*, les deux amoureux Régine Groleau et Jean Berloin s'ébattre au cœur de la forêt. Dans un élan passionné «ils s'étreignent attirés par une force fulgurante. Les lèvres de la jeune fille et celles de l'amant se soudent, s'écrasent en un baiser long, brutal, insensé» mais, tout à coup, le jeune amoureux s'interrompt et déclame empourpré par la colère «j'aurais pu te prendre comme on cueille une fleur

[...] je te veux pour femme [...] Nous nous marierons après le prochain Noël. D'ici là, je t'en prie, veux-tu ne plus tenter mon désir?» (*TH*, 87) Régine se réfugie alors auprès de sa mère, dans la maison où elle reste enfermée jusqu'à l'arrivée de l'aimé qui ne la revoit que pour les épousailles.

Par le baiser, qu'il soit «brutal» comme celui que Léon Lambert «plaque [...] sur les lèvres» (*F*, 156) de celle qu'il aime ou hésitant comme celui que sollicite Paul Garon implorant son amie, «Louise, ma petite Louise [...] Veux-tu que je t'embrasse? une fois, rien qu'une fois» (*LTV*, 53), la sujette passe de l'état de célibataire à celui de promise ou fiancée ce qui se traduit par son transfert des lieux ouverts et non peuplés aux lieux clos et peuplés.

La promise qui désire alors se déplacer en espace ouvert et en compagnie de son promis, voit s'attacher à ses pas des accompagnateurs mandatés par le sujet externe. Quand Bertha Neuville (*B et R*) sort avec Gustin, sa sœur l'accompagne et il en est de même pour Marie Beaudry (*TV*) qui n'a guère d'intimité avec Fernand Bellerose. Le sujet mandaté par le sujet externe peut cumuler les rôles, être en même temps l'amoureux et le surveillant. Toutefois, lorsque Paul Duval (*AT*) demande au père Thérien l'autorisation de promener Jeanne, il ne manifeste d'aptitude, semble-t-il, que pour l'exercice d'un seul rôle, celui de surveillant.

Le roman crée l'illusion, par le dynamisme dont sont dotées les sujettes qui vont parfois, comme Rosette Dupont (*FV*) ou Marcelle Gagnon (*RO*) jusqu'à quérir l'homme qu'elles veulent épouser, au milieu des champs, que ce dynamisme est synonyme de pouvoir. Or, le dynamisme qui caractérise ce type de sujette est insufflé par un sujet externe figuré par le père ou le curé ou les deux associés, qui voient dans le mariage hâtif de la fille un moyen de combler un manque de main-d'œuvre affectant la productivité de la ferme. La sujette est moins dotée d'un pouvoir-faire que soumise à un devoir-faire qui la contraint à s'exposer dans un espace ouvert de l'univers campagne, apparenté à un marché, quand elle est célibataire et qui la maintient dans des espaces clos et dans un réseau de surveillance quand elle est promise.

C'est en effet dans cet espace ouvert apparenté à un marché où bourdonnent les sujets qui se la disputent que la sujette trouve acquéreur. Étant donné le rôle joué par le sujet externe dominant, il n'est point excessif de dire que la célibataire, exposée dans l'espace ouvert, éveille les appétits sexuels des sujets mâles et sert d'appât. Une fois réalisée la première touche, rien ne doit compromettre la réalisation du contrat social, objectif réel visé par le sujet dominant qui soustrait alors la sujette aux désirs sexuels du sujet. Rappelons ici combien Charis Moisan «sentait son appétit d'homme s'exaspérer quand Alphonsine venait le reconduire» et peut-être, suggère le narrateur, que «si elle avait voulu, il ne l'eut pas épousée» (*TA*, 19). En soustrayant la sujette au sujet, le dominant ne fait donc qu'exacerber le désir du sujet ce qui motive à accélérer le processus de passation du contrat social visé par le dominant.

La relation sexuelle, telle que représentée dans le roman du terroir et dénoncée au moyen de cette simple phrase, dans *Trente Arpents* : «Alphonsine savait qu'on n'achète pas volontiers par la suite ce qu'on a eu gratis la première fois» (20), ne s'établit pas sur la base de l'échange, c'est une relation à sens unique dans laquelle la sujette donne tandis que le sujet acquiert. Lorsque le passage de promise à mariée ne s'effectue pas, soit par exemple que le fiancé se dérobe comme le fait le médecin montréalais Fernand Bellerose qui rompt avec Marie Beaudry, la sujette se rétracte, elle se dissimule aux regards et se réfugie dans les espaces clos non peuplés. Marie est accablée de «honte» car, dit le narrateur, c'est une «indignité à la campagne que d'être rejetée par un amoureux». Le roman crée ainsi l'illusion que la valeur d'échange de Marie Beaudry s'est abaissée, que Marie a été dépossédée de ce qui la fondait en valeur au contact du sujet, qu'il ne reste qu'une transaction avortée. Illusion solidement étayée par la séquence finale dans laquelle la sujette «se donne», confirmant ainsi son état déprécié, à un sujet qu'elle n'aime point, qu'elle ne veut point. «Maintenant, Ephrem, lui dit-elle, si tu veux toujours... si tu veux toujours de moi...» (*TV*, 213).

Un processus de réduction analogue dans son fonctionnement opère à l'égard de Armande Hamelin qui a fréquenté un jeune homme attiré par la ville alors que son fiancé était en prison. Après la rupture elle est «accablée de honte»; négation de la sujette que le roman manifeste en l'évacuant de la scène d'où elle n'émerge qu'à la faveur de la réapparition du fiancé libéré. C'est dans un état déprécié qu'elle est alors exhibée, car faire état de sa virginité pour conquérir un sujet c'est reconnaître la légitimité du système qui fonde la valeur de la femme à ce niveau et c'est à quoi est soumise Armande Hamelin qui argumente : «ma parole d'honneur Freddie, je l'ai jamais aimé. I a pas touché au bout de mon petit doigt» (*NB*, 117).

Deux termes inconciliables se concilient dans cette opération au cours de laquelle une sujette, assujettie au système de valeurs ambiant, se valorise en se dévalorisant, affirmant un système qui fonde sa valeur essentiellement sur la base de sa virginité, niant par ce fait tout le reste de sa personne, ses qualités physiques, psychologiques ou intellectuelles, se niant, elle-même comme süjette, réduite à un orifice membrané.

Et quand il y a eu utilisation réelle de l'objet sexuel féminin en dehors de tout contrat social, cet objet est éliminé de l'univers social par les dominants. Sa fille Rose étant partie avec un Américain, le père Sanschagrin fait courir le bruit qu'elle est morte car, réussit à le convaincre un ami, quand bien même elle reviendrait, elle ne serait plus comme avant. Lucette Neuville, pareillement, après une aventure avec un Juif montréalais, tente de revenir chez elle mais le père la rejette : «dehors la pestiférée morale» s'écrie-t-il, et quant à son ex-fiancé il s'offusque : «quoi, le campagnard se contenterait des restes d'un chien?» (*CC*, 129) Le simple fait d'aller en ville, c'est-à-dire de se soustraire aux dominants de l'univers campagne, a un effet dévalorisant sur la sujette. Alphonsine Ladouceur, désirée par Amable Beauchemin, surseoit à son mariage et, afin de mûrir sa décision, part travailler un an en ville. Passé ce laps de temps elle revient et accepte Amable. Mathilde Beauchemin sème alors la méfiance et le doute en son fils, «c'est une étrangère lui dit-elle, elle a goûté la vie de la ville. Qui nous dit qu'un jour ou l'autre elle ne regrettera pas le temps passé là-bas?» (*PT*, 31), Dorothy Lanting qui vient de Toronto est l'objet de préventions semblables de la part du père de Paul Garon qui éveille la suspicion de son fils, «tu sais pas quelle vie elle a menée par en haut...» insinue-t-il (*LTV*, 83).

Aucun sujet masculin ayant eu des relations avec une sujette en dehors de l'espace campagne n'est tenu de rendre compte de sa conduite et aucun n'a le sentiment d'être déprécié à son retour, bien au contraire, c'est comme un héros qu'il est accueilli lorsqu'il revient vers sa fiancée. Fabien Picard (*M*), dont l'annonce de ses fiançailles à Lucille Mercier est parue dans les journaux, revient ainsi vers Suzanne Germain son ex-promise qui le reçoit avec reconnaissance; attitude identique de Jeanne Michaud (*LTA*) vis-à-vis de Hubert Rioux ou encore de Jeanne Thérien qui est «rayonnante» quand apparaît Paul Duval qui pendant des mois a tout abandonné, terre, père, mère et fiancée, pour courir après Blanche Davis dont il était épris. Le retour du héros ne suscite qu'émerveillement, «oh! pense Jeanne, qui le trouve plus beau qu'avant, comme cette montréalaise avait dû l'aimer...» (*AT*, 183). Loin d'être déprécié, le sujet qui satisfait son désir dans la relation sexuelle avec une sujette en dehors du contrat social, acquiert un surcroît de valeur. La transfiguration qui le marque à son retour est une reconnaissance de ses qualités de séducteur, ce qui correspond à une habileté à duper la sujette.

La relation amoureuse implique deux sujets se prenant réciproquement pour objet de leur désir, deux sujets qui devraient, en principe, et c'est ce qui fait dire que «l'amour est aveugle», n'être attirés que par leurs valeurs subjectives réciproques. Dès l'instant où l'un des sujets est doté de valeur objective, la relation est susceptible de se transformer puisque le désir du sujet non doté peut être polarisé par cette valeur objective. Or, c'est précisément ce déséquilibre de la relation qui est visé par les dominants du système social qui dote le sujet masculin de pouvoir économique, l'héritage lui revenant «de droit», et qui soustraient ce même pouvoir à la sujette démunie et ainsi maintenue dans la dépendance économique du sujet. Le statut inégal des sujets entraîne l'inégalité de rapports par suite de la hiérarchisation sociale qui subordonne les valeurs subjectives aux valeurs objectives.

Investies de valeurs subjectives, non dotées de pouvoir économique, les sujettes figurent dans un état de disponibilité qui les apparente aux objets statiques interchangeables de l'univers. Différenciées par une marque matérialisée dans la présence ou l'absence de l'hymen, elles sont hiérarchisées en deux groupes, les unes étant assimilées à des objets neufs, les autres à des objets usagers selon qu'elles ont eu ou non des relations sexuelles.

La réglementation sévère visant les déplacements de la sujette à l'intérieur de la sphère campagne vise donc à préserver l'objet de toute dépréciation de sorte que l'écoulement de ce produit ne soit pas compromis. En l'absence du père, exerçant ce contrôle et attribuant l'autorisation de circuler, c'est le fils qui se substitue à lui. Louise Guérin (*CG*) ou Suzanne Germain (*M*) ne peuvent aller au bal que si leur frère les y emmène; de même, Jeanne Girard est-elle admonestée par son frère chargé de sa surveillance après que Pierre Montépel lui ait révélé son amour : «... dis-moi ma sœur, interroge-t-il, que tu comprends trop bien ton devoir d'honnête fille pour avoir osé porter les yeux sur le fils du maître?» (*JF*, 60) et, conscient de l'importance de son rôle, c'est pas à pas qu'il suit les amoureux le soir sur la plage. Outre ce premier niveau de surveillance, Jeanne doit encore se soumettre à l'autorité de son père qui a «toujours dit qu'il (lui) faudrait un bon mari, un homme selon ses vues» à lui (73). Marcelle Larisière, qui travaille comme cuisinière dans un camp de bûcherons, doit s'accommoder de l'étroite surveillance dont elle est entourée par son frère qui justifie son pouvoir.

> Nos parents, lui rappelle-t-il, m'ont confié la mission de veiller sur toi, si un jour tu daignes te laisser courtiser, vous veillerez sous mes yeux, car je tiens à la bonne réputation de «l'Ange des grands Bois!» (*TG*, 47-48).

Cette surveillance des femmes est le fait, non seulement des pères, des prêtres, des frères, mais encore de toute la gent mâle sans distinction de lien parental ou amical. Apercevant Suzanne Germain (*M*) dans une salle de bal où dansent les gens de la ville, Hubert, un quelconque voisin de Suzanne, va la chercher et la conduit dans la salle voisine où sont réunis les habitants qui dansent les quadrilles. Ramenée dans sa classe et maintenue dans son groupe social, Suzanne est empêchée de rêver son évasion. Le même rôle sera exercé par Paul Allaire, un bûcheron d'occasion, qui installe son poste de radio dans la cabine de son patron afin, lui dit-il, que sa fille Miss Sarah ne soit pas «contrainte de passer des heures dans la hutte des bûcherons» (*TG*, 98) pour écouter la radio. Miss Sarah ne se déclassera pas en se rendant à la cabane des bûcherons mais Paul Allaire, lui, se surclassera en allant écouter sa radio au rythme des battements du cœur de Sarah. Marcelle Larisière est maintenue dans son groupe social par son propre patron qui lui rappelle les usages : il n'est «pas convenable que, sans escorte, vous traversiez cette foule» (181), foule qu'elle traverse quotidiennement puisqu'il s'agit des bûcherons rassemblés qu'elle a coutume de servir à table! Et jusqu'à cet ouvrier inconnu qui s'autorise à conseiller Angélina Desmarais errant seule dans la rue en quête du Survenant, «allez vous-en-donc dans votre maison, lui recommande-t-il. Votre place est là, ben plus qu'icitte» (*S* 160).

L'état de mariée, un contrat social réalisé

Mariée, la femme n'a plus d'histoire. Parmi les vingt-cinq cas de personnages féminins mariés en séquence initiale, quarante-cinq pour cent disparaissent du roman bien avant la séquence finale. Leur finalité, c'est la procréation. Une fois ce rôle rempli elles peuvent quitter la scène et c'est ce que signifie *Trente Arpents* lorsque, après avoir «eu son nombre», Alphonsine Moisan meurt au chapitre IV. Il n'y a pas d'histoire de femme mariée et non mère dans le roman du terroir. La sujette mariée n'entre en scène que pour désirer ou ne pas désirer un enfant. C'est le cas de Diane Rodier (*AR*) qui en désire un mais qui s'en voit frustrée par suite d'un coup reçu au ventre de sorte que le roman ne vit que de cette attente d'un autre enfant, ce qui survient en séquence finale. Le récit ne réussit d'ailleurs à survivre que grâce à l'insertion de l'histoire d'un autre couple de citadins dans cette séquence. S'opposant à la série du terroir, *le Survenant* affiche une sujette, Alphonsine Ladouceur, qui, en dépit de la permanence des regards scrutateurs attachés à ses flancs, traverse le roman sans procréer. Mais *le Survenant* est suivi de *Marie-Didace*, avec Marie-Didace fille d'Alphonsine. Nicole de Rencontre (*S*), mariée, non mère, domine la scène romanesque en cet état jusqu'en séquence finale. Dans ce cas, il s'agit d'une sujette issue de la haute bourgeoisie montréalaise qui s'est convertie aux valeurs de la campagne. La transformation de l'état de citadine qui figure l'autonomie, en celui d'habitante figurant la soumission, exige, pour être dotée de quelque crédibilité, un peu de modération dans la représentation de la malléabilité féminine.

La femme mariée n'apparaît, en outre, que dans des espaces clos et à la faveur de l'apparition du père ou des enfants. Si Madame Duval (*AT*) se déplace pour aller à Tadoussac, ce n'est pas pour réaliser un projet personnel, c'est pour aider son fils et ce type de déplacement demeure exceptionnel car les femmes mariées n'émergent pas dans les lieux ouverts, confinées qu'elles sont dans les cuisines ou à l'intérieur du cercle des bâtiments de la ferme. La sujette se dissout alors dans le rôle de la mère reléguée à l'arrière-plan de la scène romanesque dès qu'apparaissent les enfants, ce qu'illustre le cas d'une héroïne telle que Marguerite Morel qui figure au premier plan de la scène romanesque tant qu'elle lutte contre son père pour épouser celui qu'elle a choisi mais qui est évacuée de la scène dès qu'elle est mariée. Ce qui apparaît alors en gros plan, se substituant à elle, c'est son produit, son fils sur lequel se concentrent les regards du vieux Morel. Dans la relation d'amour affirmée par le contrat social, le sujet n'a de désir réel que d'une génitrice. Blanche Varieur, dans *Marie-Didace*, cesse d'être admirée par Didace et d'avoir quelque importance dans la maison dès qu'il comprend qu'elle n'accomplira jamais le miracle qu'il attend d'elle, le ressusciter en un fils. Par contre, Alphonsine qu'il méprisait est l'objet d'une sollicitude toute particulière dès qu'il se rend compte qu'elle est enceinte; sollicitude qui ne vise pas la personne humaine mais la machine à procréer car ce n'est pas elle qui hérite quand Didace meurt à quelque temps de là, mais son produit. Ainsi, Didace Beauchemin, par-delà sa vie, prolonge-t-il le statut de dépendance de Phonsine à qui il recommande avant de mourir : «Fais-toi aimer» de ta fille. L'espace clos qui devra dorénavant polariser toutes les énergies de Phonsine, ne sera plus le cœur des Beauchemin mâles décédés mais celui de sa fille qui, en détenant la propriété, domine sa mère.

Le pouvoir économique dont est doté le sujet l'autorise à régir les déplacements et le faire de la sujette tant dans le cercle des bâtiments que dans l'espace extérieur. Prolongeant l'action du dominant figuré par le père, le mari s'investit dans le rôle de surveillant de la sujette qui doit, comme Madame Lebeau (*JA*), entreprendre de fort longues négociations avant d'obtenir l'autorisation d'aller à Montréal. Statut inégal des deux sujets, à la fois refusé et légitimé par la sujette Marguerite Morel qui ne cherche pas à modifier ce rapport de force au sein de la relation d'amour, mais qui le légitime en le laissant intact, choisissant de s'y soustraire plutôt que de le combattre. Elle refuse donc d'épouser Duval car, lui dit-elle, «Quand tu voudras partir en ville, je serai obligée de te suivre» (*F*). À l'intérieur de la maison, l'espace de la femme est quadrillé en zones prescrites ou prohibées. «Quoi c'est que tu furettes là» (*M-D*, 123), questionne Didace en voyant sa femme ouvrir un tiroir que lui seul ouvrait «en grand». Rodier (*AR*), quant à lui, chasse sa femme qui est malade de son lit car ce lieu de repos n'étant permis que la nuit. Phonsine (*M-D*) connaît elle-même de profondes angoisses dans son lit d'accouchée à l'idée que Didace Beauchemin puisse venir l'en déloger. Maître de l'espace, le sujet marié peut expulser sa femme de la maison. «Allez-vous-en tous» crie Phydime Ouellet (*BR*) ouvrant toute grande la porte à sa femme et à son fils qui n'approuvent pas ses décisions. La vraie place de la sujette mariée c'est l'ombre, c'est celle de Mathilde Beauchemin «qui avait le don de disparaître derrière les portes quand il venait du monde le moindrement gênant» (M-D, 55); c'est aussi celle de Dame Ouellet qui, à l'arrivée d'un jeune médecin, rentre «précipitamment dans la cuisine [...], agitée par une forte émotion», lieu d'où elle émerge, dans un ultime effort afin de souhaiter la bienvenue au visiteur et sitôt fait, «vivement» s'y terrer à nouveau (*BR*, 37). C'est encore l'espace de la mère

Branchaud dissimulée près de la fenêtre donnant sur la galerie où se conclut le marché dont sa fille est l'enjeu, entre son mari et Euchariste Moisan (*TA*).

La relation d'amour sanctionnée par le contrat social opère donc une transformation de la sujette qui passe des espaces ouverts où se manifeste son dynamisme à des espaces clos où elle en est dépourvue. Advenant la rupture de la relation selon la seule possibilité exploitée par le roman du terroir, laquelle se traduit par la mort du mari, la sujette demeure marquée par son inaptitude à faire. Veuve, Madame Guérin ne «sortait que pour aller à l'église» (*CG*, 133) et se réfugiait ensuite dans sa cuisine. Maintenue hors du monde des affaires de son mari, elle se révèle inapte à gérer ses biens et se déleste des pouvoirs qui lui sont échus en émancipant son fils Charles qu'elle charge d'aller «en ville» et de se mettre en «rapport avec les gens d'affaires» car «y aller moi-même, signer des papiers, m'inquiéter, me casser la tête, tout cela me répugne beaucoup» (*ibid.*, 102) lui explique-t-elle.

C'est généralement le curé qui prend la relève du mari décédé et dirige la femme. Ce personnage fait des pressions sur Madame Guérin afin qu'elle ne cède pas aux avances de son voisin Wagnaër qui veut l'épouser, il réceptionne des informations destinées à Madame Guérin et il lui conseille d'être moins distante avec Wagnaër après que celui-ci, un protestant, eut payé sa dîme, conseil qui la ruinera. Ce personnage est susceptible de se substituer au père comme c'est le cas dans *l'Œil du phare* où il prend en charge le fils de la veuve Pèlerin confinée dans un espace clos. «L'horizon de son avenir et de ses affections (se limitant au) rayon des courses quotidiennes du petit orphelin» (16), champ qui se réduit au fur et à mesure que l'enfant grandit puisque c'est le curé, et lui seulement, qui prend toutes les décisions le concernant de sorte que, sans objet, la sujette est éliminée de la scène.

L'opération qui fait passer le personnage féminin d'un état de célibataire à un état de femme mariée implique donc la transformation d'un apparent statut du sujet, que crée l'illusoire dynamisme d'une sujette soumise en fait à la volonté d'un sujet externe, à un statut d'objet réel dans la relation d'amour qui unit un sujet doté de valeur objective à un objet doté d'une valeur subjective qui est à déterminer.

1.2 *Les déterminants de la tenue vestimentaire de la sujette*

La présence de la sujette en milieu ouvert équivaut à une apparition sur un marché en vue de trouver acquéreur tandis que sa présence en lieux clos est l'indice de l'appropriation de l'objet par un sujet masculin. Concurremment à ce processus de mise en marché se développe un processus de mise en valeur de la sujette par le biais de la tenue vestimentaire et un processus d'invisibilisation de ce même objet, par le même moyen, quand il est acquis et tenu dans les lieux clos.

La robe, en tant qu'accessoire vestimentaire, distingue la femme de l'homme qui vêt le pantalon. Aucun personnage masculin, à part les sujets de l'univers spirituel, ne porte de robe, tandis que quatre personnages féminins portent occasionnellement un pantalon. Juana, dans *Juana mon aimée*, revêt cette tenue vestimentaire quand elle fait des promenades à cheval dans les plaines de la Saskatchewan; Ernestine Valade, dans, *À la hache*, s'adonne en cette tenue à des activités de chasse et de pêche; Régine Groleau, dans *la Terre du huitième*, qui aime courir et s'amuser à descendre l'escalier à cheval sur la rampe et qui se plaît, en outre, à «s'écraser à terre comme une sauvagesse» se complaît dans cette tenue, de même que Nicole de Rencontre, dans *Sources*, qui est une sportive accoutumée, de par son statut social élevé de citadine, aux toilettes diversifiées. Or, dès qu'apparaît le sujet masculin susceptible de les épouser, ces sujettes subissent une transformaiton de leur apparence physique, elles rejettent le pantalon et endossent la robe. Juana, amoureuse du héros narrateur, se pare d'une jupe, de même que Ernestine Valade qui enfile à la hâte sa robe en crêpe de Chine rose quand son prétendant apparaît ou Régine qui troque son pantalon contre un peignoir de bain quand Jean Berloin surgit, sans compter la «très féminine» et distinguée Nicole de Rencontre qui ne se montre qu'en robe, le soir, en présence de son mari.

Ces personnages se livrent à des activités auxquelles aucun autre personnage féminin du roman du terroir ne s'adonne. Il s'agit, en fait, d'un type d'activités propres aux personnages masculins. Galoper à cheval à travers l'espace, s'enfoncer dans les forêts pour la chasse, conduire tracteurs et camions ou afficher une attitude décontractée et s'asseoir les jambes en l'air, ne peut être le fait que d'individus essentiellement dynamiques et non contraints dans leurs mouvements par une tenue vestimentaire contraignante. Plus qu'un signe distinctif, la tenue vestimentaire qui permet ou s'oppose à un type d'activités manifestant le dynamisme du sujet, semble avoir une fonction contraignante qui ressort dans nombre d'exemples dont le plus étonnant est celui de Marie Calumet qui, vêtue d'une crinoline, s'en va à un pique-nique au cours duquel elle fait une malencontreuse chute qui la renverse; incapable de se relever, prisonnière de sa cage d'acier, Marie Calumet, tel un gros insecte renversé sur le dos, gigote désespérément, les pattes en l'air, exhibant les parties les plus intimes de sa personne, dans l'attente de quelque secours.

Plus subtile est la contrainte exercée par les vêtements fragiles, les robes de soie, de velours, les dentelles ou bien les coloris très pâles qui imposent à la femme un mode de vie sédentaire à cause de la fragilité des tissus qui ne souffrent ni la vie au grand air, ni les brusques mouvements du corps, ni le contact avec les objets matériels susceptibles de les maculer.

La fonction première du vêtement est de protéger le corps humain contre les effets des variations de la température, du chaud ou du froid. Or, dans le roman, le vêtement féminin a pour rôle essentiel de dissimuler le corps féminin. Le vêtement qui remplit le plus adéquatement cette fonction est certainement celui des sujettes dotées du statut d'épouses du Christ et maintenues dans des espaces clos hors du monde. L'ensemble de l'habit religieux, voile y compris, en visant un maximum d'enfermement de la femme, joue le même rôle que le couvent qui l'invisibilise. Ainsi sont gommées toutes les différences physiques entre les individus et ne demeure qu'un potentiel énergétique.

Le vêtement couvrant entre, par conséquent, dans une relation d'opposition avec le vêtement non couvrant, car ici la féminité est occultée tandis que là elle est exhibée. Les personnages féminins qui s'affirment comme sujettes refusent à la fois l'espace clos et le vêtement carcan. Lucinda Moisan est, à cet égard, la sujette la plus représentative puisqu'elle s'oppose à son frère Oguinase qui veut l'entraîner, comme deux de ses sœurs, vers l'état de religieuse. Non seulement elle résiste mais elle s'habille de toilettes aux couleurs vives, de soie artificielle et va jusqu'à faire irruption chez elle vêtue «d'une robe neuve de taffetas vert sans manches, qui offrait la chair appétissante de ses bras nus» ce qui scandalise son frère, l'abbé Oguinase Moisan, qui s'offusque :

— Tu n'as pas honte, toi, sœur de prêtre, de te montrer ainsi quasiment nue, comme une bonne à rien; surtout devant moi!

— Si ça te fatigue, t'as qu'à pas me regarder! réplique Lucinda.

— Très bien! dit Oguinase. Je quitte cette maison où l'on ne respecte ni la décence, ni l'habit trois fois saint que je porte (*TA*, 168).

Ce qui génère l'affrontement, ce n'est pas la conduite de deux être humains se portant préjudice mutuellement à la suite d'actions particulières, mais deux robes, celle du prêtre et celle de la femme. Ce n'est pas le prêtre en tant qu'être humain que Moisan entend faire respecter mais sa robe, cet habit «trois fois saint qu'(il) porte». Le vêtement du prêtre est donc un ornement de classe qui emprisonne et fige l'individu, le contraignant à une conduite stéréotypée, à des discours stéréotypés, excluant toute conduite, tout discours non inclus dans son répertoire savant.

C'est par la tenue vestimentaire que se manifeste encore la volonté de cette autre sujette qu'est Lucette Neuville qui arbore un «costume élégant, corsage échancré, manches absentes» (*CC*, 85), alors qu'elle travaille en ville, au grand déplaisir de son fiancé. Porte-parole du fiancé et des dominants, sa sœur critique son mode de vie. «Toi fiche-moi la paix, je m'amuse comme bon me semble et s'il n'est pas content qu'il aille au balai» (*ibid.*, 88), riposte Lucette faisant allusion à son fiancé.

Que la fonction première du vêtement féminin soit contraignante ressort encore d'expressions telles que «mouler le corps», «emprisonner la taille», images qui manifestent une relation d'englobé à englobant ou plutôt d'incarcéré à incarcérant entre le corps et le vêtement. Marcelle Larisière (*TG*) avec sa «taille emprisonnée» dans un «magnifique chandail rouge» séduit Béland; la «taille délicate» de Louise Guérin est également «emprisonnée» (*CG*, 22) dans un tablier; le costume de Lucille Mercier (*M*) est si ajusté qu'il «moule» le «galbe élancé de son corps»; et encore Nicole de Rencontre (*S*) qui est «moulée» dans un «chandail vert pomme» comme Madame de Tilly d'ailleurs, elle aussi «moulée» dans une «robe de velours noir» (*RL*, 43); quant à Régine Groleau, c'est son genou qui est emprisonné et «serré pudiquement» par la «dentelle rouge» (*TH*, 49), ce qui n'exempte pas son corps d'être «moulé» par la «flanelle claire» (*ibid.*, 75) de sa robe.

La sujette non en relation d'attribution avec le sujet

De même que les déplacements des sujettes sont soumis à la volonté des sujets figurés par le père, le fils, le curé, le fiancé et autres sujets, leur tenue vestimentaire est, tout pareillement, régie par cette même volonté. L'affrontement que nous venons d'évoquer entre Lucinda et Oguinase Moisan qui rompt toutes relations avec sa famille à cause d'une robe est l'indice du rôle déterminant que joue le vêtement, dans le processus de mise en valeur ou d'occultation des individus, comme signe distinctif de classe ou de groupe social. La transformation des sujettes qui prennent l'habit de religieuse dans la famille Moisan sous la pression d'Oguinase, confirme ce sujet dans le pouvoir qu'il détient du fait de son rôle de prêtre. La tenue vestimentaire de religieuse qui invisibilise presque totalement la sujette est plus qu'un indice, elle est la démonstration spectaculaire du pouvoir religieux. En refusant ce carcan, en forçant les remparts de la robe traditionnelle vaincue sous la poussée des chairs vives de la sujette, Lucinda exhibe l'incapacité de son frère, le prêtre, à la vaincre, en même temps qu'elle manifeste son désir de sortir du groupe dominé auquel elle appartient par le rejet des signes extérieurs qui l'identifient à ce groupe. Lucette Neuville, qui obéit à un désir identique quand elle passe de l'espace des habitants à l'espace urbain, se heurte à l'opposition d'un fiancé inapte à contrer la poussée de la sujette qui, en se libérant, provoque l'effondrement du barrage vestimentaire traditionnel.

La sujette en relation d'attribution avec le sujet

Doté du pouvoir économique le sujet masculin joue un rôle déterminant dans la tenue vestimentaire des sujettes dans la mesure où il contrôle les acquisitions de vêtements. C'est le père de Jeanne Michaud (*LTA*) qui achète le manteau dont elle a besoin, Garon (*LTV*), lui, c'est un châle qu'il achète à sa femme et Didace Beauchemin (*M-D*), amoureux de Blanche Varieur, négocie avec le Juif le coupon de tissu qu'elle et Alphonsine convoitent en secret. Phydime Ouellet, dont la Dosithée est en âge de se marier, lui achète «de belles robes et de la lingerie en quantité à Rivière-du-Loup» (*BR*, 15), et n'était-ce point Monsieur Guérin lui-même qui veillait à l'élégance de sa femme dans *Charles Guérin*? Quant à Montépel, cela ne fait aucun doute pour lui que le trousseau est l'affaire des sujets masculins, lui qui jette à son fils dans un accès de colère et de mépris, «combien te faut-il pour acheter un trousseau digne de la demoiselle Jeanne Girard?» (*JF*, 128).

La fonction du vêtement varie en raison des intérêts de classe des sujets masculins. Les dominants du monde spirituel que Paul Legendre (dans *la Sexualité dans les institutions*, 1976, 55) identifie comme des «castrés» par rapport aux dominants du monde matériel «non-castrés», effacent, en apparence, la distinction physique des sexes par le port de la robe. La taille empêtrée dans des jupons empesés, la poitrine comprimée dans un corset de linges, la chevelure coupée dissimulée sous les voiles qui empanachent la tête, toute trace de féminité est ainsi abolie chez la sujette dont le harnachement de castrée a une double fonction, indicative et protectrice. Il désigne son statut d'objet sexuel sacré détourné de son usage «normal» par une classe, et soustrait la sujette aux désirs des sujets masculins en abolissant la féminité.

Ces deux fonctions jouent, quoique à un degré moindre, chez les veuves qui sont dissimulées dans les habits de deuil et refoulées dans les espaces clos. Madame Guérin, tout comme la veuve Pèlerin, ne sortait que pour aller à la messe et était toujours vêtue d'une robe noire. Veuve, la jeune Marie Dumont «prit le voile» et disparaît de la scène romanesque d'où elle n'émerge que cinq ans plus tard, à la faveur du retour d'un de ses amoureux de jeunesse. Le vêtement de deuil est l'indice d'une relation d'appropriation, toujours vivace, en dépit de la mort du sujet.

Par ailleurs, le personnage de la veuve, bien que faiblement représenté dans le roman, est néanmoins figuré par des personnages dotés de pouvoir économique, ce qui est cohérent puisque, affirme le roman, l'habitant qui travaille accumule des biens dont la gestion tombe aux mains de la sujette qui peut en hériter comme en témoignent les cas de Madame Guérin ou de Marie Dumont et celui plus typique encore mais hors série de Orpha (*V*). Forte de son pouvoir économique et bien qu'âgée, Orpha braque son désir sur un tout jeune homme qu'elle négocie avec ses parents. C'est là un effet du pouvoir économique lisible dans le roman à condition que soient inversés les termes du rapport, car habituellement le sujet âgé et riche qui convoite est toujours un homme, tandis que le sujet convoité, pauvre et jeune, est toujours une femme. La faillite d'Orpha, c'est-à-dire la perte de son pouvoir économique, suivie de sa dégradation physique puis de sa mort, vise à renforcer les structures mentales idéologiques des lecteurs qui reçoivent ainsi la confirmation des effets négatifs d'une relation entre une sujette âgée riche et un sujet jeune et pauvre qui est alors, en termes populaires, baptisé gigolo.

Les femmes mariées, maintenues dans les espaces clos, apparaissent, soit non marquées par la tenue vestimentaire, soit vêtues de teintes sombres. La robe noire est l'uniforme privilégié des sujettes, qu'il s'agisse des habitantes de souche, comme

Marthe Rodier (*AR*), ou des citadines converties comme Madeleine Michaud. Si Mathilde Beauchemin (*PT*), l'épouse de Didace, était toujours en mantelet noir, Blanche Varieur, par contre, la seconde épouse de Didace, celle dont il espère un enfant, est mise en relief par des robes colorées, «robe de cotonnade mauve à fleurettes plus pâles» (*M-D*, 18) ou «robe d'indienne rose vif» (*ibid.*, 217).

La sujette en relation d'attribution virtuelle

Si la fonction du vêtement des épouses du Christ, des promises, des mariées ou des veuves, soit de toutes celles qui tombent sous le coup d'un contrat social, est de camoufler leur féminité afin de créer un effet dissuasif à l'adresse des sujets masculins, il en va tout autrement de la tenue vestimentaire des célibataires, laquelle contribue à leur mise en relief et dont l'effet attractif opère.

Les sujettes célibataires arborent toutes des vêtements de teintes claires, tons pastels de bleus, de roses et surtout le blanc qui domine. Le blanc crée un effet d'attendrissement au cœur de Jean Beaulieu qui s'émeut en regardant Marie Dumont (*CF*) dans sa robe blanche de communiante; Fabien éprouve le même effet quand, au loin, il aperçoit la «petite chose blanche», sa voisine Suzanne Germain (*M*). Le blanc suscite l'«admiration» de Phydime Ouellet dont le regard s'attarde avec complaisance sur la silhouette «en robe de toile blanche» de sa «délicieuse» Dosithée (*BR*, 32). Les bûcherons sont, eux aussi, bouleversés et attendris quand ils voient déboucher de la forêt Marcelle Larisière vêtue d'une «robe de corduroy blanc» et Sarah Alderson habillée d'un «magnifique uniforme blanc de raquetteuse» (*TG*, 142).

Le blanc a incontestablement une fonction de distinction en même temps qu'une fonction de préservation de la sujette. L'exhibition de la première fonction, dans la représentation de la fascination qu'exerce le blanc sur les sujets masculins, et l'occultation[1] de la seconde, marquée par ces robes blanches toujours blanches et

---

1.   Certains textes exhibent cette fonction de préservation qu'exercent les teintes claires, à l'exemple de celui de Robert Crichton dont l'extrait suivant est explicite : «Lorsqu'il se réveilla, Maggie examina sa jupe froissée. — C'est du joli! dit-elle. Impossible maintenant de redescendre avant la nuit. À mon âge tu as fait de moi une robe-verte. Elle lui expliqua que c'était ainsi qu'on appelle les filles qui reviennent de la lande avec une expression d'innocence sur le visage et une tache verte sur les fesses.» *les Cameron*, condensé du livre Sélection, Paris, R. Laffont, 1972, p. 314 (traduit de l'américain par Y. Malartic).

empesées, jamais tachées ou froissées, dit assez bien quel rempart constitue le blanc qui se dresse entre le sujet et l'objet de son désir. Toute la mythologie qui entoure le blanc, symbole de pureté et de virginité, trouve son explication dans ce fait très matériel que le blanc est très salissant, qu'une robe blanche, amidonnée de surcroît, ne supporte ni l'étreinte trop prolongée ni le contact avec le sol, d'où l'efficacité de sa fonction préservatrice de la virginité.

Un certain nombre de sujets, attirés par l'espace urbain, sont séduits par la tenue vestimentaire des sujettes de cet espace. Les «vêtements» de la femme du cousin Alphée d'Amérique, qui ne sont pas des vêtements «de travail» troublent Ephrem Moisan (*TA*, 141). «Habillée sur la soie» (*LTV*, 75), Dorothy Lanting fascine Paul Garon qui oublie, au bout de quelques rencontres, sa «Louise chérie» qu'il fréquentait depuis cinq ans. «Ensorcelé» par l'élégance de Lucille Mercier, par le «chic parfait du costume, la sveltesse de la taille, le galbe de la jambe, les ongles coupés en pointe, si roses»... (*M*, 9), Fabien Picard est incapable de résister à cette apparition qui éclipse «la pauvre fille des champs» amoureuse de lui. Paul Duval, instituteur à Tadoussac, succombe, lui aussi, malgré la «douce fiancée des Bergeronnes» qui l'attend dans son village, au mystère qui se dégage de Blanche Davis faisant irruption dans son école coiffée d'un «grand chapeau à plumes» et qui «de sa main droite finement gantée, balançait une ombrelle de soie bleue» (*AT*, 41).

À l'exclusion de toute autre, c'est la fonction de distinction qui domine dans la tenue vestimentaire des sujettes de l'espace urbain vêtues de tissus soyeux et colorés et porteuses d'accessoires de toilette variés. Mademoiselle Saint-Ours, circulant de groupe en groupe, vêtue d'une «longue robe noire en forme de cloche sur laquelle s'éployaient de grosses boucles de velours rose», toilette surmontée «d'un corsage orné de dentelles délicates» et, parachevant le tout, «un diadème garni de perles» couronnant son front, éveille tant d'admiration sur son passage que son promis qui «ne la quitte pas des yeux» est «heureux des émotions qu'elle suscite (et) parfois jaloux des libertés que se permettent les plus audacieux» (*PO*, 39-41). L'objet n'a de prix que par la convoitise qu'il allume dans le regard des concurrents qui ne s'intéressent pas à Mademoiselle Saint-Ours, non mise en circulation pour être et faire, mais exclusivement pour paraître, véhicule des signes de la richesse de son père. Ce qui attise l'intérêt, ce ne sont que les atours de Mademoiselle Saint-Ours, signes d'un statut social élevé que les prétendants sont censés interpréter correctement en fonction de leur propre statut social avant de prétendre à la main de Mademoiselle Saint-Ours selon l'expression orthodoxe tombée en désuétude.

Blanche Davis, gantée, ornée d'un chapeau à plumes, séduit l'instituteur Paul Duval qui, n'obéissant qu'à son désir de sortir de la classe dominée à laquelle il appartient, sous-estime l'importance de ces signes qui dénotent une position de classe et constituent un barrage. Blanche Davis commet d'ailleurs la même erreur que Paul Duval. Comprise dans la classe bourgeoise, elle a l'illusion d'être dotée d'un pouvoir en raison des toilettes et autres accessoires dont elle est le support. Or, dès qu'elle se manifeste comme sujet, le dominant, figuré par son père, la confronte à sa double position de dominée par suite de son appartenance au sexe féminin, groupe social dominé dans toutes les classes.

La position spatiale et la tenue vestimentaire sont les coordonnées qui informent sur le statut social de la sujette. Sa situation en espaces ouverts, associée à une tenue vestimentaire plus attractive que répulsive (fonction des teintes pâles) est l'indice de sa disponibilité pour tout sujet, tandis que sa situation en espace clos, associée à une tenue vestimentaire essentiellement répulsive (fonction des vêtements couvrants et sombres) est l'indice de sa non-disponibilité en raison de l'acquisition qui en a été faite par un sujet. Ces coordonnées sont à ce point l'indice d'un statut de dominée que Léon Lambert se met à pleurer, gémissant qu'on le «prend pour une femmelette» (*F,* 58) quand le fermier Morel lui donne l'ordre de rester à la ferme afin d'aider Marguerite pendant que les autres hommes iront faucher les foins. Le cercle des bâtiments, c'est l'espace de la femme, c'est un espace dévalorisé, tout comme la robe qui est le symbole de la dominée pour le père Gagnon se glorifiant de ce que chez lui «c'est pas les jupons qui commandent» (*RO,* 56).

Chapitre 2

La performance de la sujette

Ce qui fonde l'émergence de la sujette dans le roman c'est la relation d'appropriation qui la lie au sujet, que cette relation soit virtuelle, actualisée ou réalisée. Sa mise en scène, dans des rôles actantiels ou thématiques, est conditionnée par l'attribution d'une compétence à la sujette qui, pour réaliser son programme narratif ou thématique, doit être dotée de pouvoir. C'est le pouvoir physique ou intellectuel qui donne accès aux richesses. Le roman dit parfois que c'est le hasard, mais rappelons que selon Greimas, tout objet de valeur trouvé implique sa perte antérieure par un sujet qui l'avait acquis.

2.1 *Un potentiel énergétique négatif*

Dans le roman du terroir, seul le pouvoir physique donne la richesse. On accumule des biens, non pas au moyen de l'échange par le commerce, ni par un travail intellectuel d'avocat ou de médecin, mais par une dépense énergétique spectaculaire. Le sujet fait irruption sur la scène romanesque dans un déploiement de son dynamisme, luttant contre les éléments de la nature, se colletant aux arbres des forêts dans un délire de jurons et de halètements, faiseur de terre assimilé à un gladiateur et figuré par un Légaré qui, abruti par l'effort, «soufflait une seconde, puis se ruait de nouveau à la bataille, raidissant les bras, tordant ses larges reins» (*MC*, 56).

La sujette, dans ce cadre, est représentée comme un être fragile, un être sans défense et menacé à l'exemple de Marie la fille de Menaud qui erre à la recherche d'Alexis dans la montagne, figure délicate et inconsistante de l'«oiselet» que «le vent bourru déniche». Elle était là, dit le récit, «derrière les aulnes, pâle, échevelée, pareille au spectre de la Malhurée dans les gorges de la Gamelle» et quand enfin surgit Alexis, «affaissée», elle n'a plus de force pour répondre, «tant de choses tourbillonnaient [...] les fatigues, les chagrins, la peur», n'émettant que «des mots incompréhensibles (qui) bouffaient à travers ses sanglots» (*MM-D*, 206-207).

Les sujettes que leur quête pousse ainsi à franchir l'espace, soit qu'elles recherchent un objet doté de valeur subjective comme c'est le cas de Marie qui est en quête d'Alexis, soit qu'elles accompagnent un sujet héros masculin en quête d'un objet doté de valeur objective (recherche d'un trésor) comme c'est le cas de Thérèse dans *le Rêve d'André*, sont susceptibles d'être dotées de pouvoirs variables. Notons que la quête déplacement est rare dans le roman du terroir où peu de sujettes courent après un sujet, ce qu'Angélina avait pourtant bien envie de faire dans *le Survenant*, et beaucoup plus rare encore est la quête déplacement qui entraîne la sujette sur la piste de la fortune. Impliquée dans la quête déplacement, Marie, la fille de Menaud qui est jeune et célibataire, est chargée de qualifications qui la découvrent inapte à se mouvoir dans l'espace ouvert, espace étranger par une sujette inscrite en permanence dans le cercle de l'habitation. Elle entreprend l'épreuve qui doit la conduire à l'objet de sa quête, non pas en utilisant rationnellement son potentiel énergétique et en dominant la situation, mais au hasard, ballottée, apeurée, boule de plumes au vent. Loin d'être transfigurée par la réussite quand elle atteint l'objet de sa quête, ce qui est une pratique régulière quand un sujet masculin atteint son objectif, le récit la représente semblable à un «spectre» pâle, échevelée, bégayante et pleurnicharde. La sujette est donc bien dotée d'un pouvoir, mais il s'agit d'un pouvoir négatif qui la manifeste dans un état de dépossession de ses moyens physiques, intellectuels et affectifs puisqu'elle perd toute force, toute raison, tout sang-froid de sorte que le déplacement quête se lit comme hors de la compétence de la sujette. Cet effet de lecture est accru lors de la conjonction de la sujette et de l'objet de sa quête figuré par Alexis. En se conjoignant à Alexis, la sujette se trouve dotée de tout ce qui lui faisait défaut, force, raison et sang-froid. Alexis est la figure du protecteur, il la rassure, la console et la guide. La sujette qui n'a dès lors que faire de sa volonté puisque le sujet est là, n'a plus qu'à être.

La sujette âgée et mariée, qui entreprend un déplacement, est dotée tout pareillement d'un pouvoir négatif. La tante Adélaïde, partie à la recherche d'un vieil ermite retranché au cœur de la forêt, n'atteint son but qu'après une longue marche que le roman qualifie de «misérable» et la sujette est représentée sous les traits d'une «pauvre femme ployant sous la fatigue et l'épuisement», «la figure brisée» et «prête à défaillir» (*RA,* 14-15).

Les sujettes qui entreprennent un déplacement en vue de conquérir un objet doté de valeur objective se voient, comme Thérèse dans *le Rêve d'André,* accompagnées d'un sujet, le frère étant le sujet le plus probable. La sujette apparaît, là encore, «pâle et ravagée» par la fatigue; terrorisée par les bruits d'animaux dans la forêt, elle est «folle de peur» et dans maintes situations elle est représentée «affaiblie, exténuée», priant, pleurant, soumise à une déperdition de son potentiel physique — ce que traduit sa «pâleur» et son état «chétif» — et de son potentiel énergétique — ce que traduit sa figure «lasse et brisée». Il est intéressant de signaler que, dans ce cas précis, la sujette subit une dépossession maximale dans la mesure où elle est kidnappée. Le roman affirme ainsi que la sujette jeune, célibataire, dont le désir est polarisé par un objet autre que le sujet, s'expose, au cours de l'épreuve marquée par le déplacement quête, à être dépossédée de son être propre. Le petit Chaperon rouge guetté par le loup dans le grand bois est l'archétype qui sert de référence à la production de séquences narratives impliquant le déplacement de la sujette dans l'espace ouvert étranger.

Une troisième catégorie de sujettes est constituée de cas types dont le désir n'est pas polarisé par un objet précis. Le cœur de ces sujettes balance entre deux objets figurés par des amoureux. C'est à la faveur d'un déplacement qui les fait passer du lieu clos habituel à l'espace ouvert étranger que se manifeste leur incompétence, immédiatement compensée par la compétence d'un sujet qui devient l'élu, celui qui va polariser le désir de la sujette. Marguerite Morel (*F*), qui hésitait entre l'engagé de son père et Duval, fixe son choix sur l'engagé dès l'instant où il la sauve d'une noyade «certaine» après qu'elle eut fait une malencontreuse chute au cours d'une promenade. Blanche Davis, sauvée des eaux par Paul Duval agit de même et encore Marcelle Larisière qui n'hésite plus à donner son cœur à Béland après qu'il l'eut hissée hors du ravin dans lequel elle avait chuté. La chute traduit l'inaptitude des sujettes à prévoir ou contourner les obstacles qui surgissent dans un espace ouvert plein d'embûches. La chute réalise l'humiliation de la sujette qui crie, pleure ou manifeste de l'angoisse tandis que le sujet, transfiguré par le sauvetage qu'il vient d'opérer, bénéficie d'une élévation de son statut. Il n'est pas sans intérêt de remarquer que les sujettes, victimes de chutes, disposent de pouvoirs qui leur confèrent un fort degré d'autonomie. La chute, qui les met en position de reconnaissance face au sujet à qui elles doivent la vie, a pour effet de les neutraliser.

La quête sans déplacement

Nombre de sujettes désirent un objet dans leur espace, que cet objet soit figuré par un amoureux ou, si la sujette est mariée, qu'il soit figuré par un objet doté de valeur subjective, recherche d'un ailleurs ou de qualités en rapport avec le courage et la modestie. Le programme narratif des sujettes dont l'objet du désir ne nécessite point de déplacement hors de l'espace clos consiste à se faire désirer par le sujet visé et à lutter en même temps sur deux fronts, d'une part contre un deuxième sujet qui le désire mais qu'elles ne désirent point, et d'autre part contre un autre sujet, figuré par le père, qui les destine à ce deuxième sujet.

Au cœur de la lutte qu'elle engage pour se faire reconnaître par celui qu'elle aime, Jacqueline Duvert, dans *la Terre*, est gratifiée d'un ensemble de qualifications qui la révèlent «abattue», «écrasée comme une loque», «accablée», «sacrifiée», «dissimulée», «captivée», «ligotée», «égarée», «haletante», «défaillante», «horriblement pâle», «courbée», «écrasée», «prostrée», «impuissante», «désemparée». Au cours de l'affrontement avec Verneuil, le sujet qu'elle repousse, «elle s'abat en suffoquant et s'évanouit» tandis que dans son rapport avec son père, elle apparaît cherchant refuge sur ses «genoux» et au creux de son épaule où elle se «blottit». Dans ses rapports avec les trois sujets, la sujette est représentée dans un état d'humiliation spectaculaire. «Être écrasée comme une loque» ou «prostrée» ou «courbée», figure son abstraction du monde des sujets et «se blottir» contre l'épaule du dominant, la soumission de la sujette dépossédée de la verticalité fondant le statut de tout sujet. La dégradation du potentiel intellectuel de la sujette est, en outre, affirmée par le sujet dominant, le père, qui observe : «ta sensibilité t'égare ma pauvre Jacqueline». L'égarement de la sujette qui est synonyme de folie équivaut à un état dégradé qui s'oppose à un état antérieur affirmé comme un état de santé mentale parce qu'il permettait la réalisation d'un certain type de rapports entre le père et la fille, le père «s'en servant, en quelque sorte, comme d'un sujet d'expérimentation et s'il la consultait sur tout (c'était) moins pour obtenir son avis que pour l'amener à accepter et approuver son propre sentiment» (38).

Le rapport de dominée à dominant se lit dans le rapport inégal entre une sujette et le sujet en vertu duquel un des termes est soumis à l'autre, réduit à l'état d'objet et destiné à une utilisation spécifique en vue d'un profit. La «réflexion» de Jacqueline présente comme surface réfléchissante renvoie au père l'image qui le confirme dans son statut de dominant; tout pareillement, la prostration de Jacqueline suscite le désir du fiancé attiré par la sujette en voie de s'abolir. Telles sont les conditions qui déterminent, dans le roman du terroir, des rapports harmonieux ou euphoriques entre la sujette et les sujets.

Toutes les sujettes qui désirent un sujet et qui voient se dresser des obstacles sur leur parcours sont incompétentes car non dotées de pouvoir, à élaborer des stratégies offensives en vue de vaincre l'obstacle. Toutes manifestent leur désir et leur impuissance dans un gaspillage de leur potentiel énergétique qui se libère dans les crises de larmes, parfois les hurlements ou encore les crises de nerfs. Madeleine Riendeau est une «enfant-fâchée» (*FP*, 145) qui trépigne, hurle et pleure quand ses projets de mariage sont contrecarrés. Mérilda Bellefleur, «sous l'emprise d'une incontrôlable nervosité» pousse des «cris déchirants» et s'abîme dans les pleurs quand son fiancé se soustrait involontairement à son engagement. Et Mariette Lambert, avec «ses pauvres yeux rougis, tuméfiés, elle est effondrée dans le désespoir [...] abîmée dans sa peine» (*P*, 133), quand elle apprend que son Jacques va partir.

Les sujettes, mariées ou non, qui convoitent un objet autre que le sujet, figurent dans un état d'humiliation qui résulte de leur inaptitude à vaincre les obstacles. Élizabeth qui avait promis à son mari de toujours se montrer courageuse, dans toute situation, avant de partir en terre de colonisation, se révèle inapte à tenir cette promesse un soir que les «maringouins et les moustiques la harcelaient» (*R-M*, 89) plus intensément que de coutume. Les pleurs qui s'ensuivent traduisent son impuissance. À la mort de son fils elle réagit par une «extrême pâleur» et «un état de suffocation» qui s'interprètent comme des indices négatifs de faiblesse dans la mesure où le sujet, figuré par son mari qui «ne disait rien», est érigé en modèle de comportement courageux. Les sujettes non mariées manifestent leur manque de courage par des crises de nerfs, à l'exemple de Louise Rollin dans *la Prairie au soleil*, laquelle exprime ainsi son incapacité à supporter le silence et la solitude des plaines désertiques de la prairie.

Provisoirement disjointes du sujet, les sujettes mariées sont représentées dans un état de dégradation. Un soir de tempête, alors que son mari n'est pas encore rentré, Madame Giroir éprouve une angoisse telle qu'elle est incapable de s'alimenter et, tout en pleurs, les larmes coulant sur ses «joues pâles et amaigries», «pâle et défaite» n'y tenant plus, elle s'enferme dans sa chambre, «empoignée par l'inquiétude» (*EPG*, 31-53). La privation du sujet qui affecte la sujette entraîne une déperdition de matière que seul le sujet peut contrer par son retour. Marcelle Rivard *(T)* «si vite alarmée» retrouve son sourire et sèche ses larmes dès que son mari revient. Pareillement, Marie-Louise Boily, «cette pauvre femme (qui) avait toujours peur» (*PGC*, 53), semble ne tenir à la vie que par le fil ténu de sa relation d'épouse.

Le roman du terroir ne présente pas de cas de sujette qui se laisserait mourir en l'absence du sujet, néanmoins, l'évanouissement qui est une dépossession provisoire de la vie est une situation fréquemment exploitée. La chute est propice à l'entrée en scène du sujet qui déploie son savoir-faire et s'attribue ainsi l'objet de son désir qui est là, à ses pieds, gémissant, pleurant, en position humiliée. L'évanouissement est la phase extrême de l'humiliation de la sujette qui, réduite à être, perd son statut puisque le sujet dispose d'elle à son insu.

L'avoir comme pouvoir d'acquisition des objets

Engagée dans un processus de séduction, la sujette non dotée de compétence manifeste son inaptitude par une dépense énergétique apparemment inutile dans la mesure où le fait de pleurer, crier, prier, n'a d'autre effet que de la dégrader et de l'exhiber dans un état d'humiliation alors que la logique eût exigé, dans une relation entre des termes égaux, une mise en valeur de la sujette.

Par ailleurs, toute dépense énergétique du sujet investie dans une activité de travail et mise en scène, est compensée par une acquisition de biens qui lui donnent le pouvoir d'acquérir les objets situés dans l'axe de son désir. La sujette — exclue de la propriété foncière, rappelons-le — est néanmoins et tout comme le sujet, dotée d'un potentiel énergétique susceptible d'être rentabilisé et, par suite, converti en pouvoir. Or, l'utilisation du potentiel énergétique de la sujette en vue d'un profit n'est pas le fait de la sujette elle-même mais d'une volonté externe, figurée par un père ou un mari, qui va orienter la force de travail de sa fille ou de sa femme dans la direction choisie par lui et qui va l'exploiter selon ses besoins.

Quand le père de Beaumont qui est un retraité, découvre que la ferme donnée à son fils en héritage menace ruine par suite de la négligence de ce dernier qui s'absente pour s'enivrer, il fait irruption sur les lieux et reprend le commandement à l'époque des foins. Il requiert, en la circonstance, l'aide de sa belle-fille Marcelle, mais il ne le fait qu'avec réticence et en posant un regard de crainte sur les «frêles mains» de la «frêle jeune femme» qui le rassure : «oui, elle en aurait certainement la force lui avait-elle soutenu avec assurance et puis cela l'amuserait d'ailleurs...» (*T*, 149). Tout au cours de la journée ce n'est pas le travail de la femme qui est valorisé car en dépit de sa fragilité elle a chargé les voitures de foin et le travail est fait. Ce sur quoi s'attarde le récit, c'est sur la pitié éprouvée par le père de Beaumont vis-à-vis de cette femme soumise à une «écrasante corvée», vis-à-vis de cette femme qu'il incite à se reposer et à qui il manifeste son inquiétude : «pourvu que tu n'aies pas à en souffrir» (*ibid.,* 151) ne cesse-t-il de gémir.

Ce qui est mis en scène par le roman ce n'est donc pas la contribution de la sujette à la production mais sa propre dégradation en cours d'opération. De même, ce qui est mis en relief, ce n'est pas le bénéficiaire de la force de travail de la sujette, mais un dominant transfiguré par la prévenance dont il l'entoure, un dominant pétri de bonté, moins soucieux de l'aspect rentabilité que du bien-être des unités productives!

Tous les textes, impliquant une sujette mise en scène dans une activité de travail se déroulant dans l'espace ouvert, déportent l'attention du lecteur, non pas sur l'objet produit, mais sur les conditions de production qui manifestent une sujette inapte à fournir une dépense énergétique continue et inapte à rationaliser cette dépense. La mère Lacourse par exemple, travaille «d'un élan nerveux qui devait la laisser le soir exténuée» (*NB*, 60) et Élizabeth Maltais «se fit mourir dix ans trop tôt à faire, pour le plaisir de geindre, des choses qui étaient au-dessus de ses forces» (*R-M*, 73). Les sujettes sont représentées incompétentes à planifier leurs activités et à doser leur effort. L'émergence d'une sujette, impliquée dans une activité de travail en milieu ouvert est d'ailleurs donné par le récit du terroir comme un fait exceptionnel. Adèle Rioux, qui remplace aux champs son frère en quête d'aventures, «elle qui, autrefois, ne vaquait qu'au ménage et aux légers travaux, accomplissait à présent l'ouvrage des hommes. Il fallait à ses muscles de femme, pour exécuter une pareille tâche, l'aiguillon de son grand courage et de son immense dévouement» (*LTA*, 129-130). La sujette ne s'inscrit dans l'ordre de la production, et il n'est de prodution qu'en espace ouvert, qu'à titre de substit et occasionnellement. Adèle Rioux n'est là que «parce que l'espoir de la famille, le continuateur de la race préférait mener joyeuse vie» (*ibid.,* 124-130) à Québec. C'est aussi parce que le fils Ouellet est parti à Québec que Dame Ouellet «n'arrivait pas à joindre les bouts de son ouvrage» (*BR* 30), tout comme Élizabeth d'ailleurs qui doit se substituer au fils parti à Chicoutimi, à moins, comme c'est le cas du fils Salins, que mère et fille soient tenues de remplacer un fils enrôlé dans l'armée.

L'apport productif des sujettes est nié par suite d'un manque de compétence, non dotées qu'elles sont d'une force physique dont l'étalon serait «la» force masculine ce qui implique que tous les sujets, indistinctement, sont dotés d'une force égale. Les sujettes qui sont soumises de par la volonté d'un sujet externe à la production en espace ouvert, sont marquées par la dépossession, vidées de tout leur potentiel énergétique. Après sa journée de travail, Adèle Rioux «cachée dans les gerbes ne chantait pas, ne rêvait pas mais ne pensait qu'à se reposer» (*LTA,* 129-130). Épuisées, à bout de souffle, elles disent leur fatigue. «Je me sens très fatiguée [...] je tombe de sommeil» (*TD*, 168) avoue Marie-Anne Salins à sa mère. Elles portent les traces de cette fatigue, telle Madame Lacourse «vieillie avant l'âge, toute décharnée, bouche vidée de ses dents, peau parcheminée» (*NB*, 60) et toujours elles sont plus affectées par le vieillissement que les sujets, à l'exemple de Phémie Ouellet «plus vieillie que son mari» bien que plus jeune, avec ses cheveux tout blancs», «son visage, quelque peu couperosé, (et) plus ridé que celui de Phydime» (*BR*, 13).

La représentation de l'inaptitude des sujettes à assumer une tâche, par suite d'un manque de compétence lié à une faible dotation de potentiel énergétique, est une constante dans le roman du terroir. Mais l'excès de potentiel est tout aussi négatif car la sujette est alors inapte à contrôler ce flux énergétique, à rationaliser l'utilisation de ce potentiel, ainsi que l'indique l'extrait suivant représentant Élizabeth Maltais au travail.

> Alexis travaillait seul sur la terre [...] Non, pas seul : le plus souvent sa pauvre femme l'assistait, trop courageuse et trop geignarde. Au printemps [...] c'est elle qui touchait les chevaux au labour. Elle hersait même avec le Blond qui était commode. Elle fanait à la suite des faucheurs. Elle coupait à la petite faucille pendant la récolte des grains [...], elle tressait des liens. Elle aidait même son homme, le printemps, à réparer les haies de pieux de cèdre.
>
> En outre, il y avait «le ménage», le «métier à tisser» et plus «tard le soir, après une rude journée, la vaillante Élizabeth, peut-être pour le simple plaisir de changer d'ouvrage, s'asseyait sur le banc du métier et travaillait [...] jusqu'à la nuit faillie[...]
>
> Il y avait encore la traite des vaches, matin et soir, le «barattage du beurre», la «basse-cour», le «potager»... (R-M, 127 128).

Par l'utilisation d'adjectifs tels que «petite», «geignarde», «pauvre», par la position de subordination de la sujette qui aide, qui suit, qui assiste dans les travaux, par l'inscription de qualifications visant à réduire ou à simplifier l'action de la sujette qui utilise un cheval «commode», une faucille «petite» et qui a pour fonction de «toucher» les chevaux au labour, par l'énumération des tâches concentrées en un point du récit, par la non-nécessité déclarée de ces tâches, car faire «pour le simple plaisir de faire» assimile la tâche au loisir et crée un effet de dilettantisme, par une réticence marquée, lors de la mise en scène de la sujette, du récit qui affirme «Alexis travaillait seul» et qui se reprend «Non, pas seul» feignant ainsi de compter Élizabeth pour rien, par tous ces procédés se réalise la dévalorisation de la performance de la sujette.

Lorsque la tâche entreprise par la sujette rend probable l'acquisition d'un pouvoir économique qui génère l'autonomie, le roman du terroir représente cette sujette inapte à se livrer à une activité continue hors de l'espace clos où elle stagne en permanence, mais lorsque la tâche entreprise a pour but de réaliser l'union avec un sujet, le roman du terroir représente la sujette apte à mobiliser un potentiel énergétique qu'elle utilise alors contre elle-même, engagée qu'elle est dans un processus de dégradation d'elle-même qui la livre pieds et poings liés au sujet.

2.2 *Un potentiel intellectuel négatif*

Le sujet se différencie de la sujette par la force physique dont il est doté et cet aspect se révèle d'une importance fondamentale puisqu'il détermine l'acquisition de biens. Les sujets qui empruntent une autre voie que celle basée sur l'utilisation de leur potentiel énergétique pour acquérir des biens, à l'exemple de Yves de Beaumont (*T*) qui est chimiste ou Robert Lozé qui est avocat ou Michaud (*AR*) en passe de devenir architecte, ou Duval (*AT*) qui est instituteur ou encore Léandre Langelier (*BR*), Fabien Picard (*M*) ou Charles Guérin qui se destinent à des professions libérales, tous échouent et reviennent à la campagne, affirmant ainsi que la voie traditionnelle, tracée par le père, est la voie d'élection pour vivre à l'aise et heureux. Quant à ceux qui reviennent, enrichis, après être partis à l'aventure, tous ont travaillé durement pour acquérir leur richesse. Le déploiement de la force physique est donc mis en scène tandis qu'est occulté l'effort intellectuel nécessaire à l'acquisition d'un statut social élevé. Ceux qui ont réussi dans leur carrière, après de longues études, à l'exemple des médecins, que ce soit un François Barré, un Monsieur de Rencontre ou un Monsieur de la Gorgendière ou un industriel comme Lalonde, de même que les autres n'émergent, dans le roman du terroir, que dans la mesure où leur désir est polarisé par les valeurs de la campagne de sorte que leur richesse, leur statut social élevé, apparaissent illusoires et éphémères par rapport au bien foncier qu'ils convoitent.

Certaines sujettes voient, de même que certains sujets et à l'exclusion d'autres, leur potentiel intellectuel développé. Une analyse quantitative révèle que les sujettes, plus que les sujets, sont susceptibles d'être éduquées puisque trente-huit d'entre elles sont instruites contre vingt-neuf sujets. Inégalement dotées en matière de potentiel énergétique et inaptes par conséquent à se doter d'un statut autonome, les sujettes pourraient, à titre de comparaison, et c'est une hypothèse plausible, être dotées d'un savoir qui leur permettrait d'acquérir un pouvoir par suite du développement de leur potentiel intellectuel.

Or, parmi les trente-huit sujettes instruites nous ne relevons aucun cas de femme doctoresse, avocate ou prêtresse, aucune industrielle ou femme d'affaires, les seules carrières qui s'ouvrent aux femmes instruites sont celles d'institutrice ou de domestique. Quant au statut d'institutrice il ne semble pas correspondre à une élévation sociale puisque des sujettes comme Alphonsine Ladouceur ou Marcelle

Rivard quittent cet état pour devenir domestiques, c'est dire que ces deux situations, dont l'une n'exige aucune scolarité, sont permutables. Par ailleurs, toutes les sujettes qui ont acquis un diplôme d'institutrice quittent cet état pour se marier, parfois même à un colon fort démuni ainsi que le fait Anna Garon dans *la Terre se venge*. Cette fonction, qui ne confère aucun statut social, n'est donc pas destinée à rendre la sujette autonome.

Par ailleurs, le savoir acquis par les sujettes ne contribue pas à leur valorisation. Bien que la situation d'institutrice soit un des rares débouchés sur le marché du travail, aucune sujette assumant cette fonction n'est mise en scène, à part Mademoiselle Léveillé dans *la Scouine*, laquelle est dévalorisée dans son rôle, injuriée devant tous les élèves par la mère de la Scouine et vaincue par le curé. Par contre, l'unique cas de sujet instituteur est représenté dans son rôle et valorisé. Il s'agit de Paul Duval instituteur à Tadoussac. Tous les regards convergent vers le fils instruit. Sa mère est pleine d'admiration pour ce fils qui lit dans «les gros livres» et Jeanne Thérien, la fiancée, elle «qui n'avait pas hésité à donner «son serment» au «monsieur» qu'était devenu Paul, elle «avait la certitude d'avoir donné son cœur à un héros, à un être mystérieux» (*AT*, 21). La fonction d'instituteur entraîne la transfiguration du sujet, objet d'admiration de son entourage tandis que jamais une sujette n'est ainsi admirée et transfigurée du fait de l'exercice ou de l'accession à une fonction quelle qu'elle soit.

Par suite de l'absence de toute représentation d'une sujette assumant une fonction sur le marché du travail, une fonction qui la transfigurerait et la valoriserait, le roman du terroir se conforme à l'idéologie qui nie l'autonomie des femmes. L'occultation de l'aptitude de la sujette à accéder à l'autonomie sous l'effet de son potentiel énergétique ou intellectuel, se décèle au niveau linguistique des textes. Dosithée Ouellet, par exemple, après plusieurs années d'études ne détient pas un diplôme utile mais «un magnifique diplôme» (*BR*, 10), dit le récit. Et Régine Groleau, elle aussi a obtenu, après des années d'effort, un diplôme d'institutrice susceptible de la doter d'un pouvoir économique, ce à quoi s'oppose son père qui l'expédie au fond des bois dans un camp perdu où réside sa sœur mariée, de crainte qu'elle n'aille «risquer son corps et son âme» (*TH*, 40) en ville.

Le savoir acquis par la sujette vise moins à la doter d'une autonomie qu'à ancrer en elle le sentiment de sa dépendance vis-à-vis d'un sujet invisible car transcendant et figuré par Dieu et vis-à-vis de sujets matériels s'attribuant un pouvoir de représentation du sujet transcendant en utilisant leur pouvoir de domination économique, sujets figurés par le curé, le père, le frère ou le mari.

Marie Dumont forme le projet d'obtenir son diplôme de maîtresse d'école afin de pouvoir subvenir à ses besoins. Mais ce que montre le roman, au cours du processus d'acquisition du savoir au couvent, c'est en fait une dépossession de la sujette qui se voit soustraire tout esprit de décision, toute volonté. Dans l'atmosphère du couvent, elle subissait, dit le récit, sous l'influence des discours religieux, l'attraction de «forces mystérieuses» qui lui donnaient le sentiment que son destin était de rester là :

> Dieu vous appelle presque toutes à son saint Service, répétaient mère supérieure et curé; si vous n'entendez pas sa voix, c'est que vous méprisez sa grâce ou que votre âme n'est pas encore préparée. Priez, mes enfants; entendez le divin appel. C'est le désir de Dieu [...] que vous preniez place dans la légion de ses servantes, dans la pure lignée de ses Vierges [...] au-dessus [...] des laideurs du siècle corrupteur (*CF,* 51-52).

Sous l'influence du sujet externe, la sujette Marie Dumont se voit imposer un objet à son désir. Dieu doit polariser ce désir. Progressivement elle est dépossédée de sa volonté qui est dépréciée : «Si vous n'entendez [...] c'est que vous méprisez» affirme ce sujet. De retour chez ses parents, Marie Dumont éduquée figure l'image de la soumission, de sorte que lorsque ses parents veulent la marier au veuf Eusèbe Landry, obéissant alors à la formation reçue qui l'incline à s'effacer quand s'impose une volonté externe, elle se soumet en dépit du fait que c'est Jean Beaulieu qu'elle désire.

> ses parents disaient que cet homme (Eusèbe) lui donnerait le bonheur, elle serait imprudente de ne pas écouter l'avis paternel. Au couvent, on lui avait maintes fois parlé de l'obéissance due aux parents. Cela porterait malheur de les contrarier... (*ibid.,* 103).

Le roman du terroir donne une double représentation de l'éducation dont la face positive est l'éducation «vraie» qui s'oppose à l'éducation «fausse» figurée par des sujettes qui n'affichent pas la soumission d'une Marie Dumont. Rosette Sanschagrin, par exemple, qui désire épouser quelqu'un de plus relevé qu'un bûcheron, se comporte comme une sujette qui a un projet et qui met tout en œuvre pour le réaliser. Le récit impute à l'éducation, à la «fausse» éducation, ce comportement par lequel Rosette manifeste son désir d'autonomie. «Élevée dans le mépris de son entourage» (*B* et *R*, 132), dit le narrateur qui attribue des qualifications négatives à Rosette qu'il dépeint «bouffie d'orgueil, remplie de confiance en son mérite et sa beauté» masquant ainsi, par une attribution de qualifications superficielles visant à discréditer Rosette, les causes profondes et réelles qui ont favorisé la transformation de l'objet éduqué en sujette.

L'éducation «vraie» se donne pour tâche de déposséder la sujette de tout dynamisme, de toute volonté. Esther Brillant, qualifiée d'«innocente» et d'«ingénue aux réparties candides» (*OP*, 134) tant qu'elle donne dans le projet du curé qui tente de lui faire épouser son protégé Jean Pèlerin, perd ce type de qualifications positives dès qu'elle manifeste de l'intérêt pour un autre personnage dont les goûts artistiques correspondent aux siens. Le récit parle alors «d'éducation fausse», «d'éducation déclassée». La sujette qui manifeste un vouloir apparaît comme un produit raté dans le roman et les causes en sont directement attribuées au système d'éducation. Ainsi se trouve explicitement affirmée la toute puissance du savoir qu'il suffit de régler adéquatement pour gommer les différenciations naturelles entre les individus afin d'y substituer une différenciation d'ordre culturel de sorte que les sujets et sujettes soient inaptes à agir en fonction de leurs désirs auxquels se substituent ceux des sujets dominants.

Les effets contraignants du savoir qui opprime la volonté de la sujette se donnent également à lire au niveau du paraître. Marie Dumont porte, à sa sortie du couvent, l'empreinte de l'éducation reçue, tant par son «air candide» que par ses «manières réservées», fruits du couvent dont la «sévérité» avait «imprégné sur son visage quelques traits de ressemblance avec la physionomie modeste des religieuses» (*CF*, 56). Après trois années de couvent, tout le savoir de cette autre petite paysanne qu'est Marie Lebrun se donne à lire dans les «très belles et très savantes révérences» (*CG*, 70) qu'elle est capable d'accomplir quand se présente Charles Guérin, son invité. Et quand elle veut se venger de Charles qui la méprise, elle ne sait qu'enfreindre le code de la bonne tenue, acquis au couvent, lequel réglemente la tenue vestimentaire et codifie l'ensemble des gestes, attitudes et comportements de la femme. Ainsi Marie

Lebrun marque-t-elle son mépris en se tenant assise les jambes écartées, «attitude dépourvue de toute grâce et de toute coquetterie» (*ibid.,* 92) et maintenue au «prix d'efforts» en face du jeune homme. La fonction réductrice du savoir diffusé à la sujette est mise en évidence dans ce roman où Marie Lebrun est si «bien éduquée» que Charles Guérin ne la remarque pas; Marie Lebrun est si «bien éduquée» que, tel un automate, elle se fond parmi les objets du décor. Pour atteindre Charles Guérin, il lui faut émerger du monde des objets dans lequel la maintient son éducation, nier un savoir stéréotypé dont le code des «bonnes manières» constitue l'essentiel de son acquis. En adoptant une attitude inscrite au pôle négatif sur l'axe des comportements, elle se projette dans le monde des êtres vivants où elle acquiert le statut de sujette. Par ce geste, elle nie son éducation qui se révèle une entrave pour toute sujette ayant un projet en vue et dont la réalisation implique la subversion.

Dosithée Ouellet est un autre exemple fort éclairant sous cet aspect du rôle contraignant que joue l'éducation à l'égard des sujettes. Persuadée que Léandre Langelier qu'elle aime cesse de la désirer parce qu'il la croit engagée à Zéphirin, elle s'évanouit d'abord, perd ensuite l'appétit ainsi que «l'admirable incarnat de son teint» (*BR*, 62) et finalement s'anémie. Il est hors de question, pour cet admirable produit du couvent, de rétablir les faits, car «on lui avait appris, au couvent, qu'en aucune circonstance une jeune fille bien élevée ne peut ni ne doit faire des avances à un jeune homme» (*ibid.,* 66). Paralysée par le code, Dosithée n'a d'autre choix que de recourir à l'autodestruction pour manifester son désir, espérant ainsi alerter le dominant, figuré par son père auquel elle est soumise, lequel a le pouvoir d'arrêter le processus dans lequel elle est engagée en la donnant à celui qu'elle désire. In extremis, Dosithée s'affirme en niant le système d'éducation puisqu'elle ose faire porter une lettre à Léandre Langelier.

Un potentiel intellectuel en jachère

Bon nombre de sujettes sont dotées d'un potentiel intellectuel «qu'on laisse temporairement reposer en ne (leur) faisant pas porter de récolte» comme il est dit dans le Petit Robert à propos de la terre en jachère. Mais occasionnellement elles sont travaillées par des interventions ponctuelles du dominant figuré par le curé ou le père. Quand Bertha Neuville (*B* et *R*) s'abandonne au plaisir de côtoyer Sam, le riche Américain, c'est le curé qui intervient pour lui faire «comprendre» son erreur et la dissuader de persister à maintenir cette relation. C'est encore ce sujet qui prodigue son enseignement à Lucile Gagnon (*R*) à qui il «explique» que la campagne est un espace de vie privilégié et que la femme n'est faite que pour avoir des enfants. Son enseignement, qu'il diffuse sous forme de conseils, mobilise les sujettes, Rosette Dupont (*FV*), Marcelle Gagnon (*RO*) qui prennent l'initiative et sollicitent un sujet qu'elle vont épouser pour sauver une terre de la faillite; Marie Beaudry (*TV*), sous son influence, modifie ses projets; il pèse sur la destinée de toutes les sujettes en intervenant directement ou indirectement par le biais du père. Jamais le curé n'entre en rapport avec la fille pour un autre motif que le mariage, soit qu'il favorise ou s'oppose à une relation d'amour dans laquelle elle est impliquée à titre de sujette ou d'objet. La fille n'a donc d'existence, dans le roman du terroir, tant pour le curé que pour le père qui sont les facettes d'un unique pouvoir, que comme objet à marier.

Quand le père prend la décision de faire instruire sa fille, ce n'est pas dans le but de la doter d'une autonomie car ce sujet est doté d'un savoir qui le transforme en opposant de la sujette diplômée et prête à l'action. Le père sait et dit que la ville est mauvaise pour les filles. Le roman masque cette pratique contradictoire, qui s'exprime dans le faire du sujet désirant doter sa fille d'un pouvoir-faire par le biais d'un diplôme d'institutrice mais s'opposant au faire, c'est-à-dire à son enrôlement dans la carrière d'institutrice, par l'attribution d'une autre valeur au diplôme.

Le savoir dont est dotée la sujette est assimilable à un ornement, ce que dit très bien l'expression «être joliment instruite» recueillie au niveau linguistique. Sa fonction, parallèle à celle de la beauté ou de la tenue vestimentaire, a pour but de désigner l'objet féminin aux regards et d'en rehausser le prestige afin d'en accroître la valeur d'échange car ce n'est pas un hasard si l'ensemble des sujettes instruites polarisent le désir de plusieurs sujets et de sujets dont le statut social est parfois élevé. Dosithée (*BR*), par exemple, est désirée par Zéphirin, un habitant bien doté, un médecin et Léandre Langelier, ex-étudiant en droit, de retour à la terre et bien doté lui aussi. Marie Beaudry (*TV*) est désirée par un médecin et un habitant; Marie Dumont (*CF*) est désirée par Eusèbe Landry, veuf et riche, et aussi par un habitant; Marie Lebrun (*CG*) est désirée par Charles Guérin, fils d'une ancienne famille fortunée, Charles étant lui-même étudiant en droit et elle a, en outre, refusé bien des partis dit le récit; Marguerite Morel (*F*) qui a refusé tout pareillement bien des partis est courtisée par un Français Léon Lambert et par le fils d'un riche habitant Jacques Duval; Jacqueline Duvert (*T*) est désirée par un médecin, Verneuil, et par un riche habitant, Yves de Beaumont et Josephte Auray, dont «l'instruction dépassait celle de la plupart» (*N-S*, 45) des garçons, va demeurer célibataire malgré sa «cour d'amour» composée de «sept ou huit garçons plus ou moins épris d'elle» (*ibid.,* 39).

Dotée d'un pouvoir, la sujette dont le potentiel intellectuel est développé, n'est, en aucun cas, représentée dans une pratique qui attesterait ce pouvoir qui demeure virtuel dans tous les textes. En détournant l'apprentissage scolaire de sa vraie fonction qui est de communiquer aux individus des savoirs leur permettant d'accéder à l'autonomie, et en lui substituant une autre fonction qui se manifeste dans la valeur ornementale que l'éducation confère à la femme, le roman masque, tant l'inefficacité du système d'éducation qui réalise l'incompétence des sujettes, que l'incohérence des pouvoirs qui favorisent l'acquisition du savoir chez les sujettes mais s'opposent à l'exercice de ce savoir.

2.3 *Un statut social de dominée*

Le roman du terroir représente la sujette inapte à acquérir des biens par son travail physique ou intellectuel mais apte par son travail et ses capacités à procurer des biens à un tiers. Elle joue parfois un rôle déterminant sous cet aspect, à la manière d'Adèle Rioux qui est dynamique, dotée de connaissances en agronomie, douée en outre d'un potentiel suffisant pour suppléer l'absence du fils parti mener joyeuse vie à Québec, à telle enseigne qu'aux champs elle accomplit «l'ouvrage des hommes» (*LTA*, 129). À la mort de son père, son frère ne manifestant aucun désir d'assumer la direction de la ferme, elle retient un engagé à son service et avise son frère par un discours grandiloquent, que dorénavant elle sera «le» maître.

> La terre ne mourra pas, elle vivra grande et belle [...] puisque tu la renies, toi son maître légitime, c'est moi, faible femme, qui la ferai vivre [...] la terre vivra, et le père, et tous les vieux, seront contents, [...] c'est moi qui suis le maître de la terre; c'est moi qui suis le chef de la famille; c'est moi qui continue la lignée des ancêtres. Et sois-en certain : la lignée des aïeux ne s'éteindra qu'avec ma mort (*ibid.,* 164).

Et aussitôt elle organise le travail dans la ferme. Pourtant, ce n'est pas Adèle, que le récit a montrée capable et dynamique qui acquiert le statut de dominante en phase finale, mais son frère qui décide au dernier moment de reprendre la ferme de sorte que Adèle est évacuée de la scène romanesque où Hubert apparaît transfiguré par son retour et sa décision.

Cette éviction de la sujette accédant à la propriété, le roman la préparait de longue main. À aucun moment Adèle n'est valorisée quand elle travaille en compagnie de son père. Ce qui polarise l'intérêt du récit, c'est le père projeté au premier plan de la scène romanesque, sujet souffrant d'avoir été dépossédé de son fils, sujet inapte à apprécier la présence de sa fille sinon comme signe de l'absence du fils, «c'est bien dommage que ta sœur ne soit pas un homme et toi une femme» (*ibid.*, confesse-t-il à ce dernier. Adèle, qui perçoit comme «un reproche» les allusions du père, entre autres son regret exprimé qu'elle ne puisse lui survivre par le nom, est soumise à un processus de dégradation alors que ses réalisations qui sont l'effet de son courage et de son initiative commandaient la transfiguration de l'héroïne qui réussit l'épreuve.

Cette contradiction est inscrite au niveau linguistique, dans l'extrait du discours d'Adèle où celle-ci, en dépit de sa féminité, se sent contrainte de se percevoir comme un être de sexe masculin quand elle s'attribue le pouvoir et la propriété : «c'est moi qui suis «le» maître... qui suis «le» chef...», usage fautif, incohérent, lisible quand la femme se perçoit comme un être masculin mais illisible si les termes s'inversaient car jamais l'homme ne se perçoit au féminin. Par des entorses à la logique et à la grammaire le texte réussit, malaisément il est vrai, à justifier l'élimination de la sujette de la scène romanesque en phase finale, de sorte que la propriété qu'elle a fait prospérer par son travail tombe aux mains du sujet comme un cadeau du ciel.

Marie Dumont appartient elle aussi à ce type de femme capable d'assumer la direction de la ferme qui lui échoit à la mort de son mari Eusèbe Landry. Marie, durant cinq ans, assume cette direction, cinq ans que le récit évoque en six mots : «cinq ans de labeur sans joie» (*CF*, 175); cinq ans occultés, le récit ne s'intéressant de nouveau à elle qu'à l'occasion du retour d'un amoureux de jeunesse, Jean Beaulieu qui s'était exilé autrefois à cause de l'amour qu'il éprouvait pour elle et qui vient la saluer avant de repartir. Cette apparition suscite cette sorte de réflexions au statut ambigu, attribuables au narrateur ou à la sujette.

Pour conserver son bien, il faudra donc tôt ou tard qu'elle se remarie [...] Il fallait un homme pour mettre en valeur cette terre généreuse, et cet homme était là! (*ibid*., 192-195).

Dominante par l'avoir, Marie était susceptible d'entrer dans des rôles qui l'auraient valorisée ainsi que le roman procède à l'égard du sujet propriétaire de la terre, lequel apparaît transfiguré dans l'exercice de ses fonctions. Dominante par l'avoir, Marie était susceptible d'émerger dans les espaces ouverts, de manifester sa volonté et d'obtenir les objets de son désir tout comme un sujet. Le récit, pour contrer la difficulté, choisit donc de reléguer Marie dans l'ombre, pendant cinq ans, et de ne la faire émerger sur la scène qu'à la faveur de l'apparition du sujet qui la convoite de sorte qu'elle ne fait irruption que pour passer de l'état de dominante à dominée.

Blanche Varieur s'illustre, sans conteste, dans la catégorie des dominants, elle qui a été capitaine d'un bateau de pêche à la mort de son mari. Mais le récit se garde bien de la mettre en scène dans ce rôle; c'est sur le mode allusif et rétrospectivement qu'il fait référence à cette fonction qui ne contribue pas à la valoriser dans ses rapports avec autrui, bien au contraire, et l'atteste ce commentaire dépréciatif de Didace Beauchemin qui sert cette mise en garde à Alphonsine : «Elle aime ben à mener» (*M-D*, 239) lui dit-il à propos de Blanche. Blanche Varieur, dynamique, pleine d'ardeur au travail, apte à assumer un travail de direction, est néanmoins empêchée d'accéder à la propriété par le sujet dominant figuré par Didace Beauchemin lequel lui soustrait l'héritage à sa mort en léguant la terre à sa petite fille qui n'a pourtant pas contribué à l'expansion de la propriété par son travail puisque c'est une enfant. La contradiction naît de la relation, dite d'amour, qui lie Didace Beauchemin à Blanche Varieur qu'il a épousée, relation qui se manifeste dans le texte par la dépossession de l'objet aimé. Ce témoin gênant de l'inégalité des statuts entre sujets ne survit pas au dominant. Il est vivement dégradé par la vieillesse et la maladie et finalement évacué du roman par le biais de la mort.

S'ajoutant à cette liste, Josephte Auray, intelligente, instruite, courageuse avait un «caractère décidé» de sorte que tout laissait prévoir que «si son choix se fixait (sur un jeune homme), elle serait le chef incontesté du foyer» (*N-S*, 45). Mais Josephte fréquente Vincent Douaire, le seul sujet qui soit susceptible de la dominer. Vincent parti, elle demeure célibataire et par conséquent non dominante. Angélina Desmarais figure aussi parmi les dominantes virtuelles, compétente en affaires et bien dotée matériellement, «du bien clair» pense Gros-Gras qui a des fils à «établir». Mais Angélina, à la suite du départ du Survenant qu'elle aimait, va demeurer célibataire et cloîtrée. «Jamais, à partir d'aujourd'hui, je m'éloignerai de la maison» (*S*, 228), confie-t-elle à son amie. Attitude identique de Herminie de Lavernes (*CJ*) qui se réfugie dans un cloître et abandonne son héritage à la suite du décès de son fiancé. Le cas le plus intéressant, parmi les quelques sujettes virtuellement dominantes, est sans conteste celui d'Orpha dans *la Veuve*[1]. Orpha, comparable au veuf Eusèbe Landry dans *Un cœur fidèle*, est riche et, tout comme lui, son cœur s'enflamme pour un individu plus jeune qu'elle, Hormidas, le fils du voisin. Mais contrairement à Eusèbe qui n'a qu'à demander pour obtenir la jeune Marie Dumont, Orpha doit faire miroiter son avoir sous les yeux des parents et engager un long processus de conquête fondé sur la ruse pour obtenir Hormidas. Et si la mort d'Eusèbe Landry est un événement ponctuel qui ne donne pas lieu à une expansion du récit, celle d'Orpha est lentement déroulée. Progressivement nous assistons à la dégradation de la sujette; dégradation physique et morale à laquelle s'ajoute une perte de l'avoir. Ruinée par Hormidas, Orpha est lentement acheminée vers la mort qui est assimilée à un châtiment. Quelle que soit la culture sous-jacente, française ou canadienne-française, le roman est inapte à représenter une sujette dans les chausses d'un sujet.

Dans le roman du terroir la sujette ne figure donc en l'état de dominante que virtuellement et jamais n'est représentée la phase de réalisation, le processus étant toujours interrompu, soit par l'éviction de la sujette qui s'abstrait du monde en s'enfermant dans un lieu clos, soit par une éviction commandée par des forces externes et figurées par la maladie suivie de mort qui l'expulsent de la scène romanesque de manière plus définitive.

Devoir ne pas représenter la femme en position dominante, telle est la prescription qui pèse sur ce roman qui ne se conforme qu'au prix de maintes contorsions qui attestent la difficulté de l'épreuve. Ainsi, dans *l'Œil du phare*, le curé convoite pour Jean Pèlerin dont il a assumé l'éducation à la suite du décès du père, un riche parti en la personne d'Esther Brillant. Ce sujet engage un long

---

1.   Par suite des origines françaises de l'auteur, nous classons cet ouvrage en marge du terroir canadien-français. Orpha, le personnage féminin mis en scène dans ce roman, s'oppose à tous les personnages féminins du roman du terroir canadien-français tant par les vêtements qu'elle porte, que par sa position dans l'espace ouvert, que par le type d'actions dont elle a l'initiative.

processus de séduction pour acquérir l'objet de son désir. Or, dans le système culturel environnant le texte, la richesse ne doit pas polariser le désir d'un sujet de l'univers transcendant de sorte que le curé échoue. Mais le sujet transcendant ne doit pas figurer dans une position humiliée par suite de l'élévation qui lui est conférée par le savoir transcendant dont il est doté, lequel ne saurait, en aucun cas, être faux. L'échec du curé met donc ce sujet dans une position d'humiliation. Par un tour de passe-passe le roman rétablit l'équilibre. Le dominant qui détient le discours l'impose aux dominés, que ce soit sous forme d'ordres ou de conseils; il interprète les événements et seule sa version, que les dominés n'ont pas le pouvoir de récuser, circule. «Ne demande jamais une épouse à qui tu devrais tout l'appoint matériel de ton établissement» recommande le curé à Jean, créant ainsi l'illusion que Jean a agi à titre de sujet dans cette quête alors qu'en fait, il n'a été qu'un objet entre les mains du curé. Dans un deuxième temps, prenant appui cette fois sur Esther Brillant qu'il écrase, il continue, «c'est une erreur [...] d'abandonner à la femme l'esprit dominant dans la communauté conjugale. La dame au piano signant tes chèques aurait réparti sur toute ta vie l'humiliation» (*OP*, 146-147). «La dame au piano signant tes chèques», représente surtout la sujette ayant vaincu le curé en déjouant ses plans. Ce n'est qu'en dégradant cette sujette dont le caractère dominant est affirmé négatif, qu'il restaure son image, celle du dominant doté d'un savoir irréfutable.

Il n'est point, dans ce genre romanesque, de rôle de dominante très élaboré, sauf peut-être dans *la Campagne canadienne* où la sujette n'est pas une Canadienne française mais une Américaine dotée d'une fortune personnelle et mariée à un médecin canadien-français, François Barré qui voudrait revenir et s'implanter dans son pays après des années d'exil passées aux États-Unis. Sa femme, Fanny, s'y oppose car elle veut rester dans son pays. «Ta femme? Ton fils? [...] Quels droits ont-ils de renoncer à leurs ancêtres?» (121) s'offusque le frère de François qui est prêtre. Or, pour Fanny, il n'est d'ancêtres qu'aux États-Unis ce qu'elle démontre en écourtant son séjour dans la famille Barré et en prenant l'initiative de repartir avec son fils mais sans son mari. C'est là un cas unique de femme mariée et dotée d'une autonomie réelle. «C'est une Américaine, elle parle anglais, et ceux qui parlent anglais veulent toujours nous mener» (217) conclut le père Barré. Fanny est la seule femme mariée dotée d'un potentiel de domination et l'exerçant. Évacuée de la scène romanesque en séquence finale puisqu'elle retourne aux États-Unis, elle n'en conserve pas moins son potentiel. Par son pouvoir économique et linguistique, elle symbolise la domination étrangère et la représentation d'une relation d'amour entre un sujet et une sujette dans laquelle le sujet est marqué par l'humiliation, est destinée à créer chez le lecteur un effet de répulsion vis-à-vis de l'étranger. Pour aviver cet effet, la représentation de l'état d'humiliation du sujet doit s'inscrire dans la permanence. Au lieu d'éprouver la satisfaction de dominer, privilège dont il aurait bénéficié comme le veut la coutume canadienne-française s'il avait épousé la «bonne» mais pauvre Octavie Lachapelle qui l'attendait», François Barré, pour avoir voulu épouser une femme riche et étrangère, connaîtra les tourments du dominé toute sa vie.

2.4 *La sujette, une valeur sociale*

Le sujet s'inscrit dans la continuité. Il a des ancêtres, une lignée; il est, par le biais de la propriété qui lui sert de relais, un continuum dans l'histoire, le père se prolongeant dans le fils issu lui-même d'un grand-père qui se mirera dans son petit-fils, histoire créée miroir de l'homme. La sujette qui n'a ni ancêtre, ni lignée, émerge dans l'histoire en une suite fractionnée d'états. Dé-nommée, re-nommée, mère coupée de sa fille elle-même en rupture d'identité avec sa grand-mère que plus rien ne relie à sa petite fille, la sujette s'inscrit dans la discontinuité. Dépossédée des biens matériels qui mettent le sceau à l'existence matérielle des sujets, désancrée de la réalité historique, dotée d'une existence floue, soumise au hasard, dépourvue de nécessité, telle est la sujette.

Un pouvoir fictif

Représentée dénuée de potentiel énergétique ou intellectuel conditionnant l'acquisition de biens matériels qui fondent le pouvoir des sujets, la sujette est, néanmoins, détentrice d'un pouvoir distinctif dans la mesure où seules les sujettes à l'exclusion des sujets en sont dotées selon le roman. Ce pouvoir suprasensible est figuré par le charme qui confère à la sujette un pouvoir immatériel lui permettant de s'inscrire dans l'univers des sujets et d'y jouer un rôle à multiples facettes, soit que ce pouvoir s'avère bénéfique au sujet et dans ce cas il est inscrit au pôle positif sur l'axe des valeurs sociales, la sujette étant classée parmi les natures féériques ou angéliques, soit que son pouvoir s'affirme contraire aux intérêts du sujet et dans ce cas c'est dans la catégorie des êtres maléfiques, sorcière ou démon, qu'elle est versée.

Bien que d'essence immatérielle, le pouvoir de la sujette, quand il s'exerce, neutralise le sujet qui est exhibé vaincu dans son dynamisme, ce qu'attestent les expressions : être ensorcelé, être pris sous le charme, être envoûté, être captivé, succomber, ne pouvoir résister, etc., relevées au niveau linguistique. Le sujet qui «tombe» sous le charme de la sujette est représenté dans un état d'humiliation. Fabien Picard (*M*), par exemple, est «ensorcelé» par Lucille Mercier qui a exercé son pouvoir de «fascination» sur lui, usant de son «charme terrible» et lui faisant perdre toute raison au point que délaissant son vieux père éploré, sa douce fiancée en larmes et son village consterné, il s'en est allé en ville. Usant de son fluide, alors que la situation semblait désespérée, Suzanne Germain, la fiancée, réussit pourtant à vaincre Lucille en envoûtant à son tour Fabien qui «subissait le charme» de sa présence, ce qui l'empêchera alors de repartir.

Les sujettes ont ainsi, par leur charme, le pouvoir de réduire le sujet. Robert Lozé, sous l'effet du «charme» de ce «bon génie» qu'est Adèle de Tilly, est «ébloui» et orienté dans une nouvelle voie. La volonté du sujet est parfois littéralement anéantie sous l'effet du charme de la sujette, lequel peut opérer sur le sujet pendant une période indéterminée, comme c'est le cas du héros narrateur dans *l'Erreur de Pierre Giroir*, lequel est ensorcelé par les yeux noirs «étincelants», «dominateurs» et «charmeurs» de Bella au point que jamais plus il ne pourra aimer une autre femme. Tous les sujets sont, à un degré plus ou moindre, aliénés du fait de l'exercice de ce pouvoir. Yves de Beaumont (*T*) est «pris au charme» de Jacqueline Duvert, tout comme Paul Garon qui ne peut résister «au charme prenant» de Louise Boudreau, pas plus que David Béland (*TG*), conquis par Marcelle Larisière qui lui fait les «yeux doux» et le tient sous son «regard charmeur», tactique dont usent également Sarah Alderson qui séduit Paul Allaire par ses «sourires charmeurs» ou Madeleine Riendeau (*FP*) dont «l'éclat du regard» fascine le fils Robertson en «adoration».

Dans une société de type agraire, fondée sur la propriété foncière et constituée de propriétaires et de non propriétaires, les propriétaires étant des individus de sexe mâle qui se transmettent entre eux la propriété de père en fils, dans ce type de société où le sujet est un alliage de terre et de chair, la sujette, à cause du pouvoir de séduction dont elle est dotée, apparaît comme un objet virtuel de désordre dans le système patriarcal capitaliste car si les contes, qui sont du domaine de la fiction, ont représenté des rois sortant de leur classe et épousant des bergères, dans l'Histoire les rois ne se sont jamais unis qu'à des territoires sur lesquels se trouvait une femme. La sujette du roman, à l'image de la bergère, victime qu'elle est du détournement de son potentiel énergétique dont tire profit un autre sujet qu'elle, est représentée dans un état de dénuement sur le plan économique. Mais grâce à son charme elle est apte à se conjoindre à un sujet détenteur de biens matériels ou virtuellement doté quand il s'agit du fils héritier d'un propriétaire. Le sujet détenteur de biens, figuré en règle générale par le père, est systématiquement l'opposant de toute relation qui implique un sujet et une sujette se désirant mutuellement quand cette relation est un effet du charme de la sujette, car ce qui importe, pour le propriétaire, ce n'est pas l'amour mais le patrimoine.

Les sujets dominants, comme les rois dans l'Histoire, ne visent que l'expansion de leur patrimoine ainsi qu'on peut le vérifier dans un texte tel que *Jeanne la fileuse* où le père Montépel, soucieux «d'assurer l'avenir de son fils», envisage d'acquérir le magasin général de la paroisse. Or, le propriétaire n'entend le vendre qu'à condition de caser sa fille par la même occasion. Sans consulter son fils, le père Montépel accepte le marché : le magasin avec la fille pour son fils. Ce qui prime dans une telle représentation du mariage, c'est essentiellement l'alliance de biens.

Ignorant cette transaction, le fils Montépel, de son côté, «succombe» au charme d'une faneuse, Jeanne Girard qui fait partie des travailleurs(ses) engagé(e)s par son père à l'époque des foins. Ce qui a captivé Pierre Montépel, c'est «l'attitude réservée» et la «physionomie pensive» de la jeune fille qui se tenait à l'écart des autres faneuses, ce que le(la) lecteur(trice) doit interpréter comme un signe distinctif de classe, Jeanne Girard affichant ainsi les signes d'un statut social plus élevé que celui de ses compagnes avec lesquelles elle ne devait pas se confondre pour être visible. Un soir qu'il raccompagne Jeanne Girard et son frère jusqu'au rivage du fleuve où est amarrée la barque des travailleurs, n'y tenant plus, Pierre Montépel déclare son amour. Jeanne, «la pauvre enfant, n'osait lever les yeux de peur de trahir le trouble qui l'agitait». C'est alors que le frère de Jeanne, se substituant à elle, intervient : «Pierre, s'exclame-t-il, vous aimez Jeanne. Vous aimeriez ma sœur, ma pauvre sœur Jeanne la faneuse, vous riche!...» Puis, passée son admiration pour tant de grandeur d'âme qui lui rappelle sans doute les contes de son enfance, il se tourne vers sa sœur et du ton d'un prédicateur autoritaire il s'enquiert : «dis-moi ma sœur, que tu comprends trop bien ton devoir d'honnête fille pour avoir osé porter les yeux sur le fils du maître?» Sous l'œil du sévère censeur «la jeune fille fondit en larmes». Elle «tremblait comme une feuille de peuplier. La pauvre enfant avait été surprise par cette scène inattendue [...] elle avait failli s'évanouir». Et quand son frère lui demande si elle est d'accord pour inviter Pierre à déjeuner pour le lendemain afin qu'il rencontre son père, «elle ne sut que balbutier des mots inintelligibles» (60).

Représenter les dominés en position dominée dans le roman, c'est faire tenir un discours du type de celui que tient Jean Girard qui, bien qu'il fasse partie de la classe des travailleurs et des pauvres, est soucieux de préserver l'ordre bourgeois qui divise la société en pauvres et riches. Le «devoir» du pauvre, selon ce porte-parole, est de ne pas «lever les yeux» sur la richesse. C'est aussi, sous le couvert de la relation d'amour filial qui unit le frère à la sœur, utiliser le frère pour refouler sa sœur dans son groupe social dominé. L'effet de lecture créé par cette scène se dilue dans les stéréotypes de cet acabit : un frère aime toujours sa sœur et par conséquent, s'il lui dit des choses qui la font pleurer c'est pour son bien, ce n'est pas pour mal faire et si elle pleure, c'est qu'elle a tort.

L'état d'humiliation qui marque la sujette se réalise selon un double processus. Objet d'amour, Jeanne est détentrice de valeurs subjectives qui polarisent le désir de Montépel. Or, ce sont ces valeurs que tente de masquer son frère qui réduit Jeanne à un objet doté de valeur essentiellement objective. Dans la perspective du fils Girard, l'avoir prime toutes les valeurs. Désirer un objet «pauvre», dépourvu de valeur, est représenté comme une attitude non conforme. Ce qui fonde l'être humain en valeur étant occulté, Jeanne apparaît dépréciée aux yeux de Montépel par suite du discours de son frère. Les pleurs, les tremblements et le quasi-évanouissement de Jeanne traduisent son inaptitude à s'imposer comme valeur, c'est-à-dire comme sujet féminin apte à affronter le sujet masculin qui la dépossède du discours, ne se substituant à elle que pour la dégrader et la représenter dans une position humiliée. L'état de sous-développement du potentiel intellectuel de la sujette permet donc au sujet qu'est son frère de la négocier avec le fils Montépel et, en outre, de bénéficier conjointement avec son père du potentiel énergétique de Jeanne qui travaille aux foins toute la journée et qui, en plus, «longtemps avant l'aurore», tandis que son frère et son père dorment encore, «était debout préparant l'humble déjeuner du vieillard et mettant un ordre parfait dans la chaumière» (47).

Le récit affirme explicitement que Pierre Montépel «succombe» au charme de Jeanne. Or le récit ne met pas en scène une sujette engagée dans un processus de conquête du fils Montépel, bien au contraire, elle est inhibée, yeux baissés, à l'écart des groupes et passive. Le récit n'éprouve nullement la nécessité de montrer une relation d'amour réciproque dans laquelle la sujette succomberait elle aussi. Pour le roman, il n'y a pas deux sujets mais un sujet et un objet féminin. Il lui suffit de présenter un sujet masculin dont le désir est polarisé par un objet féminin pour prétendre à la démonstration d'une relation d'amour réciproque.

Le charme de la sujette fonctionne donc comme un pouvoir fictif dans la mesure où il opère à son insu et n'a d'autre effet que de la rendre accessible à tout sujet qui la convoite. Néanmoins, et c'est à ce niveau que se manifeste la contradiction, le roman affirme que la sujette est dotée d'un pouvoir mais il est inapte à la représenter dans une situation qui manifesterait sa participation active en vue de séduire un objet. Jean Girard accuse sa sœur d'avoir usée de son pouvoir, d'avoir, lui dit-il, «osé lever les yeux sur le fils du maître», mais le roman ne montre rien de tel.

Le roman du terroir résorbe un conflit entre un sujet jeune, non propriétaire et un sujet vieux, propriétaire, affrontement virtuel entre le fils et le père. L'attribution d'un pouvoir fictif à la sujette contribue à détourner l'affrontement de son cours normal. La propriété doit passer de père en fils de sorte que la rupture consécutive au départ du fils ne doit jamais être irréparable au point de menacer la lignée. Mais, par ailleurs, toute infraction à l'ordre doit être punie. L'attribution toute provisoire d'un pouvoir fictif à la sujette crée l'illusion qu'elle a pu déposséder momentanément le sujet de sa volonté de sorte que c'est elle qui va porter la responsabilité du départ du héros. Le héros, à son retour, se voit donc transfiguré, il a enfin recouvré la raison, dit le roman qui châtie la sujette. Ainsi l'ordre social est sauf; à l'infraction répond une punition; ce n'est pas le bon sujet qui est puni, peu importe, le patrimoine survit.

Cette situation est illustrée dans de nombreux textes. Oscar Gagnon «tombé sous le charme» de Lucile «la dactylo» (*RO*) montréalaise, quitte la ferme familiale en dépit du chagrin de son père et de sa sœur, de son état d'héritier virtuel du patrimoine menacé dans sa survie par suite de sa défection et des pressions du curé. Or c'est Lucile, l'objet de son amour, qui sera punie par la maladie, la maternité, l'isolement au fond des bois, contrainte à subir tout ce qu'elle déteste. Dorothy Lanting (*AT*), quant à elle, mourra pour avoir, par son «charme», entraîné Paul Garon loin de la terre familiale. Lucille Mercier ne meurt pas car elle fait partie de la riche société montréalaise, mais elle voit son statut élevé se transformer en un statut d'humiliation quand Fabien rompt ses fiançailles annoncées dans les journaux afin de revenir dans les bras de la douce fiancée qui l'attendait. Blanche Davis connaît une humiliation semblable, contrainte qu'elle est par son père d'épouser un homme de sa classe qu'elle n'aime pas, après qu'elle eut tourné la tête de ce pauvre Paul Duval qui est accueilli comme un héros par sa douce fiancée des Bergeronnes qui l'attendait.

Une sujette fictive

Le roman donne donc de la femme la représentation d'un être doté d'un pouvoir figuré par le charme, lequel agit d'ailleurs à son insu, pouvoir qu'elle est inapte à contrôler et qui menace l'ordre social. La sujette est discréditée comme sujette virtuelle par l'attribution de qualifications visant à la représenter sous les traits d'un être infantile, irrationnel et instinctif.

Blanche Davis, dans *l'Appel de la terre*, est le prototype de la femme enfant avec son «charmant visage de poupée», son «babil» ainsi que les constantes désignations de «fillette» dont elle est l'objet. Ce à quoi s'ajoutent les commentaires dépréciatifs d'un narrateur qui la juge «étourdie» parce qu'elle oppose un projet de promenade à celui de son père qui proposait une excursion en montagne tandis qu'elle préfère la plaine. Le seul fait, pour la sujette, de ne pas s'incliner devant le choix du père attire la remarque du narrateur. Ce qui est représenté comme conduite infantile ou irrationnelle, ce n'est pas le contenu du discours émis par la sujette mais le fait d'oser présenter un projet de promenade destiné à concurrencer celui du sujet dominant. Le sujet dominant se distancie lui-même de la sujette en l'infantilisant dès qu'elle s'oppose à lui. «Voyons fillette», lui dit-il quand Blanche persiste à vouloir épouser Paul Duval, «réfléchis; ne vas pas nous couvrir de ridicule. Tu es riche; tu auras des millions, des terres, des villas, Paul Duval est pauvre...» (*ibid.*, 109). Et quand le ton condescendant se révèle inefficace à convaincre Blanche, il se découvre et montre le vrai visage du pouvoir répressif qui contraint d'abord par la séduction puis par la violence. «Allez-vous-en dans votre chambre, mademoiselle» (*ibid.*, 109) crie monsieur Davis fâché à sa fille dépossédée par le vouvoiement de «l'amour» du père et séquestrée dans les lieux clos, sa chambre jouant le rôle d'une cellule. La répression qui se manifeste dans ce cas par la privation de la liberté de circuler dans les espaces ouverts démontre bien que la présence de la sujette en l'espace ouvert est un effet de la volonté des dominants.

L'effet du charme de Blanche l'entraîne dans une relation d'amour qui s'oppose aux intérêts de son père, lequel ne vise que l'expansion de son capital par une alliance et c'est ce qui fonde son intervention. D'autres sujets dominants qui ne semblent pas, en apparence, être motivés par des intérêts matériels précis interviennent néanmoins et dans le même sens que Davis le citadin. Quand Bertha Neuville, qui est issue d'une famille d'habitants, se laisse charmer par Sam le riche Américain qui la distrait par ses chants et ses danses au cours d'une veillée alors que son fiancé est en train de faire la guerre en Europe — deux événements sans rapport mais dont l'idéologie a tissé puis stéréotypé le lien qui vise à tenir les femmes dans la dépendance des hommes en dépit de l'éloignement et du temps, — le père intervient, non pas dans un échange avec sa fille, mais par le biais d'un discours indirect stéréotypé qui vise à la contraindre. «Qui a trompé fille, trompera femme» profère-t-il, parlant comme un oracle alors qu'il joue aux cartes. L'effet est immédiat. Bertha quitte le lieu peuplé perçu comme un espace euphorique pour se réfugier dans l'espace clos de sa chambre où elle se dégrade dans la souffrance et les pleurs, «seule avec ses pensées qui se heurtent en un chaos immense dans sa pauvre tête en feu, torturée» (*B* et *R*, 90-91). Bertha qui est représentée comme un être irréfléchi et instinctif à travers cette image du narrateur qui la perçoit «attirée (par Sam) comme un papillon vers la lumière», est infantilisée dans le rapport qu'elle entretient avec le curé qui prend le relais du père quand il s'agit de convaincre les sujettes ou les sujets de se ranger du côté des intérêts des dominants. «Petite, as-tu bobo au cœur?» (*ibid.*, 92) lui demande-t-il en la voyant et alors, ainsi confirmé dans son rôle de détenteur du savoir, il lui explique les «conséquences de son manque de réflexion» (*ibid.*, 95-97). Le père et le curé compensent donc l'immaturité de la femme, l'un met en garde, l'autre explique, l'un est répressif, l'autre idéologique, deux fonctionnements d'un unique pouvoir.

Tous les sujets, qu'il s'agisse des pères, des frères, des fiancées, des maris ou des prêtres, tous sont solidaires dans le type de rapports qu'ils entretiennent avec la sujette qui est réduite et dégradée quand elle passe de l'état de célibataire à celui de mariée. Quand ce n'est pas un frère ou un curé qui répriment la sujette, c'est un fiancé qui est représenté dans une relation dite d'amour, mais fonctionnant à la répression ainsi qu'on peut le voir dans *Jean Rivard*. Jean Rivard, racontant à son ami Charmenil les circonstances qui ont entouré la demande en mariage qu'il fit à mademoiselle Routhier, brosse d'elle le portrait d'un être infantile et timoré, relatant qu'elle «devient rouge comme une cerise et balbutia que c'était (lui) qu'elle aimait le mieux». Plus tard, il révèle à son ami que «Louise continue toujours à être excessivement timide et farouche» mais que cela ne l'affecte pas; non seulement «il ne l'en aime pas moins», au contraire, il «la préfère comme cela» (30). Somme toute, Jean Rivard avoue sa préférence pour un être timoré, immature et que le terme «farouche» assimile à l'animal. Parce qu'un soir Louise Routhier avait semblé prendre du plaisir à danser avec un garçon du village, Jean Rivard avait quitté les lieux de la veillée séance tenante. C'est Louise Routhier qui tente de rétablir la communication. «Je ne suis encore qu'une petite fille» écrit-elle à Jean Rivard, lui renvoyant l'image infantile qu'il attend d'elle. La réconciliation est coûteuse pour Louise qui affirme la sagesse et la maturité de Rivard tandis qu'elle se dénie ces mêmes qualifications par cette sorte de réflexion : «j'espère que je deviendrai plus sage avec l'âge». Par ce type de remarque : «Vous avez dû me trouver bien étourdie», elle autorise Rivard à la juger et lui confère une supériorité qu'il s'était d'ailleurs déjà arrogée en se plaçant au-dessus de Louise qu'il ne désire pas égale à lui, mais qu'il veut inférieure. Par le biais de la contrainte morale, Louise Routhier est rapetissée, soumise à un processus réducteur visant à évacuer le sujet féminin, de sorte que le mariage ne soit pas bâti sur la communication entre deux être humains mais sur le rapport de force d'un dominant à une dominée.

Dans une organisation sociale qui donne la priorité aux valeurs objectives sur les valeurs subjectives, le dominant fonde la répression qu'il exerce sur la sujette, héritière virtuelle de ses richesses ou de son patrimoine, sur le désir qu'il a d'augmenter son pouvoir par l'alliance. Mais en l'absence d'intérêts économiques en jeu, la représentation des rapports entre sujets et sujettes devrait, en toute logique, puisque l'être seul est en jeu, approcher l'égalité. Or il n'en est rien. La dégradation et la répression de la sujette atteignent un sommet quand il s'agit des démunies.

Il n'est pas d'autre faire pour la femme dépossédée de son potentiel énergétique et intellectuel nécessaire à l'acquisition des biens que la conquête de l'homme. La femme n'a pas le choix du rapport intransitif avec le monde. C'est un rapport prescrit, l'homme étant le pourvoyeur, le rapport transitif est prohibé. C'est donc à l'intérieur de ces limites que la sujette tente de se manifester. La sujette ne peut émerger qu'en disposant librement de soi, en affirmant son être dans la relation sexuelle, ce qui s'exprime à travers le refus du contrat social. Les sujettes de cette série reçoivent donc une charge maximale de qualifications dévalorisantes. Repoussées au pôle négatif sur l'échelle des valeurs humaines, elles basculent dans le monde animal, dans le monde de l'instinct, monde chaotique et désordonné d'avant la civilisation chrétienne.

Étant donné que les relations hétérosexuelles impliquent la présence d'une femme et d'un homme qu'une culture affirme dynamiques sur tous les plans et sur le plan sexuel en particulier, il apparaît intéressant d'observer quelle représentation le roman donne de la relation sexuelle, notamment des comportements des sujettes et des sujets, de la position des uns par rapport aux autres et en outre de la forme que prend la représentation d'une sujette manifestant sa volonté de disposer de soi.

La représentation de la sujette disposant de soi est celle d'une image de la femme dégradée, ce qui ne se réalise que par l'utilisation de techniques romanesques simplistes. Dans *la Voix des sillons*, texte fort intéressant sous cet aspect, l'intrigue se déroule au Mexique car le roman du terroir ne saurait représenter aux lecteurs/trices canadiens-français une scène d'amour libre se déroulant en terre canadienne. Par ailleurs, le héros est un immigré canadien-français qui souffre d'ennui, n'aspirant qu'à revenir dans son pays; néanmoins il participe allègrement à la fiesta mexicaine et y rencontre Marietta qu'il séduit. C'est lui qui a l'initiative de tous les gestes, lui qui va chez elle, lui qui l'embrasse, lui qui l'emmène en promenade, lui qui la conduit dans une cabane, lui qui ouvre la porte mais c'est lui aussi qui tient le discours puisqu'il cumule les rôles de héros et de narrateur. C'est là un des artifices d'envergure de l'art romanesque car ce héros narrateur, qui est un des deux acteurs de la scène d'amour qu'il décrit, n'en rapporte qu'une réalité filtrée par lui, de sorte qu'il révèle les sensations de la sujette mais occulte les siennes. La sujette c'est l'animal qui jouit tandis que lui est le sujet raisonnable qui analyse l'acte. C'est un statut d'innocence que le récit confère à son héros qui s'engage dans cette affaire «sans savoir». Ce héros ne «comprend pas» pourquoi Marietta «frémit doucement» sous ses baisers, ni pourquoi elle le regarde avec des «yeux bouleversés» (*VS*, 58). Et son «incompréhension» grandit encore «quand, sur un lit grossier, dans les bras de son aimée, (ayant) offert à la volupté l'humiliant holocauste qui abaisse les hommes», il la voit «souriante d'une ironie satisfaite» (*ibid.*, 67) alors que lui n'éprouve qu'une tristesse indicible. Ce ne sont donc pas les désirs de la chair qui poussent le héros masculin vers Marietta, mais la quête du savoir qui aboutit à une insatisfaction d'ordre intellectuel, tandis que Marietta qui sait vers quoi elle s'engage, selon le narrateur, n'obéit qu'aux impulsions de sa chair et en retire de la jouissance. En occultant les réactions de l'être biologique qu'est l'homme et en révélant celles de la femme, le roman crée une opposition artificielle entres les êtres, laquelle fonde leur position antithétique sur l'axe des valeurs sociales que sous-tend l'opposition : nature *versus* culture, axe autour duquel se structure la civilisation. Marietta est donc évincée du roman par le biais de l'exil mais au préalable elle se dégrade elle-même en se définissant comme «perverse» dans un billet adressé au héros, accréditant ainsi la thèse du narrateur soucieux de l'avilir et de le dégrader. Le roman concentre donc l'intérêt sur cette entreprise de disqualification de la femme, entreprise dirigée par un narrateur doublé d'un héros qui a été l'initiateur, l'organisateur, le réalisateur de l'action prohibée. Le narrateur qui tient le discours innocente le héros caché dans son ombre au fur et à mesure qu'il institue la coupable, de sorte qu'en phase finale, la sujette, en dépit de sa passivité, fait figure de coupable tandis que le vrai coupable dont le dynamisme est à l'origine de la relation sexuelle est innocenté.

Une prescription pèse sur la sujette dans le roman du terroir : devoir s'opposer à la relation sexuelle libre, proscrite pour elle, mais permise pour le sujet. Lucette Neuville, par exemple, qui s'est éprise de Clément figuré sous les traits de l'étranger, car le roman conforme ne doit pas représenter un Canadien français séduisant une Canadienne française, est discréditée par ce sujet après que leurs relations, d'abord platoniques, se furent transformées en relations sexuelles. Lucette est rabaissée par des qualifications qui l'assimilent à l'animal. C'est, de l'avis de Clément, une «belle fille, fine comme une mouche, collante comme une guêpe». Il la compare, en outre, à un serpent, incapable de formuler des griefs précis à son endroit, condamnant toutes les femmes à travers elle au moyen de formules stéréotypées. «Quand une fille ou une femme en est rendue au point de se peinturer en deux ou trois couleurs, à se tortiller comme un serpent et à se montrer à demi nue, on en fait ce qu'on veut [...] Moi ou un autre, faut que ça vienne là» (*CC*, 105-106),' confie-t-il à un ami. Évoquant ses relations avec Lucette, Clément donne à entendre que son objectif n'était pas de vivre affectivement et charnellement une relation humaine, mais de dégrader Lucette. Clément est érigé en instrument de l'ordre social, investi qu'il est dans le rôle d'agent de la répression occupé à dépister les sujettes enfreignant les règles de l'ordre établi. Inapte à formuler les causes de sa rupture avec Lucette, Clément renvoie l'image d'un monde humain dans lequel la femme est une proie qui doit se garder perpétuellement contre les prédateurs mâles. Il n'y a pas d'échange dans la relation sexuelle qui est représentée comme un rapport de force entre un dominant et une dominée. La représentation de la femme dominée se lit dans la répression que subit la sujette qui n'est pas seulement condamnée par son amant mais également par la société. «J'ai eu peur un moment qu'on essaie de m'obliger à la marier, mais non!» avoue Clément qui énumère les châtiments dont a été victime Lucette. «Les Leterrier l'ont fichée à la porte : paraît que son père en a fait autant, enfin je l'ai perdue ou elle m'a perdu, ce qui revient au même; l'important est que j'en suis débarrassé et quitte pour la peur [...] Je m'en fiche, qu'elle se débrouille» (*ibid.*, 105-106).

La sujette qui entend disposer librement de soi est rejetée par la «société» qui lui coupe les vivres en l'expulsant de son marché du travail, qui la laisse sans abri en la rejetant de l'univers familial, d'où la «pensée du suicide» qui effleure Lucette qui est hors société et condamnée à mourir. Le processus de dénigrement de la femme qui a disposé librement de soi et par lequel des qualifications négatives lui sont attribuées, vise à représenter comme antisocial un être qui apparaît, en outre, menaçant pour la société. Lucette est traitée de «pestiférée morale», elle est «la corruption», «la contagion du vice» (113), elle est «la boue», «la honte», elle est une «fille perdue», une «fille tombée», une «fille tombée au ruisseau» (107), soit tout un ensemble de représentations portant en elles le principe de la mort. L'idée de la libre disposition de soi doit être affirmée comme négative par la sujette qui en a fait l'expérience pour que sa nocivité soit représentée. Avant d'être évacuée du roman par la maladie puis la mort, car il importe de montrer par la laideur physique une image dégradée de la sujette autonome, Lucette renie son comportement. Tout l'effort du roman porte donc sur la vraisemblance de la transformation d'une sujette en objet de persuasion idéologique, d'une sujette qui n'est mise en scène dans la relation sexuelle que pour nier par son dire ce qu'elle a affirmé par sa performance.

Le même scénario se reproduit dans toute cette catégorie de romans. Ainsi la citadine Madeleine Michaud, dans *Cet ailleurs qui respire,* n'attend pas le châtiment de la société après que son amant l'eut rejetée, elle se suicide, mais est sauvée, in extremis, par son mari qui lui réservait un autre châtiment moins expéditif, tant il importe que le châtiment de la sujette autonome s'inscrive dans la durée pour que l'effet de lecture soit dissuasif. Lucette a eu le temps de se voir mourir puisque ce n'est que progressivement qu'elle est devenue une «ruine physique et morale» (*CC*, 115) et pareillement, Madeleine est condamnée par son mari à être incarcérée en Abitibi dans un camp de colons. La dégradation, dans une première phase, atteint son point culminant; Madeleine devient chose parmi les choses, vivant dans la saleté, le désordre, la solitude, le mépris et la violence du mari, le mépris du voisin qui dit à sa femme en parlant d'elle : «cette femme est agaçante, elle n'est qu'instinct, elle a, sans le vouloir, des gestes de putain» (155). Tout ce processus répressif engagé contre la femme est représenté comme bénéfique et positif par le roman puisqu'il favorise l'éclosion d'un nouvel être qui va faire un retour sur son passé et nier la sujette volontaire qui le constituait antérieurement : «je suis une faible, je n'ai aucune volonté devant les entraînements de la chair» (139) déplore Madeleine qui va inhiber tous ses désirs, n'être plus qu'un corps anesthésié, aveugle, sourd, muet, ce qui lui vaudra alors les qualifications d'être «régénéré», de «créature d'élection» (235).

La sujette qui manifeste son autonomie dans les relations sexuelles libres, qui dispose donc de son être, seul objet matériel qu'elle ait l'illusion de posséder, subit une répression qui l'anéantit par la mort ou, pour le moins, qui la fait passer de l'état de sujette à l'état d'objet comme c'est le cas de Madeleine Michaud. Le sujet qui cumule les rôles contradictoires d'objet d'amour et d'agent de la répression n'est pas nécessairement doté d'un statut d'intégrité absolue. Contrairement à la sujette, il peut avoir eu des relations hétérosexuelles libres et même avoir commis des délits de droit commun, cas de Jean Berloin dans *la Terre du huitième.* Jean Berloin est un citadin qui a fait de la prison, fréquenté les clubs de nuit et connu les femmes, dit le récit qui énumère ces faits, succinctement, en deux lignes, procédé qui réduit la portée de l'événement et le banalise. Aucun récit du terroir ne banalise ainsi l'événement quand une sujette est impliquée; d'ailleurs nous ne relevons aucun cas de femme condamnée à la prison et quant au fait de «connaître des hommes», nous avons vu que cela donne lieu à une expansion discursive qui donne un relief inconsidéré à l'événement. Jean Berloin n'est donc pas dévalorisé ni dégradé par «ses expériences»; bien au contraire, il est transfiguré par un roman qui accrédite ce type de savoir acquis par le héros, puisqu'il est déterminant dans le choix du système de valeurs pour lequel opte Berloin.

Si Madeleine Michaud est perçue comme une «putain» par son voisin, c'est un regard différent que le bonhomme Dorval porte sur Berloin à qui il conseille de s'offrir, comme «remède», Régine Groleau, jeune fille vierge, innocente et pure. L'association impureté à pureté n'est concevable, dans le système décrit, qu'à la condition que le terme pureté recouvre la féminité et le terme impureté la masculinité, relation dont les termes ne sont jamais interchangeables ainsi que le prouve la violente riposte du fiancé de Lucette Neuville qui s'écrie après que Lucette ait eu des relations sexuelles avec Clément : «je ne veux pas des restes d'un chien».

Régine est dotée de qualifications qui la représentent dynamique, gaie, spontanée. Elle affirme son corps, se baignant nue, se mordant le bras dans un élan de joie. Elle va même, un soir qu'elle servait le dîner, jusqu'à «presser son sein contre l'épaule de Berloin» et, plus tard, au cours d'une promenade, alors que Berloin se fait entreprenant et commence à l'embrasser, elle y prend goût et participe aux ébats. Soudainement, ayant senti la «pression du genou de Régine», Berloin explose. «Il ne faut pas nous oublier ainsi, jamais, tu entends? s'écrie-t-il avec colère. Je ne veux pas briser le bonheur à venir sous la rage de mes instincts» et, fort de son expérience, fort de sa position de dominant, illustrant sa pensée d'un stéréotype, il évoque son pouvoir en ces termes : «j'aurais pu te prendre comme on cueille une fleur et comme (sic) on la laisse ensuite tomber», puis, l'assimilant aux «fillettes amoureuses», «naïves», «belles» mais «trop faibles» (TH, 86-87), il l'exhorte à se tenir éloignée de lui. Régine, «les yeux éperdus» et «confuse» ne sait que «balbutier», «opprimée» qu'elle est «pour la première fois par la pudeur». Opprimée par «la pudeur» dit le récit, masquant ainsi la cause réelle de l'oppression, laquelle se trouve matérialisée dans le rapport de domination que Berloin substitue au rapport d'amour, la pudeur comme réaction physique typiquement féminine n'étant qu'un effet de l'oppression dont les femmes sont victimes.

Le processus de dégradation de la femme se fonde sur une «pression du genou» de Régine, autrement dit sur le dynamisme de la femme au cours de l'étreinte amoureuse. La répression ne saurait être fondée sur le contact charnel que ce genou favorise puisque le sens moral de Berloin, quand c'est lui qui l'embrasse, n'est pas affecté; la cause fondamentale de cette répression c'est, de toute évidence, la participation de la femme; c'est l'initiative qu'elle prend au cours de la relation amoureuse; c'est son dynamisme qui la transforme en sujette réelle, représentation qui n'est pas conforme à l'idéologie qui prescrit la représentation de la relation d'amour sous la forme d'un rapport de force entre un dominant et une dominée, entre un procréateur et un germoir.

Si la rupture avec le sujet marque la dépossession de la sujette qui a manifesté sa volonté en s'adonnant à des relations sexuelles libres et qui s'en trouve punie, le renforcement du lien avec le sujet marqué par les fiançailles dans une relation dite d'amour est de nature aussi répressive sinon plus, puisqu'il dépossède la sujette de sa volonté, de son dynamisme, la réduisant à l'état d'objet qu'il séquestre en lieu sûr ainsi qu'on la vue dans le cas de Régine. Nous conviendrons, avec Serge Moscovici qui a décrit différentes sociétés primitives et civilisées, «qu'il est tout à fait exclu qu'une femme puisse s'associer librement à un homme en partenaire ou en égale : leur alliance est impossible» (*la Société contre nature*, 268).

La sujette sur l'axe des ressources

L'impossibilité de cette alliance, rendue prévisible au cours des phases descriptives précédentes qui manifestaient une sujette dépossédée de sa liberté de circuler dans l'espace, une sujette dépossédée du libre accès aux richesses du monde, devient irréversible dès l'instant où la femme est dépossédée de la libre disposition de soi. Évidée de son pouvoir puis de sa volonté, aliénée, dégradée, tout entière contenue dans son apparence d'être humain volontaire, la femme, expulsée du règne humain, rejoint le monde des objets inhumains tandis que le sujet, nourri de la substance même dont est dépossédée la sujette, enflé d'un pouvoir double, enflé d'un vouloir double, est lui-même dépossédé de la dimension humaine projeté qu'il est dans le monde des objets imaginaires, monde des dieux, monde surhumain. Il n'y a dès lors aucune alliance possible entre ces êtres déshumanisés, modelés par des pouvoirs qui les maintiennent divisés, plaçant l'un assez haut, l'autre assez bas, pour que jamais la communication ne puisse s'établir. Cet ordre social qui enferme la femme dans un système de prohibitions n'a d'autres fondements que ses origines primitives basées sur la prohibition de l'inceste qui «avait pour but, selon Serge Moscovici, de geler les femmes au sein de la famille afin que la répartition des femmes ou la compétition pour les femmes se fasse dans le groupe et sous le contrôle du groupe et non sous un régime privé» (263). La satisfaction des besoins sexuels des hommes exige des femmes de sorte que dans une société bâtie sur le rapport de force, ces derniers ne vont soutenir l'ordre social que dans la mesure où il réalise la satisfaction de leurs besoins physiologiques. Interdire aux hommes de satisfaire leurs besoins sexuels en puisant dans le groupe des femmes de leurs familles, visait avant tout à prévenir la formation d'une société au sein de la société. Toutefois, une interdiction de cette nature ne pouvait être respectée que dans la mesure où le groupe offrait, à l'extérieur du cercle de la famille, des conditions plus favorables à la satisfaction des besoins sexuels de l'homme. Ces conditions impliquaient que les femmes soient assimilées aux ressources, donc aux produits thésaurisables, d'où la nécessité de les déposséder de leur statut de sujet. «Si la prohibition de l'inceste marque le passage de la nature à la culture, elle est passage d'un état où le monde féminin et le monde masculin étaient équivalents à un état où ce dernier a la préséance sur le premier affectant d'un signe positif tout ce qu'il inclut et d'un signe négatif tout ce qu'il écarte» (*ibid., 268*).

Le discours social, quelle qu'en soit la nature, ne prolifère que pour solidifier ce noyau insécable qu'est l'ordre bourgeois patriarcal. Le discours social ne prolifère que pour masquer l'arbitraire de cet ordre, centre dur, opacifié dans la nébuleuse des discours juridiques, économiques, politiques, scientifiques, littéraires, religieux. Cet ordre se retrouve en filigrane dans toutes les œuvres du terroir marquées par les textes de la religion chrétienne. *La Terre du huitième*, par exemple, reconstitue la scène «d'Adam-et-Ève-heureux-au-Paradis-terrestre-jusqu'à-ce-qu'Ève-pèche». Les personnages, Régine et Berloin, sont situés dans un cadre où la végétation est florissante et luxuriante, plantes, arbres et fleurs y sont en abondance, la nourriture y est à profusion, l'air et les eaux sont purs et les personnages semblent oisifs et heureux. C'est l'image du Paradis terrestre. Régine est apparentée à la tentatrice; instinctivement portée vers lui dès que Berloin surgit dans cet univers, elle tente de le séduire. Berloin a le pouvoir de «cueillir» cette fleur de paradis, mais il s'abstient. Il est l'être social qui domine sa nature et c'est ce qui l'autorise à dominer la femme qu'il «éduque». Assimilé au Dieu en colère, il chasse Ève du Paradis après la faute. Régine se réfugie alors chez sa mère d'où elle ne sortira que pour épouser Berloin. Régine est condamnée par le mariage à une vie de travail puisque le roman ne la montre plus désormais oisive mais attelée à la production et à la reproduction.

La femme, valorisée par le récit, c'est celle qui ne tressaille pas, qui ne frémit pas quand l'homme l'embrasse, c'est le corps muet, objet inanimé, c'est la matière. C'est Armande Hamelin que Freddie, dans *Nuages sur les brûlés*, embrasse furtivement dans le cou et qui «le regarde en souriant»; c'est Jeanne Thérien «calme, pleine d'assurance et d'espoir» (*AT*, 25) en présence de Paul dont «elle est très amoureuse» dit le récit; c'est Ernestine Valade «une vierge n'ayant pas même un soupçon de désir dans sa belle chair» (*H*, 41), ce qui lui vaut d'être contemplée avec «vénération» par son fiancé. La femme qui embrasse un garçon ne le fait que pour récompenser un héros, jamais pour obéir à un désir amoureux et ce baiser a des qualités non charnelles, il est «léger», il n'a rien de lascif (*TC*, 151).

Le roman est avare de représentations de scènes d'amour. Le sujet prend parfois l'initiative d'embrasser la sujette mais ne récidive pas car le baiser équivaut, en règle générale, à l'appropriation de la femme, il a valeur contractuelle. Quand il met en scène deux participants il est inévitablement suivi de répression contre la sujette. Le baiser ne procure aucune jouissance à la sujette, il n'est pas créateur d'un état euphorique. Louise Boudreau se reproche «sa faiblesse» (*LTV*, 54) après avoir accepté d'être embrassée par son fiancé. La sujette qui résiste, celle qui mate ses désirs sexuels, qui se soustrait à l'étreinte et inhibe tout désir, celle-là est qualifiée de forte et supérieure. La sacralisation de la sujette, qui atteint un sommet quand elle se nie sexuellement pour la vie, se réduisant à un potentiel énergétique qu'elle offre à Dieu mais dont profite matériellement l'ordre qui l'accueille, n'a pour effet que de soustraire à tout jamais la sujette de l'univers des sujets et de l'aliéner en vue d'un usage spécifique.

La profanation de la sujette qui affirme sa sexualité — ce qui lui vaut d'être qualifiée de «faible» précisément quand elle est dynamique, «d'infantile» précisément quand elle est mature, «d'animal» précisément quand elle est humaine — atteint, là aussi, un sommet puisqu'elle est rejetée hors de la société dans la réserve des putains. La putain est soustraite à l'habitant qui ne peut plus l'acquérir une fois pour toute, son potentiel demeurant ainsi hors d'atteinte. La putain frustre les sujets d'un potentiel énergétique et reproductif et les dépossède en outre de valeurs matérielles en échange du bien sexuel qu'elle procure. Comme la religieuse, la putain est donc réservée à une classe qui en fait un usage spécifique. Le reste des sujettes se distribuent entre ces deux catégories extrêmes. Les vierges, mi-sacralisées, mi-profanées selon qu'elles manifestent une docilité à toute épreuve ou, au contraire, se montrent plus autonomes, sont exceptionnellement représentées comme un potentiel énergétique; ce qui polarise le désir du sujet en elles, c'est exclusivement l'objet sexuel en tant qu'objet non usagé ainsi que le démontre explicitement un texte comme *Trente Arpents* dans lequel il est dit que Euchariste Moisan n'eut sans doute «pas épousé» Alphonsine Branchaud qu'il avait envie «de prendre», si «elle avait voulu».

Le roman du terroir, dans la représentation qu'il donne de la relation d'amour, ne retient que ce désir de l'objet non usagé. La sujette n'est jamais un objet de préoccupation sur le plan affectif ou psychologique pour le sujet qui ne connaît qu'une angoisse, celle d'acquérir pour son usage personnel un objet d'usage public. Un Freddie Lacourse, dans *Nuages sur les brûlés*, révèle la nature de son angoisse quand sa fiancée le délaisse pour fréquenter un autre garçon pendant qu'il est en prison. La dépossession de Freddie n'est pas d'ordre affectif ou d'ordre intellectuel, seul le mâle est atteint, un mâle angoissé à l'idée que sa fiancée ait pu avoir des relations sexuelles avec un autre, ce qui la ferait basculer dans la classe des prostituées. Son angoisse est si forte que dans une vision, vierges et prostituées lui apparaissent confondues dans une seule et unique classe. Une seule femme «trônait (encore) dans son cœur, c'était la femme purifiée de ses malices, de ses tromperies, de ses appétits». «Cette femme idéalisée», c'était sa mère.

> En dehors d'elle (se demandait-il) y en avait-il seulement une à laquelle il aurait pu confier son cœur vierge et assoiffé des délices de la chair? Elles étaient toutes mues par l'intérêt ou par le secret désir de se donner au plus audacieux (160).

Évoquer sa mère c'est, pour un fils, évoquer non pas un être asexué mais un être castré car la prohibition de l'inceste sur laquelle est fondé l'ordre social n'admet aucune transgression quand il s'agit de l'union de la mère et du fils tandis que celle du père et de la fille, qui subit avec moins de rigueur les sanctions de la loi, est affirmée interdit à un degré moindre. Évoquer sa mère et la substituer à la fiancée, c'est appeler un durcissement de l'ordre, une répression encore plus marquée de l'instinct sexuel de la femme de sorte que cet instinct soit bloqué comme il l'est par la prohibition de l'inceste dans la relation mère-fils.

Une fois acquise, la vierge est sacralisée dans le rôle de la mère qui doit cesser de polariser le désir sexuel des sujets. Elle n'est dès lors exploitée que pour son potentiel énergétique et son potentiel reproductif. Acquise, la sujette est dépossédée de son statut, réduite à un objet. Inapte à briser la relation contractuelle qui la lie au sujet, inapte à contrer la dégradation physique et intellectuelle dont elle est l'objet, elle ne peut plus dès lors avoir d'histoire, ce que manifeste le roman qui l'occulte ou l'évacue.

Chapitre 3

La représentation
d'une sujette illusoire

Les qualifications qui sont attribuées à la femme n'ont pas pour but de lui reconnaître une compétence en vue de constituer un sujet ayant pouvoir et vouloir sur le monde puisque la sujette créée par le roman est inapte à conquérir les richesses du monde autrement que par la médiation du sujet qu'elle n'a d'ailleurs pas le pouvoir de s'attribuer, pas plus qu'elle n'a le pouvoir de s'attribuer elle-même, en tant qu'objet, à un sujet. Les qualifications qui lui sont attribuées sont positives ou négatives selon qu'en position de subordination vis-à-vis du sujet elle n'établisse qu'un rapport intransitif avec les êtres de l'univers, ou qu'en position d'insubordination elle tende à s'affirmer, s'attribuant dans un geste réflexif les objets de l'univers au lieu d'en faciliter l'acquisition à un destinataire externe.

Une première série de qualifications vise ce qu'on pourrait appeler le signifiant du personnage ou sa face externe; intégrées au personnage, statiques, constitutives de son essence, elles sont figurées par la beauté et la pureté. Une deuxième série, faisant référence à des qualités internes telles que bonté, générosité, dévouement ou croyance, qui sont connotées positivement dans le système culturel décrit par rapport à l'égoïsme, la vanité, l'orgueil ou l'ambition, dynamisent les personnages et sont reliées au signifié du personnage. L'ensemble de ces qualifications justifient l'existence du personnage féminin et lui donnent sa signification, les premières polarisant le désir du sujet et les secondes l'inscrivant dans le champ de la production comme objet rentable.

3.1 *La beauté, condition d'émergence de la femme dans le roman*

La beauté est d'une telle nécessité que c'est elle qui conditionne l'émergence du personnage féminin dans le roman du terroir. Irène de la Gorgendière, marquée par la vérole, apparaît «embellie» à Robert Lozé et Angélina Desmarais plutôt laide de nature, est «embellie par l'amour» qu'elle voue au Survenant. Peu importe que le personnage féminin soit marqué de qualités positives ou négatives, qu'il soit «impur ou pur», peu importe qu'il s'agisse d'une vierge ou d'une prostituée, seule la beauté conditionne l'apparition de la femme. D'amples configurations descriptives sont consacrées à la représentation de cette beauté qui ressort, en une multitude de variations stylistiques, de la personnalité rayonnante, ravissante, gracieuse, alerte, vive; de la distinction, d'un port de reine, de l'élégance, de la souplesse, de la sveltesse, de l'harmonie de la personne. Généralités auxquelles s'opposent parfois des notations plus concrètes et précises dessinant le caractère anthropomorphe de l'objet dont la «taille est élancée» ou la «jambe galbée» à moins qu'il ne s'agisse des cheveux, des dents, du teint, des yeux, du nez qui sont qualifiés de manière assez simpliste à l'exemple de la main ou du pied qui sont inévitablement «petits». Les extrémités de la personne, tout particulièrement la tête et plus précisément encore le visage, donnent lieu à un déploiement de configurations discursives qui ont la particularité de parler de tout, sauf de la femme qui est le prétendu objet de la description. Par le biais des métaphores ou comparaisons s'y entassent mille objets faisant référence au monde animal, végétal, minéral ou encore à celui d'un monde imaginaire peuplé d'objets immatériels, mais de l'être humain sexué il n'en est point question. Ce type de discours n'est compréhensible que parce qu'il est stéréotypé. Qu'il veuille se démarquer des stéréotypes traditionnels en innovant, qualitativement, et il devient illisible en même temps qu'il s'exhibe comme produit d'une culture importée. Un remarquable échantillon de ce discours amphigourique, censé représenter la beauté de la femme désincarnée, extrait de *la Voix des sillons*, nous situe au moment où Marietta apparaît au héros.

Alors m'est apparu le plus beau joyau d'amour [...] des souliers mignons faits d'écaille [...] cachaient comme un tabernacle jaloux des jambes succombantes, infiniment plus divines que celles d'Aphrodite et qui soutenaient des hanches de grâces à Vénus pareilles et des contours endormants servaient de verrous à ce cénacle, à cette montagne de béatitudes que nul encore n'avait, je crois, ouverte ou escaladée (50).

Dans les romans du terroir d'essence moins *romantique* (nous soulignons), la beauté est signifiée par des expressions linguistiques comportant les sèmes de légèreté, luminosité, fraîcheur, saveur, pureté, santé, petitesse. Le portrait esthétique de Jeanne Morin, par exemple, peut être qualifié de modèle. Jeanne est une «délicieuse fille», son «bon caractère, son humeur joyeuse et sa vaillance l'avaient fait connaître» et lui avaient attiré de nombreux prétendants. Or, cet «astre», cette «radieuse jeunesse», cette jeune fille «pétillante de gaieté», c'est à Paul Duval qu'elle devait échoir. «La tâche avait été douce et facile à Paul, Jeanne était «jolie». Ses traits, [...] étaient gracieux dans leur mélange de douceur et malice». En outre, sa «robuste beauté» se reflétait sur son «visage frais et rose» qui lui donnait un «air des champs» et, «avec son âme d'enfant, insouciante de l'avenir», «rieuse», «légère», «heureuse», elle avait séduit Paul (*RC-N*, 39-44). Plus tard, quand le héros a réalisé ses rêves et qu'il vit en ville, l'effet attractif perdure. Jeanne aussi irréelle, fluide et impalpable que le «pays ensoleillé» vers lequel s'envole son «imagination», lui apparaît «belle dans toute l'exquise fraîcheur de ses vingt ans». Il l'évoque «le sourire aux lèvres, rayonnante et gracieuse, dans toute la troublante beauté dont le printemps de la vie a paré son front vierge de jeune fille» (*ibid.*, 151).

C'est là le type de la beauté du terroir dont les deux variantes sont la beauté mélancolique, représentée par Jeanne Girard dans *Jeanne la fileuse*, et la beauté «malicieuse» dont Jeanne Morin est l'illustration. La beauté de la femme qui fait l'objet d'importantes configurations discursives dans tous les textes, se révèle comme un attribut nécessaire, à telle enseigne qu'hormis la Scouine, il n'y a pas de représentation de femme laide dans le roman du terroir. On peut s'interroger sur la fonction d'une beauté qui ne semble pas doter la sujette à qui elle est attribuée de pouvoir. Car toute la légèreté, la luminosité, la fraîcheur, la saveur et la pureté de Jeanne Morin se révèlent comme des indices fonctionnellement nuls dès lors qu'ils ne lui servent à rien quand elle voudrait retenir son fiancé décidé à partir. La beauté a pourtant une fonction réelle dans la mesure où elle permet à la sujette de polariser le désir du sujet, car c'est essentiellement sa beauté qui la fait émerger aux yeux du sujet qui ne s'allie jamais qu'avec une femme belle. Disqualifiée pour la performance, la sujette est dotée d'une valeur subjective qui ne lui confère aucun pouvoir mais qui lui sert de monnaie d'échange dans la relation amoureuse. Évincée du niveau narratif où préside le sujet, la sujette meuble le niveau figuratif. La représentation de son inaptitude à faire est compensée par celle de son existence asexuée. À de rares exceptions près, aucun texte ne s'aventure à décrire ou même à évoquer la chair. La description se concentre en général sur les parties visibles et extrêmes de son corps à moins que ce ne soit sur une apparence que réalise la «toilette». Mais jamais le corps en mouvement, son volume ou ses formes ne polarise l'intérêt de la description et jamais le rapport n'est fait entre beauté et dynamisme de la femme.

3.2. *Pureté et innocence, deux conditions déterminant sa position de subordination dans la relation «d'amour»*

De même que la beauté conditionne l'émergence de la femme dans le roman du terroir, la pureté ou l'innocence est une condition *sine qua non* de son apparition dans son rapport à l'homme. L'innocence, c'est le non-savoir sur soi et sur le monde. Quand «Bagon le coupeur» (*S*) passe dans la campagne afin de châtrer les animaux, le père Deschamps ordonne à sa fille Paulima de rentrer dans la cuisine afin qu'elle ne puisse voir l'opération du castrage. Le savoir relatif à la sexualité est donc soustrait à la femme.

La représentation de l'innocente accomplie est figurée par Ernestine Valade qui, sur le point d'être mariée, s'interroge à propos de son futur mari qu'elle ne connaît pas, plus préoccupée de la procréation que de la relation sexuelle, «Poupa dit qu'on doit s'marier pour avoir des p'tits. M'aidera-t-il à en trouver?» (*H*, 56) s'inquiète-t-elle. Signalons qu'Ernestine Valade a seize ans et qu'elle a douze frères et sœurs et cinquante-deux petits neveux et nièces; ce qui revient à dire qu'elle n'a jamais établi de relation entre les transformations physiques des femmes de son entourage et la procréation. L'innocence d'Ernestine se révèle en outre dans une autre situation alors qu'elle apparaît dans la forêt en compagnie de Philéas, celui qu'on lui destine pour mari. Apercevant des ours, elle signale au jeune homme : «y veulent avoir des petits». «Quoi, comment l'savez-vous, la demoiselle? ...» interroge le garçon scandalisé. Elle démontre alors, par le biais d'un discours qui prouve qu'elle ne sait rien des relations sexuelles, ce que le récit nomme son «innocence» et conclut «J'en sais pas plus long...». Alors «des larmes de bonheur appesantissent les paupières du jeune bûcheron» qui s'exclame : «Si tu savais comme j'sus heureux et comme j't'aime!» (*ibid.*, 98-99). Rappelons que Ernestine est une des rares sujettes à être vêtue d'un pantalon et à se livrer continûment à des activités de chasse et pêche. Son ignorance de la vie sexuelle des animaux contredit le savoir qui lui est reconnu par ailleurs dans le récit. Le récit qui innove et représente la femme dans un rôle réputé masculin se voue à la contradiction nécessairement. Dotée d'un savoir sur la sexualité, Ernestine deviendrait un objet de méfiance aux yeux de Philéas qui s'en distancierait. Ignorante, elle exerce sur lui un effet attractif car c'est l'inégalité de statut entre les sujets qui fonde l'amour dans le roman du terroir et plus l'écart est grand, entre un sujet doté des connaissances et des biens matériels et une sujette dépourvue de l'un et l'autre, plus «l'amour» est grand et solide dit le roman.

La représentation de la virginité est figurée par une sujette non dotée de connaissances relevant de la sexualité. Advenant une acquisition de ce type de savoir, comme c'est le cas pour Suzanne Germain, le récit la soustrait au processus de dévalorisation que cela implique, exhibant par le fait même ce savoir comme un apport négatif. Suzanne était «instruite des mystères sexuels» dit le narrateur qui justifie cette acquisition par la situation de Suzanne née dans une ferme et qui se porte garant de la conformité de son personnage :

> la pureté de son cœur était intacte, et malgré son exubérance juvénile, jamais une pensée ne lui était venue, jamais un désir ne l'avait effleurée qui aurait pu ternir l'éclat de son regard, ou soulever sa gorge de trouble émotion (*M*, 4).

L'acquisition de ce savoir est d'ailleurs sans effet sur Suzanne qui «de l'amour» ne «connaissait que le prélude : une langueur mal définie, un émoi mélancolique et tendre». Loin d'être transformée par ce savoir qui aurait pu l'inciter à désirer un bien pour elle, Suzanne est, plus que toute autre, désireuse de se donner, éprouvant le «besoin de se dévouer, de verser sur autrui des trésors accumulés de tendresse et d'affection». Suzanne sait mais elle n'en demeure pas moins infantile, irrationnelle, prise du désir «de rire, de pleurer, de chanter tout à la fois, sans savoir pour quelle cause». Elle n'en demeure pas moins passive et romantique, vivant «dans une attente, celle du grand événement, de la révélation fulgurante qui déchirerait dans son âme et son cœur, le voile de son enfance, pour y faire rayonner dans toute sa poésie le rêve lumineux de sa jeunesse». Offerte, elle se demandait : «qui incarnerait cet idéal mystérieux? Elle l'ignorait...» (*ibid.*, 4).

Le roman représente la relation d'amour, non sous la forme d'une communication entre deux sujets mais bien comme un rapport de force entre un sujet et un objet. Ernestine Valade, qui chasse et pêche et dont la vie est tissée d'exploits au cours desquels elle a dû affronter les animaux sauvages sans jamais éprouver la peur, est transformée en personnage craintif dans son rapport avec Philéas L'Épicier. La crainte, qui affecte toutes les sujettes en relation d'amour avec un sujet, traduit la dégradation de la sujette qui se soumet à la relation sexuelle, sans savoir, subissant l'assaut sexuel sans comprendre, investie du rôle passif de la femelle animale livrée au mâle en vue de la procréation. De quoi Ernestine parle-t-elle à Philéas la première fois qu'elle le rencontre? De leur future progéniture! Lui s'offrant à «faire le ber» et elle la «couverte en peaux» pendant que la mère, prévoyante, tricote déjà la layette. Armande Hamelin (*NB*) demandant à Dieu un bébé alors qu'elle n'est ni fiancée ni mariée est représentée, elle aussi, comme une force animale procréatrice.

Maintenue hors du savoir, réduite à l'état de l'animal, dégradée face au sujet détenteur du savoir et du pouvoir, la sujette affiche les signes de sa stupidité par le biais des rougeurs, de la timidité et de la honte. Privée du savoir lui donnant la connaissance et le contrôle de son corps, une fois acquise par le sujet, elle ne peut soustraire ce corps à l'exploitation. À la différence de la femelle animale que sa liberté protège, la femme est, par le contrat social, emprisonnée dans l'antre même d'un mâle agressif programmé pour reproduire et non pour communiquer et s'épanouir.

Contestant la série du terroir, *Trente Arpents* exhibe la réduction opérée sur l'humain par l'ordre social producteur d'un Moisan sourd, muet, aveugle, inapte à percevoir la dégradation physique et morale qui s'opère chez sa femme Alphonsine. Quand Alphonsine accouche, Moisan est insensible à ses hurlements de souffrance au cours du long «martyr» qu'elle subit. La vision du «lit ravagé où (elle gît) les yeux clos et les membres inanimés, pâle comme une morte», laisse Moisan «bouleversé», non par suite de «l'inquiétude», dit le narrateur, mais à cause du sentiment de son «inutilité» (54). Plus tard, quand le corps d'Alphonsine se dégrade à la suite des maternités successives qui «avaient élargi ses hanches et alourdi (sa) poitrine», quand

Alphonsine perd son sourire qui «se fait de plus en plus rare», quand ses «yeux deviennent vagues», Moisan continue à jouir du corps d'Alphonsine et à en tirer la vie. «Il fallait qu'Alphonsine eût son nombre», «s'il devait en venir dix, il en viendrait dix; quinze, ce serait quinze; comme chez les autres.» (78) Anesthésié par les principes de la religion catholique qui interdisent les «pratiques monstrueuses qui ont pour but d'empêcher de s'accomplir les desseins de la Providence» (140), déshumanisé, Moisan est inapte à percevoir la double exploitation à laquelle sa femme est soumise par l'exploitation irrationnelle de sa force de reproduction et de sa force de travail.

Sous les traits de Moisan, l'habitant est représenté comme une force tout entière polarisée par l'avoir et l'appropriation, force aveugle, sensible à la seule déperdition de l'avoir matériel et qui, pour ne pas amoindrir cet avoir, va refuser de se priver de la force de travail d'une Alphonsine à qui le médecin avait prescrit «l'alitement». Et quand Moisan, dans la pleine force de l'âge, regarde ce qui reste de «son Alphonsine» dégradée : «un masque cireux et exsangue», l'incompréhension qui le musèle l'apparente à l'animal. Moisan a retiré de sa femme ce qu'il voulait quand il la convoitait, soit «des plaisirs» et des «gars solides». Quant à Alphonsine, dépossédée du savoir par lequel elle aurait pu protéger sa vie, elle na connu que le sort de la bête de somme productrice et reproductrice.

L'innocence, ou la pureté de la femme, implique donc qu'elle soit incapable de comprendre l'exploitation sexuelle dont elle est l'objet afin d'être incapable de s'y opposer. Alphonsine produit mécaniquement, sans s'interroger sur le bien-fondé de cette production; elle est, au sens propre, instrument entre les mains de Moisan lui-même incapable de se redresser comme sujet à la façon de son cousin des États-Unis qui lui dit avoir «décidé de mettre les brèkes», tout entier soumis à la volonté du curé qui est le sujet réel du faire dans la relation sexuelle.

Le point de vue du personnage féminin est peu représenté dans le roman qui ne saurait le faire sans manifester l'exploitation dont la femme est l'objet. *La Terre que l'on défend*, qui exhibe un personnage féminin doté d'un savoir non idéaliste, demeure une exception. Marie-Anne Salins «avait entendu dire, par quelques êtres frustres, qu'il en coûtait plus à la ferme de remplacer une vache qu'une femme» de sorte que «les veufs, après avoir fait mourir leur femme à petit feu, trouvaient facilement une autre esclave». Une telle perception des rapports entre hommes et femmes dans l'univers campagne l'incite à désirer un sujet originaire de la ville dans l'espoir qu'il ne ressemblera pas aux habitants qui, «une fois la lune de miel écoulée, ne feront pas plus de cas de leur femme que du dernier des animaux de la ferme» (138). Ce discours, non conforme, émerge dans le roman de la troisième période caractérisée par la mise en scène du citadin amorçant un retour vers la campagne. Or, le roman a pour tâche de valoriser un citadin que par tradition il dénigrait. La sujette, qui naguère encore, à l'exemple de Marguerite Morel (*F*), se soustrayait aux attentions du citadin, son cœur ne battant que pour la terre, est représentée pour les besoins de cette nouvelle cause idéologique soucieuse de son bien-être, sensible aux manières raffinées d'un citadin sans que cela soit connoté négativement. Néanmoins, cette représentation d'une sujette qui fait des choix non conformes et les justifie en fonction de son désir de s'allier à un sujet susceptible de lui communiquer le bonheur est exceptionnelle, car la «pureté» et «l'innocence» qui conditionnent l'émergence de la sujette dans une relation «d'amour» avec le sujet correspondent à un état de stupidité qui la rend inapte à toute réflexion.

3.3 *Les éléments positifs et négatifs du dynamisme de la sujette fictive*

La diversité des qualifications attribuées à la sujette, bonté, générosité, dévouement, croyance, issues de la description des comportements, attitudes, gestes ou, de manière plus explicite et directe, du discours des personnages ou des commentaires du narrateur, n'est qu'apparente car sous les différentes variations stylistiques qui les recouvrent, elles se réduisent à un petit nombre d'unités stables, si ce n'est à une unité équivalant au don de soi qui marque tous les types de rapports que la sujette entretient avec les êtres de l'univers.

Le don de soi a ses degrés et son mode, il peut être total ou partiel, il peut être un effet du désir de la sujette ou, au contraire, résulter de la contrainte. Le don de soi implique, en outre, un double processus au cours duquel le sujet qui y est soumis se nie, en se dépossédant, pour affirmer un destinataire qui s'enrichit du don. Une des manifestations particulièrement typique du don de soi est représentée dans *la Prairie au soleil*, Louise Rollin étant la destinatrice du don. Incapable de s'adapter à la solitude qui est le lot des habitants de la prairie, elle exprime son refus et son inaptitude par une crise de nerfs et décide de partir. Or, son père qui est à l'agonie, s'entretient avec elle et lui communique un savoir qui n'est pas explicité dans le récit, le narrateur se bornant à qualifier Louise «d'instruite», ce qui a pour effet de transformer le refus de la sujette en acceptation. À la suite du décès de son père, elle persiste à se sentir obligée de rester. «Il faut bien que quelqu'un reste pour lui tenir compagnie» dit-elle en parlant du mort, car «si je partais, je lui ferais de nouveau une grande blessure» (162). Ce qui est nié, c'est donc la sujette qui s'affirmait dans la différence et exprimait son besoin de communication. Le don de soi qui équivaut au sacrifice d'une sujette niant ses désirs et affirmant ceux d'un cadavre, c'est à un ordre établi qu'il est consenti. La dissolution de la sujette est exhibée dans le type de discours qu'elle tient. «D'avance je souscris à tout, je veux être docile à la grâce et au sourire de ton cœur» annonce-t-elle au garçon qui l'a choisie. C'est là une forme du don total de la sujette que le roman, qui a un goût marqué pour l'euphémisation, les profiteurs étant toujours des entités abstraites : Dieu ou la terre, présente comme profitable à la terre. «J'ai tout à donner [...] ma souffrance refusait le mariage de la terre, je ne voulais pas accepter cette alliance qui me paraissait monstrueuse» (164) déclame une Louise offerte en sacrifice à la procréation et à l'exploitation de sa force de travail.

Par le don de soi s'ouvre donc un processus de dépossession de la sujette illusoirement valorisée par l'attribution de qualifications faisant référence ou l'exhibant dans des rôles de bonté, générosité, douceur, dévouement, croyance. Ces rôles réalisent l'apparente transfiguration d'une sujette pendant qu'opère un processus sous-jacent qui la dépouille de son statut de sujet et la réduit à l'état d'objet. Quand le don de soi a Dieu pour destinataire, et c'est là un autre exemple du don total, la sujette entre dans la classe des objets immatériels, l'ange étant la figure la plus communément représentative. Tandis que dépossédée de son statut de sujet et maintenue dans l'univers immanent, la sujette qui s'abolit et se soumet au sujet est susceptible d'être assimilée à l'animal. «Quelle joie ce sera pour moi de lui laisser conduire ma vie» et «d'être dirigée par une main bien aimée» s'extasie Louise qui «était devenue la captive consentante» non pas de l'homme mais de «la plaine», dit le récit qui masque ainsi les rapports de domination et d'exploitation par l'euphémisme. La représentation du bonheur est figurée par l'état euphorique de la sujette abdiquant toute volonté et idéalisant les conditions de vie de l'animal dompté, ce qu'évoque le terme «captive».

La série stéréotypée de qualifications positives attribuées à la sujette est consécutive à un ensemble de comportements, attitudes, actions ou rôles, stéréotypés eux aussi. Soigner un vieil homme, qu'il s'agisse du père ou d'un autre, est un rôle représenté comme adéquat pour le personnage féminin qui y investit ses énergies. Louise Rollin fait plus que soigner son père, elle lui fait le sacrifice de ses aspirations. C'est là un rôle de prédilection pour la sujette dans le roman. Madeleine Riendeau, bien qu'amoureuse de Georges Robertson, cesse pourtant de le fréquenter quand elle apprend que le vieux Robertson s'oppose à ce mariage. «Ne vaut-il pas mieux, puisque nous sommes jeunes, nous oublier à cause de lui?» suggère-t-elle, reprochant à Georges qui proteste d'être «égoïste» et déclarant qu'elle «ne pourrait (se) contenter d'une vie qui ferait le malheur des autres» (*FP*, 157-159). Georges s'attendrit sur tant de bonté et s'étonne qu'elle soit «parée à tout perdre» pour les autres. Sa bonté, son dévouement, sa générosité, se manifestent dans son rôle de garde-malade du vieux Robertson qu'elle veille à longueur de jour; elle est tellement bonne qu'elle oublie qu'il ne veut pas d'elle pour belle-fille! Suzanne Germain (*M*), délaissée par Fabien Picard qu'elle aime, passe ses jours à soigner le père de Fabien malade et Gisèle Blouin (*PO*) est installée au chevet du père de son fiancé qui erre, pendant ce temps, à la recherche d'or et d'aventures. Rose Després (*OP*) se dévoue auprès de la mère de Jean Pèlerin parti à l'aventure. Abnégation de même nature chez Aurore Julien (*DV*) qui, après sa journée de travail, vient veiller le père de Félix jusqu'à ce qu'elle tombe de sommeil; et Thérèse, encore, qui agit de même quand, après avoir échoué chez un vieillard à la suite d'un naufrage, elle se «dévoue», demeurant à son chevet par «bonté» et afin de ne pas «l'attrister» malgré le désir qu'elle a de repartir. «Elle voulait être généreuse jusqu'au bout. Sa décision était irrévocable. Elle ne l'abandonnerait pas tant que la mort ne viendrait pas le prendre» (*RA*, 115). Dans la majorité des cas, c'est le sujet dominant qui est le bénéficiaire du dévouement, de la bonté, de la douceur ou de l'abnégation de la femme qui, pour être dévouée-bonne-généreuse-charitable-douce, doit se nier comme sujette, taire ses aspirations, ses désirs afin d'affirmer ceux de l'autre. De telles qualifications ne font que camoufler l'appropriation de la force de travail de la femme par l'homme et son assujettissement. La générosité et la bonté de la femme, qui la désignent à l'exploitation masculine, sont autant de qualifications à inscrire au pôle négatif des valeurs humaines car aucun cas de personnage masculin immobilisé dans un espace clos et vouant sa vie à un vieillard n'a été observé; c'est dire que ce rôle n'a d'autre effet que de déposséder la sujette de ses forces sans lui procurer aucun avantage matériel en retour.

La femme bonne-dévouée-douce-généreuse-charitable-croyante fait le don de sa personne non seulement aux mourants, aux malades, mais également aux bien portants. Josephte Auray, par exemple, doit s'engager comme faneuse chez les Douaire pour remédier à leur pauvreté. À l'heure du repos, quand tous les travailleurs se reposent, c'est elle qui «va chercher une petite cruche d'eau fraîche» et c'est elle encore qui va «dans la maison» quérir le «repas» de Vincent Douaire bien qu'elle ait travaillé tout le jour. Le récit ne marque pas la fatigue de la sujette qui se dévoue. «En face de lui, prévenante, douce, elle suivait chacun de ses gestes. Sa fatigue (à Vincent) semblait s'en aller dans cette atmosphère de tendresse qu'elle lui faisait … (*N-S*, 82).

Appréhendant le départ de Vincent qui ne rêve que voyages et éprouvant le besoin d'être réconfortée, elle se rend un soir chez le voisin Abel Michon, menuisier de son métier et aveugle. Mais là encore, c'est elle qui fait don de soi, pleurant sur «sa misère» certes, mais profitant de l'occasion pour préparer le repas de l'aveugle (*ibid.*, 116). Et quand Josephte reçoit sa «cour d'amour», c'est encore elle qui donne de sa personne, allant de l'un à l'autre, aimable er serviable, apaisant les querelles et organisant les distractions.

Josephte Auray n'est donc valorisée que dans la mesure où elle se dépouille de ses désirs, ne revendiquant rien pour elle, préoccupée seulement du bien-être de l'autre ou des autres masculins. Il en va ainsi de la très grande majorité des personnages féminins du roman du terroir. Évoquons, afin d'évaluer le degré de renoncement que tolère la vraisemblance romanesque dans la représentation de la sujette s'avilissant, se dégradant pour complaire à un sujet, le cas de Marie, la fille de Menaud. marie, «c'était vers le Délié que tous les désirs de sa chair penchaient d'eux-mêmes quand la volonté ne les retenait pas» (*MM-D*, 99). Mais son père «n'aimait point le Délié». Marie, qui a toujours vécu aux côtés de son père veuf, n'a jamais su faire autre chose que donner et les «souvenirs de son dévouement» s'accumulent quand le père, voulant manifester sa colère, se mure dans le silence et déserte la maison parce que marie s'entête dans son amour.

C'était pour lui qu'elle avait tenu cette maison dans l'ordre et la lumière; pour lui, qu'elle avait contraint sa jeunesse à des habitudes de vieillard; pour lui, qu'elle s'était appliquée à tout adoucir des choses qui pouvaient heurter cette nature farouche et libre; pour lui, qu'elle s'était enfermée dans cette vie solitaire comme en un cloître, pour ne rien troubler du calme et du silence dont la douleur de son père avait besoin... (*ibid.*, 99).

Pour que LUI, Menaud, soit affirmé, pour que LUI, son corps, ses idées, LUI tout entier s'épanouisse dans la lumière, patiemment, laborieusement, Marie s'était tenue dans l'ombre, contenant, refoulant, niant ses désirs année après année, comprimant en elle cette force qui la poussait à vouloir quelque chose pour elle, devenant ainsi et progressivement la chose de Menaud, une chose dont l'utilisation était depuis toujours prévue par le maître hautain : «J'avais d'autres plans pour l'avenir de ma maison» l'informe-t-il, «j'avais le droit de compter que la fille à Menaud ne trahirait pas en épousant un bâtard de déchu!» (139). Selon la perception de Menaud, Marie n'est pas une sujette mais un objet intégré à l'ensemble des biens, «fille à Menaud», objet de «sa maison». Marie finit donc par «comprendre», victoire de la tête sur la chair. Cette reddition lui vaut une attribution, toute provisoire, d'un type de qualifications figurant la force. Marie se tenait «droite et forte, le visage glacé à pic» (145). Ces qualifications visent à compenser la perte subie par la sujette qui renonce au statut de sujet et adhère aux valeurs du dominant, par crainte de la répression qu'évoque le narrateur :

Quel serait ce bonheur acheté au prix d'une trahison? Quel fardeau que la haine de tous les siens et le mépris de son père! (131).

Être assimilée aux ressources, dans la société patriarcale, ou refuser le statut d'objet et être rejetée de la société, tel est le choix auquel est confrontée Marie.

Le don de soi spontané

La sujette va donc être qualifiée d'intelligente quand elle va «comprendre» les vues du dominant, ce qui implique la renonciation à son statut de sujet. Le degré de compréhension, proportionnel à celui de l'assimilation qu'il masque, s'évalue en fonction de l'ardeur que met la sujette à se sacrifier. L'intelligence concédée à la femme est l'indice de sa malléabilité et non de son potentiel intellectuel. La sujette peut, généreusement, donner son énergie à l'élément masculin de l'univers romanesque, à des vieillards, à des malades, ou encore, sous la contrainte, nier les désirs de sa chair et s'immoler sur l'autel de la patrie à l'exemple de Marie «la fille à Menaud». Plus encore, la femme peut d'elle-même courir au sacrifice.

Marcelle Gagnon appartient à ce type d'héroïne qui ne vit que pour son père, d'où la décision prise à la suite du départ de son frère Oscar de se marier afin de «donner à son père plus qu'un gendre : un remplaçant d'Oscar...» (*RO*, 77), ainsi le père oublierait le fils absent et le rendement de la ferme n'en souffrirait pas. Marcelle, en prenant cette décision, faisait un «réel sacrifice» car elle était heureuse dans son état de célibataire dans la maison de son père, dit le narrateur. Elle

> s'obligeait à penser à son mariage comme à une affaire, à un marché, qu'il ne fallait pas remettre indéfiniment à plus tard, mais qu'il était urgent, au contraire, de conclure rapidement, dans l'intérêt de la communauté (*ibid.*, 82).

Ce «dévouement» c'est comme un dû qu'il est perçu par le père dont le «cœur était lourd», certes, mais qui à aucun moment ne va s'objecter ou même remercier. Ce «cœur lourd» ne l'est pas d'affection à donner mais d'affection reçue de sa fille. Le sacrifice consenti par Marcelle n'est pas suivi de la fonction de transfiguration de l'héroïne, fonction logiquement attendue et dont la soustraction a une signification évidente, le roman signifiant ainsi qu'il n'y a rien d'héroïque dans un tel comportement, le dévouement aux intérêts du père n'étant qu'un comportement normal. Le dévouement de la femme, tel que représenté dans les appareils culturels, ne doit pas s'afficher comme ce qu'il est, c'est-à-dire comme une source de profit.

La non-valeur du don de soi de la sujette, qui se manifeste dans l'absence de toute fonction valorisante, est encore confirmée dans le rapetissement de la sujette, phénomène visible au niveau linguistique. En se dévouant, en se donnant, sans jamais rien exiger en retour, la sujette se dépossède, se dégrade, s'affiche elle-même comme non-valeur et perd son statut de sujet. Rosette Dupont, dans *Une fille est venue*, illustre ce processus. Ayant reçu une éducation «soignée» au couvent, elle «comprend» qu'il lui faut aider son père acculé à la faillite par suite du départ de son frère. Elle se met donc en quête d'un mari afin de sauver la terre familiale. «Cette petite fille sans calcul [...], dit le narrateur, se livrait à Louis, elle se donnait» (147). Son acte de générosité est dévalorisé par des tournures stylistiques qui assimilent

Rosette à un être infantile; elle est régulièrement dénommée la «petite Rosette», la «petite fille» et son esprit de décision, c'est à travers un «petit front volontaire» qu'il est donné à reconnaître; le curé Lefort qui la rencontre, l'interpelle : «Mais c'est ma petite Rosette!» et voyant la trace des larmes sur ses joues : «Est-ce qu'on a pleuré?» interroge-t-il, prévoyant déjà qu'il s'agissait d'un «petit cas de conscience», ce qui fut avéré quand elle «vida son petit cœur de femme». Après l'avoir conseillée, et tandis que Rosette repartait à «petits pas», il se fit, à part lui, la réflexion qu'elle avait de la «volonté, du caractère, de l'ambition cette petite; un peu fatiguée et nerveuse sans doute [...], mais quelle fille de race! Et quelle mère de famille elle ferait plus tard, quelle femme à la tête d'une maisonnée» (194-198).

«L'ambition» de Rosette profite au père qui conserve sa terre et particulièrement aux dominants — dont la classe cléricale, — car Rosette «aura des enfants; tous ceux que le bon Dieu lui donnera». En outre, son éducation «soignée» portera ses fruits au niveau de la reproduction de la société divisée car ces enfants, elle «les formera pour le bon Dieu, pour la paroisse, pour le pays, elle leur donnera l'amour de la terre, de la vie simple à la campagne» (228). Le sacrifice de la sujette a donc bien pour effet de la déposséder de son statut. En niant ses désirs elle affirme un ordre patriarcal dont les représentants, le père et le prêtre, se substituent à elle comme sujets. Le fait d'ailleurs que son avenir soit tout tracé par le curé témoigne de l'éviction irréversible de la sujette qui, une fois engagée dans le processus du mariage, n'est plus maîtresse de sa destinée mais tout entière soumise au système patriarcal.

La course au mariage, qui se solde par la perte de son relatif statut d'autonomie pour la sujette, figure une forme du dévouement communément exploitée par le roman tandis que le renoncement au mariage, forme plus rare, a néanmoins cours. Adèle Rioux, dont la performance a déjà été évoquée en rapport avec son potentiel intellectuel et énergétique, émerge comme un modèle de dévouement et de générosité, elle qui s'épuise au travail pendant que son frère est en quête d'aventures, elle qui renonce à son mariage pour que la ferme se perpétue sous le nom des Rioux ainsi que le désire son père hanté par «cette idée de conserver le même nom à son patrimoine» (*LTA*, 132). Non seulement Adèle n'est jamais valorisée en échange des dons qu'elle fait, mais elle est dépréciée par un père qui gémit sans cesse et déplore le fait que tant de courage et de vaillance puissent être nichés dans un jupon. Adèle s'est généreusement dépossédée de son potentiel énergétique, a renié sa féminité, nié ses désirs, dépouillement total d'une sujette qui est dévalorisée pour avoir fait trop bon marché de sa force de travail, ce que signifie le roman qui l'expulse de la scène en séquence finale pour y substituer un sujet doté de valeur pour avoir su raréfier son potentiel énergétique en s'exilant.

Par la représentation qu'il donne de la femme investie avec régularité dans des rôles où elle manifeste sa douceur, sa bonté, son dévouement, son abnégation, le roman inculque l'idée que le don de soi est inné chez la femme, que c'est un comportement constitutif de son mode d'être dans le monde. Or, que le bénéficiaire de la force de travail qui découle de ce don soit majoritairement, pour ne pas dire exclusivement les sujets masculins, est indicatif de la valeur réelle du don que le roman minimise pour masquer le rapport d'exploitation qui le sous-tend. Un des effets de la douceur-bonté-générosité, est d'afficher la sujette totalement dénuée de désirs personnels, essentiellement préoccupée de satisfaire les désirs des sujets masculins de son entourage. Dosithée Ouellet, par exemple, n'est-elle pas bourrelée de remords et torturée parce qu'elle n'aime pas Zéphirin qui la désire? Presque irrésistible est son envie d'aller à lui et de lui dire «tu m'aimes et me veux pour ta femme? Soit, je suis tienne!» (BR, 50). Cette sujette, qualifiée à l'extrême degré par la beauté, l'élégance, la grâce et qui suscite l'admiration de tous les sujets, ce sur quoi renchérit le narrateur qui déclare qu'elle «n'était pas loin de la perfection», apparaît pour le consommateur du texte comme un modèle vers lequel doit tendre la femme pour que les rapports entre les êtres soient harmonieux, car la mise en scène du sacrifice de la femme est toujours créatrice de rapports euphoriques entre les êtres. Le roman crée l'illusion que l'abnégation et le dévouement sont tellement innés chez la femme, répondent à un tel besoin que la nostalgie l'accable si elle n'y répond point. Quand Nicole de Rencontre, qui appartient à la haute bourgeoisie montréalaise, a enfin «compris» qu'elle n'était qu'un «rouage qui tournait à vide», en dépit de sa beauté qui lui vaut d'être qualifiée de «joyau de milliardaire» et «d'icône byzantine», ce qui ne représente d'ailleurs que sa cote sur le marché et la rend inaccessible, elle épouse un habitant et s'adonne aux travaux de la ferme dans un enthousiasme délirant. Nicole, dit le narrateur, «n'avait jamais exécuté aucun travail particulier. Elle s'était occupée de ses toilettes, des cours, elle avait lu, elle avait beaucoup sorti» (S, 60), étant entendu que «lire» ou «suivre des cours» n'est pas assimilé à un travail mais à une activité de luxe! Nicole, qui n'avait donc travaillé que pour son propre bénéfice est représentée comme une «égoïste» pleine de remords et qui éprouvait «un sentiment d'inutilité». Le désir d'être utile transforme l'élégante Nicole de Rencontre en fermière moderne, maculée de boue et de cambouis, comblée d'être enfin un «rouage qui ne tourne» à plein que parce qu'il opère pour le bénéfice du propriétaire de la ferme qu'est son mari.

Le roman ne valorise le faire de la sujette que dans la mesure où ce faire ne s'inscrit pas dans une relation d'échange qui impliquerait la reconnaissance de la sujette, de la part d'un sujet, matérialisée dans un contre-don. Quant au processus de valorisation, il consiste à représenter la sujette heureuse dans la situation d'exploitée.

Quand Dieu est le destinataire du don de soi

Par le contrat social qui lie la femme à l'homme dans le mariage, la sujette est dépossédée de son statut par le don inconditionnel qu'elle fait de sa personne, ce que le roman représente en conformité avec le Texte externe dont le Code civil est un aspect. L'adhésion à un ordre religieux obéit à des mécanismes identiques, la sujette étant dépossédée de son statut et se fondant dans la multitude des vierges cloîtrées dans un espace assimilable à un harem par suite de la multiplicité des mariages avec un Christ unique. L'occultation de la sujette qui s'est «vouée» à Dieu se réalise au niveau apparent du texte par une tenue vestimentaire qui l'invisibilise et par la perte de ses traits distinctifs, processus réducteur dont la mutilation est la phase ultime, ainsi qu'en témoigne la perception du héros-narrateur de *l'Erreur de Pierre Giroir* lequel se tourmente à l'idée que sa Bella qu'il adorait, «allait prononcer ses vœux et que son incomparable chevelure allait être profanée par des ciseaux sacrilèges» (202).

Dans la relation qui unit la religieuse au Christ, le roman crée l'illusion qu'il n'y a pas de bénéficiaire réel du don de la sujette puisque Dieu est un être désincarné, ce qui, par conséquent, assimile le don à un acte gratuit. Or, les sujettes qui «consacrent» leur vie à Dieu, une Bella ou une Rosette Sanschagrin par exemple, se retrouvent dans les hôpitaux soignant les phtisiques. Ce qui est donc requis, chez les «élues», c'est essentiellement un potentiel énergétique, non dans une relation d'échange puisqu'elles font vœu de pauvreté, mais sur la base d'un rapport de domination établi par une classe qui annexe à son profit la force de travail des femmes, masquant ses intérêts matériels par la représentation imaginaire d'un Dieu.

La confiscation du potentiel énergétique des femmes se réalise, dans le roman, par l'assujettissement des sujettes «éduquées» dans les couvents, par l'action des sujets masculins exerçant, à la manière du fils Moisan, des pressions sur leurs sœurs ou filles afin qu'elles prennent le chemin des harems religieux, ainsi que par l'inaptitude des sujettes à échanger leur force de travail sur un marché qui abaisse la valeur de cette force pour contraindre la femme au don. Le suicide de la sujette délaissée par un sujet auquel elle était conjointe par la relation hétéro-sexuelle libre ou seulement par la relation des fiançailles, ainsi qu'y sont conduites des sujettes telles que Adèle Cardinal (*JL*) ou Louise Boudreau (*LTV*) ou d'autres qui en éprouvent le désir, révèle la position sociale humiliée de la sujette contrainte au don de soi.

Le don de soi de la sujette qui se manifeste par une attribution de qualifications suscitant l'émotion du lecteur et réalisant un effet de brouillage de sa raison, dissimule le rapport d'exploitation qui le fonde, exploitation dont tire profit un double destinataire individuel et social, que ce sujet soit matérialisé dans un mari qui fait fructifier son bien en utilisant le potentiel énergétique et reproductif de sa femme ou que, dissimulé derrière une représentation immatérielle, un Dieu par exemple, il soit collectif et figuré par une classe.

Le refus du don de soi, un effet de l'égoïsme-vanité-orgueil-ambition

Aux qualifications positives de la série précédente illustrée par des sujettes investies dans des rôles qui ont pour effet d'accroître les biens matériels d'un sujet externe, s'oppose une série de qualifications telles que égoïsme, vanité, ambition, orgueil, illustrée par des sujettes qui se proposent de tirer profit de la dépense énergétique qu'elles engagent, comme c'était le cas de Nicole de Rencontre qui, selon le narrateur, «sombrait dans l'égoïsme» tout simplement parce qu'elle ne s'était occupée que d'elle-même. Mais dès que cette sujette «a compris», elle adopte la posture du don et connaît le bonheur.

Certaines sujettes ne sont habilitées à «comprendre» qu'au prix de l'expérience. C'est le cas de Marie Beaudry qui ne comprend pas en dépit des avertissements de sa mère qui l'engage à rester avec «son monde» tandis qu'elle veut sortir de sa classe et épouser un médecin montréalais. «Le démon de la vanité» (*TV*, 74) s'était insinué en Marie qui va jusqu'à se regarder avec complaisance dans le miroir. Tant d'orgueil suscite la colère du «bon Dieu» qui la punit. Remarquons, à ce propos, que Dieu qui est toujours affirmé «bon» dans les textes est souvent investi dans un rôle de vengeur. La rupture de la liaison amoureuse apparaît donc comme un effet de l'intervention divine et elle a pour effet de dégrader la sujette qui pleure, s'isole, ne mange plus et se transforme en objet docile et passif. S'offrant alors au désir amoureux d'Ephrem Brunet, le rival de son ex-amoureux, Marie lui confie, «il vaut mieux être aimée qu'aimer». Marichette Lebrun, elle aussi, paye un lourd tribut pour son arrogance à l'égard de Charles Guérin qu'elle a humilié en l'admonestant. Une bonne épouse ne doit pas avoir le verbe si haut, ni être à ce point «consciente de sa valeur». Pendant plusieurs mois elle vivra dans l'humiliation, les pleurs et l'isolement, oubliée par Charles épris provisoirement d'une autre demoiselle.

Irène de la Gorgendière, par contre, elle qui fait partie de la classe bourgeoise comme Nicole de Rencontre d'ailleurs, «comprend» sans que le roman éprouve la nécessité de l'exhiber dans une position humiliée comme il le fait pour les petites paysannes telles que Marichette ou Marie Beaudry qui se voient, par ce traitement, refoulées dans leur classe et groupe social dominés. Irène déplore l'inégalité de statut entre les femmes et les hommes. Elle envie les garçons «libres de façonner leur vie» et dont «l'avenir dépend de (leurs) propres efforts» «tandis que nous...» (*RL*, 70) articule-t-elle, ne poussant pas plus avant son analyse comparative, se bornant à manifester son rejet du système patriarcal : «Oh! que je voudrais n'être pas femme!» s'exclame-t-elle. Cette allusion directe à la situation socio-économique des femmes, que l'on observe dans ce texte de la première période, est un cas isolé. Le roman du terroir du XXᵉ siècle ne fera plus jamais allusion dans aucun autre texte à la situation des femmes en dépit de l'action des suffragettes, de la révolution russe et des mouvements féministes qui ont marqué le début du XXᵉ siècle, lesquels ont d'ailleurs eu pour effet de susciter une production de discours réactionnaires dont les plus célèbres pour leur misogynie demeurent ceux de Henri Bourassa, le fondateur du journal *le Devoir*.

Si les inquiétudes d'Irène créent un effet de réalisme, elles n'en sont pas moins allègrement balayées par la plaidoierie de son fiancé, l'avocat Robert Lozé, qui puise ses arguments dans le Code civil pour la réconforter et la convaincre que l'ordre établi est juste et bon avec, d'un côté les dominants qui ont pour mission de protéger les faibles ce qui a pour effet de les contraindre à vivre dans les «tourments» d'une vie active, et de l'autre les dominés, dont les femmes qui ont le bonheur d'être protégées et de voir s'entasser «à leurs pieds» des «trésors». Prisonnier du discours stéréotypé qui a façonné son esprit, inapte à remettre l'ordre établi en question, Lozé ne sait que juger Irène : «Seriez-vous ambitieuse!» s'exclame-t-il. Irène «comprend» et l'assimilation s'opère sans drame. «J'ai eu tort, je le vois bien [...] mes inquiétudes semblent en effet peu de chose à côté de vrais soucis. Croyez-moi, je commence enfin à comprendre les vôtres» (*ibid.*, 71).

Ne plus parler de soi, s'abolir pour ne parler que du sujet et n'être préoccupée que de lui, telle est la posture conforme de la sujette qui «comprend» et qui est virtuellement apte à se fondre dans l'union maritale. Entrant dans le rôle de la femme dévouée, Irène soupire : «comme je voudrais pouvoir alléger vos soucis». Le discours de Lozé a été efficace, Irène «a compris», lui seul dorénavant polarisera son désir, lui seul sera l'objet de ses discours, de ses pensées.

Les sujettes qui sont rebelles à la logique des dominants et qui refusent de comprendre, telles Lucinda Moisan qui ose narguer le prêtre de la famille ou Rosette Sanschagrin «bouffie d'orgueil» qui, ne trouvant pas les habitants assez relevés pour elle, fait une fugue avec un Américain, ou encore Lucette Neuville qui cherche un mode de vie plus approprié à ses goûts, toutes ces sujettes, y compris Adèle Cardinal, Marietta ou Madeleine Michaud, dont l'autonomie se manifeste par la prédilection pour l'union libre, sont qualifiées négativement d'égoïstes, d'ambitieuses, d'orgueilleuses, de vaniteuses parce qu'elles s'attribuent l'objet de leur désir ou éprouvent la tentation de le faire, au lieu de s'abstraire du monde des sujets et de se mettre à la disposition de l'unique sujet masculin, individuel et collectif, mis en scène dans le roman du terroir.

3.4 *La femme-signe*

De même qu'un système de prohibition sous-tend les déplacements des personnages féminins ainsi que leur apparence vestimentaire, la prise de parole par la sujette est soumise à un système de répression qui délimite les actes de langage prescrits de ceux qui sont interdits.

La protestation : un acte de langage proscrit

Blanche Varieur, dans *Marie-Didace*, polarise l'intérêt des gens de la paroisse et en particulier celui de Didace Beauchemin son deuxième mari, jusqu'au jour où elle évoque son premier mari en public. Cette allusion transforme les relations entre elle et Didace

> Didace ne portait plus à sa femme une attention aussi grande, ni aussi affectueuse, depuis qu'elle lui avait fait honte, en parlant de son Varieur devant les autres (77-78).

En dépit de la répression exercée par Didace et la société qui la réprouvent, Blanche n'entend point être muselée. «Mon Varieur, dit-elle, c'était mon premier mari. J'en parlerai tant que je voudrai, tant que je vivrai,...» et, désireuse d'établir une communication avec son entourage, elle explique : «d'un homme qui [...] a eu pour moi des bontés, quand même que j'en parlerais de temps à autre, je me demande pourquoi ça vous porte à rire ou ben, c'est pire, à penser mal de moi?» (105-108).

Fanny Lebrun agit de même. Publiquement elle s'oppose à son mari François Barré qui fait des projets, à son insu, avec un confrère médecin, manigançant de quitter les États-Unis où il exerce la médecine afin de revenir dans son pays. Contrainte par les usages de demeurer dans le cercle des dames lors d'une réception, Fanny tend de tout son être vers le cercle des hommes afin de saisir la conversation qui s'y déroule. Quand elle comprend ce que projette son mari, elle intervient — ce que le narrateur présente ainsi :

> l'étrangère, dans son mauvais français et son accent typique, interrompit tout à coup le plaidoyer du Dr. Poitevin. «Pas ça, Dr. Poitevin. Je ne veux pas, moi.»

> Les deux médecins se trouvèrent tout interloqués par cette brusque intervention. François rougit un peu, apparemment contrarié (*LCC*, 124).

En exprimant son désir personnel, la sujette se situe du fait de son acte de langage dans une zone prohibée. C'est en termes de répression que les effets de cette position se font sentir, répression exercée par le mari et par la société, ce qui se manifeste par une attribution de qualifications négatives émises directement par les personnages ou indirectement par un narrateur qui désapprouve un tel comportement ainsi que l'atteste la désignation de «l'étrangère».

Toute une classe de sujettes va passer outre l'interdiction et utiliser le discours pour affirmer des opinions personnelles, manifester leurs goûts et leurs désirs. Dorothy Lanting, par exemple, exprime sa répugnance à vivre dans une ferme et propose à son mari de partir. «Si tu ne veux pas venir avec moi à Toronto, je m'en irai seule. Je suis fatiguée de ce sale métier d'habitant où il faut toujours traire les vaches et faire le beurre», lui dit-elle d'un ton décidé. Dotée de la parole, cette sujette critique le mode de vie auquel elle est astreinte. Ultérieurement, après que son mari se soit incliné devant son désir, elle lui reprochera son inaptitude à remplir un rôle que le Code civil définit comme celui de «pourvoyeur». «Tu nous as conduit ici pour nous faire crever de faim» reproche-t-elle à son mari. Il n'y a pas d'affrontements réels entre un sujet et une sujette en révolte dans le roman du terroir, tout juste quelques manifestations occasionnelles de protestation sous forme d'éclats discursifs, de réflexions hâtives et inachevées, lesquels traduisent un état d'insatisfaction jamais explicité, toujours exprimé en termes vagues et confus, état que le roman tend à masquer. En dépit de la représentation apparente d'une harmonie de rapports entre les sujets, on décèle, dans ces fragments de discours qui manifestent la révolte des sujettes exprimée sous une forme stéréotypée pour en atténuer l'effet, l'inégalité de statut qui génère la haine par suite de l'impossible communication entre les sujets dans la relation de mariage. La complainte de la sujette, quand elle émerge, ne peut en effet que manifester la transformation qu'elle subit au sein de la relation matrimoniale qui la fait passer de l'état de sujet autonome : «quand j'étais fille, je vivais mieux que ça», rappelle Dorothy, à l'état d'objet soumis à un sujet à qui est arbitrairement conféré le pouvoir de fixer le lieu du domicile conjugal et celui de «faire vivre sa femme», ainsi que le souligne encore Dorothy qui se lamente : «que c'est donc malheureux d'être mariée avec un homme comme toi qui n'est seulement pas capable de faire vivre sa femme!» (*LTV*, 96).

Le roman exhibe la situation d'oppression socio-économique de la sujette sans toutefois subvertir le rapport inégal entre les deux sujets impliqués dans la relation de mariage qui la fonde, car la représentation d'une sujette dénonçant sa situation est une forme de subversion relativement inoffensive dans la mesure où la plaignante demeure passive et ne fait rien pour contrer le processus opprimant qui l'affecte. La vraie subversion, qui serait perçue comme telle par la société consommatrice des textes, procède de la représentation d'une sujette engagée dans une action en vue de se soustraire au processus oppressif et réussissant à vaincre. Parmi les sujettes qui protestent, dénonçant ainsi la situation socio-économique qui leur est faite, se retrouve cette fraction qui refuse d'être parquée dans l'espace ou contrainte par une tenue vestimentaire, c'est-à-dire cette petite minorité de sujettes qui tentent de sortir de leur groupe social dominé et qui échouent.

Le langage non au service de l'être

Quand Marcelle Gagnon veut fléchir son frère Oscar qui s'apprête à quitter la ferme, elle tente de l'atteindre sur le plan affectif, ce à quoi s'objecte son père : «tais-toé donc Marcelle», ordonne-t-il; Marcelle modifie alors son comportement et concède : «vous avez raison, son père; y veut s'en aller, laissez-le partir» (*RO*, 53). Dès lors, elle développe une argumentation que ne réprouve plus le dominant car elle se situe dans la ligne de pensée de la société patriarcale ordonnée, non pas sur la base de la communication entre des sujets, mais sur celle du rapport de force que réalise l'inégalité de statut instituée dans l'ensemble des rapports humains. L'autorité, figurée par le père, ne se maintient qu'au prix du refus de la communication et c'est bien cet aspect d'une société contre nature qu'exhibe le roman par la mise en scène du sujet dominant figuré par le père réagissant à l'infraction commise par le fils en se conformant obstinément au code qui n'enseigne que le prescrit et le proscrit de sorte qu'à l'inconduite doit automatiquement répondre le châtiment. Le père figure cet ordre; entre lui et son fils il n'y a pas de communication, pas d'échange possible.

Contrainte dans ses gestes et attitudes par un ensemble de règles et conventions qui la régissent, contrainte dans sa pensée par un système d'éducation qui lui dicte sa conduite, la sujette est inapte à «faire», ce qui comprend le «dire». Qu'elle tente de s'approprier le discours et de s'affirmer comme sujette et aussitôt elle est réprimée par le dominant dont la position ne dépend que de la soumission des dominés marqués par le mutisme. Quand Marguerite Chauvin émet un petit rire qui distrait le notaire préparant l'acte de donation qui la dépossède au bénéfice de son frère, le père Chauvin intervient et prévient toute autre manifestation en la réduisant au silence par un «chut» autoritaire qui refoule la sujette dans le groupe des dominées de sorte que la société divisée puisse se perpétuer et se reproduire une fois encore sans anicroche.

L'état d'humiliation qui caractérise les sujettes empêchées de s'exprimer s'applique unilatéralement, qu'elles soient jeunes ou âgées. Dame Ouellet, par

LA REPRÉSENTATION D'UNE SUJETTE ILLUSOIRE **179**

exemple, se fait publiquement rabrouer par son mari qui la fait taire en ces termes : «Ta! Ta! Ta!... parle pas pour rien, Phémie.» Les effets de cette répression qui visent à réduire la sujette se traduisent par un état d'humiliation que manifestent une «rougeur» soudaine et «un regard, qu'on aurait pu croire suppliant» (*BR*, 20). Les rapports que Phémie entretient avec son mari manifestent que l'acte de parole est l'objet d'une sévère réglementation puisque Phémie ne parle que sur l'invitation de Phydime qui contrôle les émissions de discours de sa femme. «Va falloir attendre avant de reparler de cette affaire!» conseille-t-il à sa femme après lui avoir demandé un avis qu'il désapprouve. Et quand Phémie s'oppose à lui, prêtant main forte à son fils qui se querelle avec son père pour une affaire de bœufs, intervention que le narrateur interprète comme «le comble de l'imprudence», la répression montre son vrai visage. Phydime, le sujet doté de biens matériels, ouvre la porte et menace de chasser la mère et le fils économiquement démunis. Le portrait de Phémie, «qui ne parlait pas beaucoup» mais «marmonnait et bougonnait souvent», comme si elle eût redouté, devant son mari, de dire tout haut et franchement sa pensée (*ibid.*, 13), traduit sa position humiliée due à son appartenance au groupe social des femmes travailleuses non rémunérées. Mais ce portrait contredit, du même coup, l'image de rapports harmonieux entre les êtres que propose le roman au niveau de surface puisqu'il est avéré que la communication entre sujets est absente de la relation matrimoniale et familiale.

Le langage au service de l'avoir

Ce qui domine, dans les relations matrimoniales ou familiales, lorsque la sujette refuse d'être muselée et qu'elle manifeste quelque velléité à adopter la posture verticale propre au sujet, c'est le rapport de force. «Bougre d'un non!» s'exclame Rodier quand Diane refuse d'aller sarcler le champ de patates, «tu ne vas pas te mettre à discuter mes ordres, espèce de pimbêche?» Et, coupant court aux protestations de Diane, il manifeste explicitement que son but n'est point d'établir une communication humaine avec les êtres qui l'environnent, pas plus avec Diane qu'avec les autres, mais bien d'exploiter la force de travail de cette dernière. «Tu n'a pas à penser. Fais c'que j'te dis. Tu finiras ton ménage à soir» (*AR*, 32), lui dit Rodier qui lui fait comprendre, en outre, que ce qui fonde la position de dominant et autorise à soumettre les êtres, c'est l'avoir. «Fais pas ta fraîche [...], t'es rien icitte. Tu f'rais mieux d'filer doux, p'tite peste» et, la confrontant à sa situation socio-économique, il lui rappelle son appartenance au groupe dominé : «Qu'est-ce que t'es hein? Une femme ... et ça s'croit que-q'chose» (*ibid.*, 52-53). Les dominants articulent leur discours en fonction de l'avoir, les dominés en fonction de l'être. Ainsi, quand Edna Lalonde s'oppose à son père qui veut lui faire épouser le successeur qu'il a formé pour diriger son usine, elle articule son argumentation sur la base de ce qu'elle est, de ses goûts, de ses sentiments, tandis que son père ne se soucie que de ses richesses. Qu'il s'agisse de l'habitant, d'un Phydime Ouellet, ou d'un citadin, un Lalonde par exemple, le rapport que l'un ou l'autre entretiennent avec la sujette est identique, l'un la musèle en lui montrant la porte, l'autre en lui servant une petite tirade qui procède du même principe et aboutit au même effet. «Nos lois canadiennes autorisent le père à déshériter les enfants, même un enfant unique» dit Lalonde à sa fille qui se confine dans le silence, comme Phémie Ouellet.

La propagation du discours social gelé, un acte prescrit

Ce qui plaît aux hommes, chez Blanche Varieur, c'est le fait qu'elle ne pose pas de «questions» (*M-D*, 52). Silencieuse, telle est aussi la première qualification attribuée implicitement à Aurore Julien qui «parlait peu et» — représentation de la sujette idéale dans la perspective des dominants — «travaillait beaucoup», dit le texte (*DV*, 220). C'est également la principale qualité de Marcelle Larisière qui se complaît dans deux sortes de «distractions», lesquelles «suffisent à (son) bonheur : le travail et la lecture» (*TG*, 105), et qui peut coudre un dimanche entier pour rendre service à un ami de son frère sans se laisser distraire par les conversations de son entourage.

Mieux que le silence, ce qui est prescrit pour la sujette c'est ce discours figé et stéréotypé qu'est la prière car le silence qu'observe Blanche Varieur qui est parfois «rêveuse», est l'indice d'un être autonome doté d'une vie intérieure qui échappe à l'autorité du dominant, ce qui n'est pas sans susciter la haine de Didace pour qui cette forme d'évasion est intolérable. «Qu'elle reste avec ses Cayens! Les Beauchemin se passeront d'elle!» (*M-D*, 160), marmonne-t-il un jour qu'il la surprend à rêver. Le rêve est connoté négativement dans le roman du terroir qui ne représente pas de sujette rêveuse à moins qu'il ne le fasse pour démontrer combien sont nocifs les effets du rêve. La rêverie caractérise celles qui ne se conforment pas à l'image de l'habitante, quant aux autres elles s'absorbent dans la prière qui est l'antidote du rêve. L'esprit, bien que mobilisé au minimum de ses capacités au cours de cet exercice de répétition que constitue l'acte de prier, l'est toutefois suffisamment pour monopoliser l'attention et la river à un objet précis. La prière, qui enchaîne l'esprit des sujettes, n'est pas un acte facultatif dans le roman, c'est un acte prescrit par le dominant. Le sujet de l'univers transcendant, figuré par le curé, s'en remet parfois explicitement au sujet de l'univers immanent, figuré par le père, pour que se réalise l'assujettissement des sujettes par la prière. Ainsi, quand Hubert Rioux veut quitter la campagne, le curé ordonne-t-il au père Rioux : «fais prier les femmes; je crois qu'elles sont mieux écoutées que nous» (*LTA,* 38).

Toutes les sujettes sont absorbées dans des radotages, investies qu'elles sont dans des rôles de pratiquantes de la religion catholique ou de surveillante des pratiques religieuses de leur entourage. C'est la mère Barré qui donne le signal quand vient l'heure de réciter le chapelet en famille, elle qui donne l'exemple d'une pratique assidue en demeurant longtemps agenouillée au pied de l'autel alors que les hommes sont sortis de la messe depuis longtemps, elle qui s'indigne de ce que François n'ait pas de chapelet, de ce que Fanny n'aille point à la messe. Des mères prient pour les fils absents, pour le père attardé sur les chemins; les filles prient pour un fiancé ou un frère en quête d'aventures. Le moindre obstacle, le moindre incident, a pour effet d'abstraire la sujette du monde des humains et de l'isoler dans la prière par laquelle elle s'affirme sans pouvoir et sans vouloir puisqu'elle s'en remet à Dieu pour combler ses attentes, comme Maria Chapdelaine ânonnant ses «mille Ave» la veille de Noël, retranchée dans sa répétition, coupée de sa famille, mais convaincue que sa demande sera exaucée car sa mère l'a affirmé : celle «qui dit ses mille Ave comme il faut avant le minuit de Noël, c'est bien rare si elle ne reçoit pas ce qu'elle demande» (96). Marguerite Morel s'en remet elle aussi à Dieu qui doit «l'éclairer» dans «le choix de celui qui devra aider le père à garder la terre» (*F,* 217). Armande qui désire un mari et des enfants s'adresse au fils de Dieu : «Bon Jésus, dit-elle, donnez-moi un bon mari et de beaux enfants comme vous» (*NB,* 64). C'est Dieu que la mère Lacourse implore quand elle ne sait plus que faire, liée à un ivrogne. C'est Dieu et les Saints qui sont chargés de régler les affaires de cœur de Lucienne Bellefleur qui incite Jean Bérubé à prier quand il l'interroge afin de savoir si elle viendra le rejoindre : «Jean, prie beaucoup la Sainte Vierge, [...] Tu sais ce qu'il y a entre nos deux familles»... (*CB,*

22) lui répond-elle. C'est Dieu qui est le confident d'Alphonsine qui «récitait mille Ave pour obtenir trois grâces» (*PT*, 11). LUI qui est imploré par Bella afin que soient sauvés ses compagnons exposés à la noyade au cours d'une promenade en bateau sur un fleuve déchaîné.

Dieu entend les prières. IL «récompense» Jeanne Thérien de «son ardente et jeune foi» (*AT,* 182) en lui ramenant l'aimé égaré. IL exauce Armande Hamelin et Marguerite Morel et la mère Lacourse et Lucienne Bellefleur et toutes les sujettes qui l'ont imploré par la voie de la prière, formule toute prête, parole sociale gelée qui se substitue au discours personnel et individuel lequel est affirmé impropre à la communication avec Dieu. Exceptionnellement la prière n'opère pas, comme on le voit dans le cas de Maria Chapdelaine qui ne reverra jamais François Paradis en dépit des «mille Ave» récités la veille de Noël. La représentation d'un Dieu non à l'écoute des dominés est subversive et cet élément contribue à distinguer ce texte de tous les autres de la série du terroir.

La prière, qui est un savoir affirmé opérationnel, est inculquée à tous les individus qui passent par les appareils idéologiques d'État contrôlés par la classe dominante, qu'il s'agisse de l'école, de l'église ou de la famille. Le roman du terroir représente l'efficacité du processus assujettissant, en même temps qu'il fonde en validité l'illusoire nécessité de la prière par l'exhibition de sujettes en posture de priantes dès que surgit le moindre obstacle sur leur parcours, obstacle toujours incontournable puisque le savoir et le pouvoir leur sont soustraits, ce qui les laisse inaptes à organiser ou à penser leur devenir. Par ailleurs, si la sujette est habilitée à se mettre en communication «indirecte» avec Dieu par le fait qu'elle soit contrainte d'utiliser le discours de la classe dominante et non le sien lorsqu'elle désire un bien, il est utopique de s'imaginer que le roman puisse représenter les dominés en position exclusive de bénéficiaire dans une relation avec Dieu. La représentation du don, dans le roman de la classe bourgeoise, ne se conçoit que dans la mesure où c'est le dominant qui est dans la position du bénéficiaire. Les dominés réceptionnent à l'occasion des dons dans une relation d'échange qui est toujours fort coûteuse pour ces classes et groupes. Quand Bella, par exemple, prie Dieu afin qu'elle et ses compagnons aient la vie sauve au cœur de la tempête qui fait tournoyer leur barque dans l'océan, ce n'est pas une demande qu'elle achemine au Seigneur mais un marché qu'elle lui propose : sa vie en échange de celle de ses compagnons. Dieu l'entend, la barque arrive à bon port et Bella entre au couvent. La mère Lacourse, c'est la guérison qu'elle demande, promettant en retour de se résigner à supporter un mari brutal et ivrogne avec lequel elle ne veut plus vivre. Marguerite, ce qu'elle échange, c'est elle-même contre la terre et il en va de même pour toutes les autres sujettes qui ne sont que les bénéficiaires apparentes dans ce marché qui ne profite jamais qu'à un sujet éminemment matériel.

Le susurrement de la prière a pour effet de faire passer le potentiel énergétique de Bella dans la communauté religieuse qui fructifie grâce au don définitif qu'elle a fait de sa force de travail; il a pour effet de maintenir le mari ivrogne de Madame Lacourse dans sa position de bénéficiaire de la force de travail de cette dernière et surtout, de sauvegarder dans son intégrité l'image de l'Institution mariage de sorte que les sévices et les humiliations seront endurés en silence, à titre de remboursement dû au Seigneur qui l'a guérie; il a pour effet, ce susurrement inaudible qui gomme les sujettes, de profiter aux pères destinataires d'un potentiel énergétique inconditionnellement mis à leur disposition.

L'affirmation de l'ordre patriarcal, un discours prescrit

La prière érode le caractère distinctif des individus fondus en un unique sujet soumis à un sujet imaginaire qui les transcende. La formation éducative de la sujette qui implique l'apprentissage d'un type spécifique de relation avec Dieu par laquelle elle est dépossédée de sa volonté, la modèle en vue de la relation avec les sujets de l'univers immanent figurés par le père ou le mari ou le curé. La négation de soi qu'opère la prière constituée d'un discours à double face, louangeur vis-à-vis de Dieu et dénigreur vis-à-vis de l'être humain, voit ses effets se perpétuer et se reproduire dans l'ordre matériel où la sujette se voit attribuer des qualifications faisant référence à sa modestie, à son humilité, à sa réserve, qualifications qui ont pour effet de la soustraire à l'éclairage direct de la scène romanesque, refoulée qu'elle est dans l'ombre des coulisses. Par suite de «sa» modestie ou de «sa» réserve, la sujette ne s'attribue jamais le mérite d'une action d'éclat dont elle est la sujette réelle. «C'est Dieu qui m'a donné l'inspiration de vous rejoindre ici!» s'exclame Marcelle Larisière qui sauve son mari d'une entreprise périlleuse. Représentée comme l'instrument de Dieu, elle l'est encore dans un autre cas, mais cette fois-ci c'est le curé qui en retire un bénéfice symbolique quand elle déchiffre une énigme, se soustrayant de la scène comme sujette réelle de la performance et y substituant cet autre sujet : «c'est le Père Moulié qui m'a inspirée» (*TG*, 259-262), dit-elle.

Le discours n'est permis que dans la mesure où la sujette consent à faire l'apologie du sujet et à se dénigrer, reproduisant ainsi le rapport qu'on lui a appris à entretenir avec Dieu. Le rôle de la sujette discourant est parfois fort bien décrit, comme c'est le cas dans *la Campagne canadienne* où la sujette est définie comme

> une personne de bon conseil dont on recherchait les avis, dont on désirait l'approbation; mais l'épouse, de son côté, n'oubliait pas que son mari était le chef, elle cherchait à saisir son point de vue, elle approuvait le plus possible, elle encourageait toujours, elle ne formulait ses doutes ou son opposition qu'en réservant d'avance sa soumission la plus entière à la décision finale. Et plus tard, si, selon ses prévisions, telle hardiesse de son mari aboutissait à un échec, elle évitait les allusions sarcastiques et savait prendre sa part du malheur commun […], la femme était vraiment femme et mère, le soutien, l'aide de son mari, jamais une usurpatrice ou un parti d'opposition […], on ne concevait pas qu'il en pût être autrement dans les familles de bonne éducation et de bonne conduite (199-200).

Cette représentation de l'assujettissement de la femme est confortée par la multiplicité des rapports entre sujets et sujettes au cours desquels la sujette est abstraite du monde des sujets, réduite au rôle d'automate par la dépossession du discours comme c'est le cas de la veuve Pèlerin à qui le curé recommande : «Vous m'aiderez; vous direz comme moi, et nous en ferons un homme sérieux» (*OP*, 46), dit-il en parlant du fils de la veuve dont il entend assumer l'éducation. Les sujettes, elles-mêmes, contribuent par leur discours à accréditer l'image de la non-valeur ou de la valeur négative de tout discours qui viserait à affirmer la sujette, à la mettre en relief. Marcelle Larisière, encouragée par ses amis à entreprendre une carrière de cantatrice tant elle est dotée d'une puissance vocale, ne veut rien entendre, arguant que «c'est seulement à l'église et cachée» qu'elle «chanterait avec bonheur les louanges de Dieu». Le méfait de l'éducation qui inhibe la sujette et bloque toute ambition se lit dans cette remarque : «Il faut, chez les gens de ma condition sociale, savoir modérer nos désirs» (*TG*, 106). Par leurs discours, les dominées apparaissent satisfaites de leur position sociale. Jeanne Morin donne également l'exemple d'une sujette qui approuve le système de classes, elle qui remarque, «je trouverais extraordinaire que moi, fille de fermier, ayant précisément la même fortune (que la femme du notaire), j'aie la prétention de vivre comme elle» (*RC-N*, 13).

Plus encore, et c'est ce qui vaut à Dosithée une attribution maximale de qualifications positives, c'est le système patriarcal qu'elle affirme, elle que le narrateur présente comme le modèle féminin car

> Loin de penser comme ces femmes égoïstes et stupides qui demande sans cesse le bonheur à leur mari et ne l'attendent que de lui seul, Dosithée, elle, songeait à se marier et se promettait de travailler au bonheur de son mari, sûre qu'elle était que, de ce fait, elle bâtirait en même temps son propre bonheur (*BR*, 18).

Le discours qu'elle va tenir est dans la logique de cette sujette idéale qui se dispose au mariage avec joie dès que son père en manifeste le désir et qui est prête à épouser Zéphirin, le fils du voisin qu'elle n'aime pas, simplement pour lui être agréable. C'est donc l'inégalité de statut entre les femmes et les hommes, résultant de l'exploitation de la femme par l'homme, qu'elle justifie. «Une femme intelligente», dit-elle à Zéphirin,

> doit tenir compte que le travail de l'homme est bien plus écrasant que celui de la femme. Si l'homme ne prenait pas de repos entre deux rudes besognes, il durerait bien moins longtemps que la femme (qui) n'est jamais, ou bien rarement du moins, astreinte à des besognes qui dépassent ses forces (*ibid.*, 45-46).

En utilisant la sujette pour développer une telle argumentation le roman du terroir invisibilise l'inégalité de statut des sujets masculin et féminin en même temps qu'il la révèle par les contradictions que recèle le discours de Dosithée. Affirmer que l'homme est plus fort que la femme et qu'il a besoin de plus de repos à défaut de quoi il «durerait bien moins longtemps que la femme», est paradoxale si l'on affirme en même temps que, plus faible, la femme n'a pas besoin de repos entre deux besognes de sorte qu'il lui est loisible d'assumer le travail domestique, en sus du travail à l'extérieur, pendant que son mari se repose. La contradiction se vérifie puisque dans ce système c'est la femme qui «dure moins longtemps», ce qui a été dûment établi. Par ailleurs, l'occultation de l'inégalité de statut se réalise par le fait que c'est un individu féminin faisant partie du groupe dominé qui tient ce type de discours adressé à des consommateurs et consommatrices moulés à cette idéologie et inaptes, par manque de savoir et de pouvoir, à la démanteler et à la contrer.

L'incompétence de la sujette à discourir

La sujette n'est jamais transfigurée à la suite de la production d'un discours comme c'est le cas d'un Yves Beaumont (*T*) qui «électrise» l'assistance par ses propos qui font l'objet de commentaires élogieux, tant de la part des élites que des habitants. Marcel Dupont, quand il parle, est écouté et regardé «religieusement» par sa femme Geneviève qui le vénère, lui qui est «si humain, si grand» (*FV*, 61). Mais un discours de femme ne subjugue personne dans le roman, quelle qu'en soit la teneur. Qu'il nie ou affirme le système pratriarcal, il est toujours objet de dépréciation, soit dans sa forme, soit dans son contenu. Bien qu'elle souscrive inconditionnellement à l'ordre patriarcal par son discours, Dosithée n'en est pas moins qualifiée de «babillarde» par son père, ce qui a pour effet de disqualifier sa production discursive par la connotation de futilité, d'infantilisme et de langage propre aux volatiles, qui s'en dégage. Jeanne Girard (*JF*) ou Jacqueline Duvert (*T*) sont certainement les cas les plus représentatifs de sujettes inaptes à acheminer une pensée en termes clairs et structurés, elles qui «balbutient», «bégayent», prononcent des paroles «incohérentes», «rougissent», «pâlissent», «pleurent», baissent la tête et souhaitent s'évanouir au moment précis où elles devraient s'affirmer comme sujettes par leur discours. Les sujettes mariées, à l'exemple de Dame Ouellet, sont tout aussi dépourvues et se révèlent inaptes à articuler une pensée qui apparaît non élaborée, pensée représentative du stade inchoatif du langage qui affecte les sujettes décrites comme «geignardes», réduites à «bougonner» ou à «marmonner».

Parfois, c'est au niveau du contenu que le discours est discrédité ainsi qu'on peut le voir dans le cas de Marie la «fille à Menaud». Marie voulait épouser le Délié mais, victime des pressions que lui fait subir son père, elle renie son moi incarné et se soumet à l'idée d'épouser le Lucon, un disciple du père. Soucieuse de connaître les projets d'avenir de Lucon, elle lui suggère : «il y a de la bonne terre; ce serait plaisant de vivre icitte...». Que de mépris cet idéal ne suscite-t-il point de la part d'un narrateur qui se fond dans le héros! «Ce que Marie lui avait proposé, c'était la petite vie, étroite, resserrée, pareille à la vie des ours en hiver.» Ils dorment, se lèchent la patte dans leurs trous (*MM-D*, 180). Créant l'illusion que Marie a le choix de s'attacher ou non l'autonomie, elle qui, en dépit de son vouloir, a dû renoncer au Délié qu'elle désirait, le roman lui attribue un rôle d'opposante que ne fonde aucune puissance et par conséquent, aucune logique.

Quand tout le patrimoine menacé s'était agrippé à lui, suppliant : «Tu ne nous abandonneras pas!» Marie avait opposé son rêve à elle, son idéal de vie enclavée, pareille à celle de ces égoïstes qui n'avaient rien voulu entendre au delà de leurs clôtures» (212).

Le pendant de Marie c'est Josephte Auray qui choisit de refouler son discours afin de ne pas «engluer les ailes de cet oiseau migrateur» qu'est Vincent Douaire. Josephte se meurt d'amour, «épuisée, amaigrie avec ses yeux cernés»; elle n'a plus sommeil, elle se tue aux «travaux» et ne vit que de savoir qu'elle a le pouvoir de mettre fin à cette lente déperdition de soi. «Si elle le désirait, elle pouvait faire pencher la balance», mais Josephte ne parla pas [...], «ne voulut pas user de son pouvoir» (*N-S,* 204). Alors, quand tout l'espace s'ouvrait devant un Vincent dynamique qui s'envola, Josephte la cueilleuse se nicha dans sa «maison lointaine, petite et frustre, perdu dans la forêt comme un joujou d'enfant» (*ibid.,* 217).

Les sujettes issues des classes sociales dominées n'ont d'autre choix que de commettre un acte de langage qui n'a jamais d'autre effet que de susciter le mépris des dominants — ou de se taire, ce qui est équivalent en termes d'effet car dans l'un ou l'autre cas elles sont représentées dans une position humiliée. Pour la sujette issue des classes dominantes, l'humiliation se réalise non par le mépris affiché pour la personne ou le discours qu'elle tient mais, plus subtilement, par l'exhibition d'un défaut de savoir que va compenser un sujet bien doté sur les plans du savoir et du pouvoir. Quand Irène de la Gorgendière fait la connaissance de Robert Lozé, il est avocat mais pauvre. Elle l'aide alors à retrouver «le sens moral», euphémisme qui signifie que grâce à Irène il s'infiltre dans une classe sociale propice au développement d'intérêts économiques. L'ascension sociale de Lozé est marquée par une position de dominant que lui confère le récit dans ses rapports avec Irène. C'est l'avocat qui explique l'utilité des «bains de boue» à la fille du médecin. Doté du savoir universel il lui explique en quoi consiste le «louvoiement» d'un bateau et quand la conversation dérive vers des questions d'ordre économique, «venant au secours d'Irène» (138), il se substitue à elle qui perd intérêt à une discussion d'où elle est éliminée en tant que participante. Elle va donc se coucher. Cette scène crée toutefois l'illusion que la sujette, en raison de son appartenance au sexe féminin, est inapte à comprendre les questions «sérieuses». La représentation de la sujette inapte à structurer sa pensée, stagne en permanence dans le roman.

Pendant que les femmes au verbe terre-à-terre s'entretiennent de la chronique comparée des choses et des usages [...] les trois hommes plus pratiques [...] vont s'occuper d'un projet [...] Pendant que ces dames en causent pour causer, eux étudient les aspects, dressent des plans et crayonnent des devis (*OP*, 258-259).

Et, quel que soit le contenu du discours tenu par le sujet masculin, qu'il s'agisse d'activités relevant du travail ou des loisirs, le sérieux en est constamment affirmé. Quand les travailleuses et travailleurs se reposent, dans *Jeanne la fileuse*, «les jeunes filles causent colifichets» tandis que «les garçons, plus sérieux, parlent chasse, pêche, voyages aux pays d'en haut» (59).

Un effet de distanciation entre sujet et sujette est créé par la dotation du savoir à l'un et sa soustraction à l'autre qui est représenté en position subordonnée dans sa relation au sujet détenteur, position de la veuve Pèlerin qui «consultait» son fils sur «toute chose, inquiétudes lancinantes ou vétilles», vaines préoccupations d'un esprit mobilisé par de «futiles conversations» (*OP*, 92), ce qui est également le cas d'Esther Brillant qui ne s'exprime que dans des «conversations oiseuses» (*ibid.*, 132). Cette distanciation se réalise effectivement et concrètement dans la mise en scène de groupes humains, lors de veillées ou autres réunions sociales, lesquels manifestent la division sociale avec les hommes d'un côté et les femmes de l'autre.

La société divisée se réalise, dans le roman, par l'absence d'échange entre dominants et dominés, la représentation de la reconnaissance de la sujette par le sujet dans une relation de communication étant contraire aux intérêts de la classe dominante qui veille à la reproduction de la société divisée dont l'image est inculquée par son appareil culturel dont le roman. Inapte à discourir, tant son discours est pauvre au niveau du contenu et pauvre au niveau de l'expression, la sujette est «naturellement» éliminée de la communication avec le sujet et, plus encore, le roman affirme qu'elle n'a pas besoin de parler pour être comprise. Josephte Auray n'a que faire d'exprimer ses sentiments; par le seul mouvement de ses yeux qui «évitaient les siens [...], fuyaient, se posaient à peine [...], Vincent devinait leur réponse hardie» (*N-S*, 24). Il suffit à Marie-Anne Salins, «d'éclairer son visage d'un sourire furtif et abaisser deux fois ses longs cils» (*TD*, 136) pour que Hervé Lamothe comprenne qu'elle désirait passer la veillée avec lui. «Les regards éloquents» de Sarah Alderson ou de Louise Boudreau sont d'une lecture facile pour Paul Allaire et Paul Garon de même que pour le veuf Eusèbe Landry qui déchiffre le consentement au mariage à travers ceux de Marie Dumont qui «releva ses beaux yeux et les fixa sur le veuf en souriant. Elle lui disait ainsi son amour neuf et vivant, son désir de lui appartenir à jamais» (*CF*, 104). L'éloquence c'est encore dans une pression de la main qu'elle peut se manifester de sorte que les sujets, incapables «d'articuler les phrases d'amour» qu'ils ne formulent «qu'intérieurement», n'ont même «plus besoin de parler» dit le récit, «toute l'éloquence se réfugia(nt) dans cette pression» quand leurs «doigts s'étreignent» (*P*, 79).

La femme-signe, offerte en lecture, va faciliter son déchiffrement en multipliant les indices. Quand «deux larmes perlèrent» (*RC*, 30) dans les yeux de Mérilda Bellefleur, Bruno sut qu'elle l'implorait de cesser de boire. Les exclamations et les sanglots des femmes Rioux indiquent au maître en colère qu'il doit épargner son fils rebelle; c'est par un «regard humide» et «la voix mal affermie» (*M*, 17) que Suzanne Germain exprime son mécontentement à Fabien Picard qui l'a assaillie. Toutes les femmes pleurent dans le roman du terroir; pleurs pour implorer un Dieu, un père, un prêtre ou un fiancé, toutes ont, comme la fière Claire Després, au moins une «larme» qui glisse sur une «joue» (*C*, 57) au cours du roman laquelle se substitue au discours.

D'autres indices, notamment la rougeur qui est aussi généralisée que les pleurs dans le roman du terroir, permettent au sujet de déchiffrer la sujette. Parmi ces indices signalons encore la pâleur et les regards nuancés par la joie, le courroux, la mélancolie ou la luminance. Quand Pierre Montépel, dans *Jeanne la fileuse*, déclare au frère de Jeanne Girard et en présence de celle-ci qu'il la convoite, «surprise, rougissant, pleurant, elle avait failli s'évanouir (et) ne sut que balbutier quelques mots inintelligibles» (60). C'est là un comportement très lisible pour le héros masculin qui, selon le narrateur, interprète ainsi : «Et Jeanne, son trouble, ses manières embarrassées, ses paroles incohérentes, ses mots balbutiés, tout ne disait-il pas à Pierre qu'il pouvait espérer! » (64)

Au niveau apparent du texte littéraire la dépossession du discours dont est affectée la sujette est lue comme un effet de sa timidité, de sa bonté ou de sa générosité quand elle accepte, par exemple, de renouer des relations amoureuses avec un fiancé qui l'a délaissée pour cavaler, comme c'est le cas de Jeanne «la douce fiancée des Bergeronnes» qui accueille Paul Duval» «en rougissant un peu» quand il revient de son périple amoureux avec son «bon sourire», son «regard franc et hardi» qui la laissent admirative :

> Oh! comme cette Montréalaise avait dû l'aimer [...] Mais ce ne fut qu'une pensée qui traversera, rapide, l'esprit de la jeune fille et elle la chassa vite. Non, il ne fallait plus penser à cela; c'était fini. Il était revenu et il resterait toujours... (*AT,* 183).

Hubert Rioux peut revenir lui aussi sans avoir à se soucier du scandale car «toute rougissante, ne pouvant maîtriser son émotion» tant elle le trouve «transfiguré», Jeanne Michaud lui pardonne son escapade, «puisque vous êtes redevenu ce que vous étiez, je serai avec vous, car moi je n'ai pas changé» (*LTA*, 170-171), le rassure-t-elle. Toutes oublient leurs tourments, se taisent et expriment leur reconnaissance au héros qui revient. Par contre, lorsque Lucette Neuville rejoint son village après avoir, elle aussi, vagabondé en ville, l'ex-fiancé aboie qu'il ne veut pas «des restes d'un chien» tandis que le père lui claque la porte au nez : «dehors la pestiférée morale!»

Au-delà de l'illusion créée par le roman d'une passivité inhérente à la féminité se dissimule, dans les replis du texte, la cause réelle de l'inaptitude des sujettes à discourir. Après que Jeanne Thérien eut été abandonnée par son fiancé, le père de Jeanne se tourmente : «il lui faudra travailler, s'engager peut-être comme servante dans une ferme», songe-t-il. «Ah! qu'il eût été heureux, au seuil de sa vieillesse de la voir entrer en ménage, comme tant d'autres filles de la paroisse» (*AT*, 151-152). Non autonome sur le plan économique, non dotée de la compétence nécessaire à l'acquisition d'un tel pouvoir, l'alternative : se taire ou parler ne se pose pas pour la sujette qui est représentée dans la position humiliée des dominés par suite de la dépossession du discours qui l'affecte, ce qui a pour effet de la rendre inapte à prendre conscience de sa situation d'exploitée et inapte à revendiquer un statut d'égalité avec le sujet.

Chapitre 4

La représentation de la femme comme objet de valeur

La représentation de la femme dans le roman du terroir est celle d'une sujette inapte à faire, inapte à dire, inapte à être sinon en l'état dégradé que réalise sa position de subordination dans son rapport à tout sujet. Ce qui fonde cet état dégradé c'est la déperdition dont elle est affectée, étant dépossédée de son potentiel énergétique et intellectuel sans qu'aucune acquisition ne vienne, en retour, compenser ce manque. Le roman masque ce fonctionnement par une attribution de qualifications qui visent à restituer quelque substance ou densité à une sujette dont la composante humaine s'effrite au fil de la lecture sous l'effet de sa silencieuse bonté-générosité-douceur qui l'assimile à une ressource matérielle dont le sujet tire profit. Celles qui se soustraient à ce processus dégradant sont évacuées du roman prématurément par la répression violente. Ce sont les égoïstes-vaniteuses-orgueilleuses qui ont connu la jouissance dans les relations sexuelles libres et qui sont châtiées par la mort, l'exil ou la vie de nonne.

Délestée de son statut de sujette, sans pouvoir ni vouloir, forme évidée de toute substance : tête écervelée, corps castré, radiée de la catégorie des humains, exhibée dans la défroque humaine, la sujette est devenue un objet parmi les objets de l'univers ce que marque une série de qualifications qui visent à combler, en apparence, la déperdition matérielle qu'elle subit en lui redonnant quelque densité selon un processus qui complète l'opération de chosification.

4.1 *Une composante minérale*

Perpétuant le geste du Créateur qui insuffla la vie à deux figurines pétries d'argile, le roman, à partir de quelques ingrédients minéraux, quelques fibres végétales et quelques éléments de la vie animale auxquels s'adjoignent quelques données abstraites, produit un objet qu'il met en situation et qui est censé représenter la femme.

Tous les minéraux ou produits naturels tels que l'or, l'argent, l'ébène, l'ivoire, le marbre, l'argile, la perle, le roc, de même que les éléments naturels tels que les étoiles, la neige, l'onde ou l'azur, entrent dans la composition de la sujette qui acquiert densité et permanence en même temps qu'elle se voit pétrifiée et réduite à l'inertie de la matière. Le minéral est un donné brut de la nature, donné uniforme qui n'émerge dans l'univers des objets mis en circulation que sous l'impulsion du travail de l'artiste qui lui confère, par la forme dans laquelle il l'investit, une existence reconnue par la valeur qui lui est attribuée dans l'économie du marché. Cette valeur qui fluctue parce qu'elle est symbolique, est liée à un phénomène de raréfaction des produits mis en marché. La femme, dont le statut d'objet a été mis en évidence, est soumise aux lois de l'économie de marché par la valeur qui lui est ainsi attribuée par les dominants. L'extrait suivant, est, sur ce point, fort explicite : «cette femme» dit le narrateur qui se glisse dans la peau du héros Fabien Picard observant Lucille Mercier, «comme toutes les autres d'ailleurs, était peu de chose dans la création, surtout dépouillée de l'auréole dont les hommes parent les filles d'Ève» (*M*, 13).

La valeur des sujettes fictives est subordonnée à deux facteurs, d'une part à leur origine sociale et d'autre part à leur docilité. Les sujettes issues des classes pauvres, celles qui se donnent sans compter, travaillant tous les jours de la semaine et consacrant leur dimanche à faire du ravaudage, ainsi que le fait Marcelle Larisière, ou à d'autres besognes qu'elles déclarent faire «avec plaisir», ce qui revient à dire que c'est un loisir, sont assimilées au métal brut et représentées comme de «l'or en barre». Les sujettes décidées, celles qui affrontent le sujet, sans toutefois verser dans la subversion sont, à la manière de Claire Després, «taillées» dans le «marbre» (*C*, 34), à moins qu'elles n'acquièrent la rigidité des éléments naturels comme Marie-la-fille-de-Menaud qui, pour obéir à son père et reprendre sa parole donnée, ose affronter le Délié «le visage glacé à pic» (*MM-D*, 165). La performance ne donne jamais lieu à la transfiguration de la sujette tandis que sa beauté, qui est un état indépendant de sa volonté et qui est en outre le résultat d'un jugement de valeur, fait l'objet de discours qui créent l'illusion d'un processus de valorisation de la sujette. Or, ce processus est bien illusoire dans la mesure où c'est une sujette statufiée qui est mise en scène. Les sujets des classes humbles, idéalisant l'objet de leur amour à la manière du fils L'Épicier qui susurre à son Ernestine qu'elle est «bcn faite comme ane estatue» (*H*, 18), ou encore comme les ouvriers qui ne savent voir dans l'objet de leur désir que le produit du travail de l'artisan quand ils affirment, en parlant de Diane Fillion par exemple, qu'elle est «une belle femme faite au tour» (*AR*, 109), exhibent leur position de classe en même temps que l'idéologie qui les a moulés. Il y a chez ces sujets, tels que représentés, une inaptitude à se dégager des stéréotypes faisant référence au travail manuel relativement grossier de l'artisan qui «taille» la matière, qu'il s'agisse de celui qui travaille au «tour» ou «moule» la matière, quand ils désirent représenter la femme, objet de leur désir. Et par ailleurs, eux-mêmes produits d'un système patriarcal qui subordonne la femme à l'homme, ils sont inaptes à la percevoir autrement que comme produit du travail d'un Homme assimilé au Créateur.

Mais quand il s'agit des sujettes issues des classes riches, bien que soumises au processus de pétrification par le biais des comparaisons qui les investissent dans la matière minérale, elles émergent tout pareillement comme produit du travail de l'Homme, sauf qu'il s'agit d'un créateur plus raffiné, d'un orfèvre par exemple, et l'éclat dont elles brillent sous l'effet de l'or et des pierreries est indicatif de leur position de classe. Nicole de Rencontre, fille d'un médecin montréalais appartenant à la haute bourgeoisie est un objet si chatoyant qu'elle fascine Julien l'habitant tout en le maintenant à distance. «On dirait que vous êtes tout en or, lui dit-il, de la tête aux pieds et que l'on vous a passé quelque dalmatique en ivoire. Vos cheveux mêmes sont des fils d'or; et il semble que l'on voit vos yeux verts comme par deux fentes ovales dans un masque de métal» (*S*, 34). Nicole est comparée à une «icône byzantine», à un «bijou vivant», à un «joyau de millionnaire», ses yeux sont des «joyaux», ses dents de «nacre pure», son teint ressemble à «l'ivoire du Cap, un ivoire blond, un grain très fin, mat», enfin Nicole n'est pas une sujette désirée par un sujet, c'est un composé minéral complexe, un objet de luxe coruscant qui miroite sous le regard de l'habitant fasciné et conscient tout à la fois que cet objet de valeur, par suite de son appartenance de classe, est inaccessible.

Les sujettes que l'on peut qualifier de fictives puisque leur statut de sujet n'est qu'apparent, vont donc se distribuer en deux catégories selon l'usage auquel elles sont destinées. «On n'emploie ni l'or à labourer les champs, ni l'argent à renforcer la coque des navires; on ne creuse pas la terre avec un hoyau d'or, on ne cloue pas les planches avec de l'argent.» (France Quéré-Jaulmes, *la Femme, les grands textes des Pères de l'Église,* p. 138). Les métaux précieux, parce qu'ils évoquent l'artifice et l'accessoire, sont classés métaux inutiles et marqués négativement par opposition aux métaux utiles sur lesquels se fonde le travail de l'homme. Associer, par le biais des comparaisons ou des métaphores, le métal précieux à la femme revient à la qualifier indirectement, mais explicitement, d'objet inutile, luxe de la société patriarcale. La valeur symbolique attribuée aux objets entre dans un processus de raréfaction qui a pour effet d'accroître le profit lors de l'échange de l'objet doté de valeur. Si une Marcelle Larisière, résistante et massive, figurée par de «l'or en barre» est cotée pour sa vaillance au travail, comme l'était d'ailleurs Alphonsine Branchaud «forte et râblée» et par conséquent «bien tournée» (*TA*, 17), il n'en va plus de même quand il est question d'un objet délicat tel que Bella, manifestement «pas taillée pour les rudes travaux de la ferme» et dont la fragilité, la délicatesse et la rareté se lisent dans «l'ébène de son opulente chevelure, son bras si finement ciselé au poignet (qui) allait s'arrondissant comme un beau marbre, en s'enfonçant dans le fouillis des dentelles» (*EPG*, 167). Un tel objet ne peut être réservé qu'à un collectionneur de classe et en effet, c'est Dieu qui se l'attribue mais, contradictoirement, Bella qui n'était pas «taillée pour les rudes travaux de la ferme» le sera pour ceux tout aussi rudes des hôpitaux!

4.2 *Une composante végétale*

Si le minéral confère une rigidité absolue à la sujette fictive, les images puisées dans le règne végétal visent à créer l'illusion d'un dynamisme qui ne communique à l'objet qu'une existence végétative. Là encore, c'est exclusivement le degré de sa beauté et de sa docilité qui président à l'attribution de qualifications positives ou négatives, le tout constituant un discours incohérent, sibyllin, dont la lisibilité ne repose que sur le travail d'inculcation opéré par les appareils culturels sur les consommateurs / trices de textes imprégnés de cette imagerie stéréotypée. Quand Angélina Desmarais s'interroge en ces termes : «est-ce qu'on demande à l'automne de ressembler au printemps? Un arbre ne porte pas en même temps la fleur et le fruit»

(*M-D*, 154), il est nécessaire d'avoir été moulé dans un système culturel particulier pour comprendre que cela signifie qu'une femme vieillit! La classe cléricale a grandement contribué à produire et reproduire une imagerie de ce type. Les textes des Pères de l'Église, par exemple, font fréquemment référence à la végétation pour expliciter leur vision du monde divisé et hiérarchisé; Jérôme, imposant la virginité à la femme, tient ce discours amphigourique :

> Fille du mariage, la vierge rend au fruit ce qu'elle avait perdu à la racine. Une branche sortira de la racine de Jessé et une fleur montera de cette racine. La branche est la mère du Seigneur, simple, pure, franche, jamais touchée par des germes étrangers, seul Dieu l'a fécondée à sa ressemblance. La fleur est le Christ qui dit : «Je suis la fleur des champs et le lys des vallées» (France Quéré-Jaulmes, *ibid.*, 99).

Ainsi se dessinent les origines de l'association fleur-virginité et ainsi s'expliquent des oppositions stéréotypées comme fleur des champs *versus* fleur de serre, observées dans le roman. Un des termes est marqué positivement à titre de référence à Jésus-Christ issu des classes humbles et à titre de référence à une société agraire liée à la nature que l'idéologie traditionnelle assimile à un don de Dieu. Par contre, la fleur de serre, produit artificiel, raréfié, mis en marché en vue du profit est marquée négativement car elle fait référence au système d'échange de la société capitaliste.

L'attribution des qualifications est fondée sur un système qui différencie les célibataires des mariées et, naturellement, les classes riches des classes pauvres. Lucienne de la Chesnaye est assimilée à la plante de serre, produit rare et raffiné qu'un œil roturier aurait pu, toutefois, confondre avec une espèce commune car «on disait volontiers, en parlant de Lucienne : elle est plutôt charmante que jolie», mais l'œil expérimenté du connaisseur décelait spontanément la différence, sachant que la vision était faussée parce qu'on «ne la voyait pas toujours aux heures où elle s'épanouissait comme un beau lis blanc et élancé sous le soleil de printemps (car) alors elle était belle» (*RL*, 154). La gracilité et la virginité, qui est figurée par le «lis blanc», fondent la valeur de Lucienne, mais ce n'est là qu'une illusion car ce qui fonde la valeur réelle de l'objet féminin, c'est le désir qu'il suscite chez l'acquéreur. Polarisant le désir du veuf Eusèbe Landry, Marie Dumont, sous le feu de ses «yeux ardents», se dilate «comme la fleur qui s'épanouit sous les feux du jour» (*CF*, 107). Sous le feu du baiser de Paul Garon, Louise Boudreau est «comme la corolle du lis qui vient d'ouvrir au soleil ses pétales embaumés» (*TV*, 55).

Assimilée aux objets de la société marchande, la femme est dépourvue de valeur et d'existence si elle n'est l'objet d'aucune demande sur le marché. Angélina Desmarais, qui est «passée fleur», a le «teint cireux» et les «cheveux morts». Mais que sur elle s'attarde le regard du Survenant, même «par hasard», et voilà qu'elle reprend vie et «embellit», «transfigurée» soudainement par l'amour. D'ailleurs, si parfois l'objet féminin «vibre» comme une «feuille» (*M*, 11) ou «frissonne» ou «tremble comme la feuille du peuplier» (*JF*, 60) ou «comme feuille au vent» (*CF*, 101), ce n'est que sous l'action du souffle «d'amour» du sujet ou des rayons ardents de son regard. Il n'est pas d'autre cause à son dynamisme apparent; seul le sujet est à l'origine de l'épanouissement de la plante à qui il communique la vie et le mouvement par les vibrations et frémissements qu'il suscite en cet objet végétal. Dotée d'une vie végétative, la sujette est représentée dans un état d'humiliation plus habilement masqué au niveau du discours quand il s'agit de la classe riche car les fleurs de serre sont alors confiées aux soins attentifs de jardiniers qui les traitent avec délicatesse. Mais quand il s'agit d'une fleur des champs, elle est confrontée à une double humiliation par suite de son appartenance au groupe et à la classe dominée. Jean Berloin, engagé dans un corps-à-corps amoureux avec Régine Groleau, ne la repousse-t-il pas soudainement avec brutalité en lui criant avec colère : «J'aurais pu te prendre comme on cueille une fleur et comme on la laisse ensuite tomber» (*TH*, 87). Les fleurs des champs, contrairement aux fleurs de serre, sont aussi celles qui «s'étiolent» comme les filles Giroir par suite d'une exploitation non rationnelle de leur potentiel énergétique.

Le statut de végétal permet de représenter l'objet féminin enraciné au sol. Les jeunes, célibataires et dociles et dont Dosithée Ouellet est le type, émergent dans la nature comme des plantes d'autant plus fragiles qu'elles ne subsistent et ne croissent qu'en des lieux spécifiques.

> Il est des fleurs qui dépérissent et meurent lorsqu'elles ont été transplantées dans un sol étranger et sous une atmosphère inconnue; Dosithée était une de ces fleurs qui ne s'acclimatent point. Et elle le sentait, elle le savait : loin de la terre paternelle, elle s'anémierait, elle mourrait! Elle souhaitait donc de demeurer toujours là (*BR*, 16).

Par contre, quand il s'agit d'une pauvresse, comme la veuve Pèlerin, elle aussi apparaît enracinée au sol mais est dépourvue d'éclat. La fleur se transforme en «pauvre plante agreste, poussée dans le terroir canadien, y tenant par des racines trop profondes» au point qu'elle préfère mourir de faim dans son pays plutôt que de se rendre à l'invitation de sa sœur qui vit richement aux États-Unis. Attitude que justifie le narrateur, car «vouloir l'en extraire (de son pays), pour la transplanter là-bas, c'était déjà la détruire» (*OP*, 139). Autrement dit, le processus de dépérissement qui est en cours par suite de sa misérable situation socio-économique, doit susciter chez le lecteur / trice de l'admiration pour le sentiment d'appartenance au pays.

Les sujettes qui sont virtuellement héritières de biens matériels et qui n'existent que pour sauver la terre paternelle, sont représentées solidement enracinées au sol. Marguerite Morel qui dit à Duval que jamais elle ne quittera la terre paternelle, adhère fortement au sol, «solide comme les racines d'un chêne» (*F*, 230). Et Jeanne Michaud qui adopte une attitude semblable est de «bon bois d'érable» (*TA*, 23), et encore Adèle Rioux, qui est un «solide brin de fille» (*ibid.*, 9) ou la «fille à Menaud» qui est «bien en sève». Celles qui servent les intérêts du père et dont la force de travail est exploitée, acquièrent donc plus de consistance, évoluant de l'ordre des herbacées ou plantes à fleurs faiblement enracinées dans le sol à celui des plantes ligneuses solidement implantées.

Une autre forme d'imagerie, centrée sur l'association femme-fruit, donne lieu à des déploiements discursifs. Les bouches sont «charnues et rouges», semblables aux «framboises mûres», aux «cerises écrasées» ou aux «fraises»; les teints ont le «velouté de la pêche», les joues sont «vermeilles» et celles de Marguerite Morel sont «rouges comme en pleine maturité les pommes fameuses des Côtes laurentiennes (*F*, 10). L'objet féminin, dans son rapport au sujet, est assimilé au produit alimentaire. Eusèbe Landry, convoitant Marie Dumont, la «buvait des yeux», la mine «réjouie, les yeux agrandis et brillants», image qui n'est pas sans créer un effet de rappel de l'histoire de la blanche chevrette de Monsieur Seguin guettée dans l'ombre par le loup aux regards luisants. Les sujets, dans la relation d'amour, sont représentés dans la posture de l'animal affamé. Fabien Picard, la nuit tombée, est soudainement mû par un «désir fou», un «désir brutal», «d'écraser (ses lèvres) sur la bouche charnue et rouge» (*M*, 11) de Suzanne Germain. Si la représentation de Michaud, dont les yeux «luisaient étrangement» quand il regarde sa femme «avec avidité» (*AR*, 162), l'assimile à la bête inassouvie, Jean Berloin, lui qui «boit la vie», «longuement, rageusement» (*TH*, 138) «sur la bouche» de Régine Groleau dont il «dévore des yeux le corps moulé par la flanelle claire», c'est plutôt le vampire qu'il évoquerait. Cette relation de consommateur à consommée, qui est censée figurer le rapport d'amour se lit encore dans une série de qualifications telles que «belle à croquer», «exquise», «délicieuse», expressions innocentes en apparence mais qui sont des indices du statut de l'objet féminin.

L'image de la femme-fruit, c'est encore dans les textes des Pères de l'Église, qui se sont complus à justifier l'ordre patriarcal à partir d'affabulations simplistes, qu'elle s'est élaborée. L'histoire de la pomme, notamment, qui expliquerait la séculaire sujétion de la femme vivant dans la subordination d'un homme institué maître pour s'être laissé berner, en dépit de son caractère absurde, s'est malgré tout reproduite pendant des siècles dans un système où l'appareil culturel était aux mains de la classe productrice de cette représentation des rapports humains.

4.3 *Une composante animale*

L'illusion du dynamisme de l'objet féminin croît avec l'attribution de qualifications faisant référence à la vie animale. Les textes religieux inculquant l'idée que l'état de castré correspond à un état d'élévation sociale maximal, ont produit et reproduit une image dégradée de la sexualité. La femme qui nie la virginité et assume sa sexualité est assimilée, par Jean Chrysostome, à un «pourceau», à une «bête couverte d'ordures» (France Quéré-Jaulmes, *ibid.*, 68) et parmi «toutes les bêtes sauvages, il ne s'en trouve pas d'aussi nuisantes que la femme» (*ibid.*, 17) poursuit le saint Père. Faisant chorus, Saint-Thomas décrète que la femme a été «créée plus imparfaite que l'homme». Toute l'ingéniosité intellectuelle des bons Pères de l'Église s'est concentrée dans l'élaboration de théories étayant cette irréfutable vérité. Les textes tissent de subtiles ou grossiers rapports de similitude entre la femme et les animaux inférieurs. Le serpent se serait mis en communication avec la femme parce qu'il aurait perçu qu'elle était moins intelligente et d'une volonté plus vulnérable que celle de son compagnon (Jean-Marie Aubert, *la Femme*, 94); or elle a réussi là où l'ingénieux serpent a échoué puisqu'elle a su séduire l'homme! L'absence de logique, de cohérence et de vraisemblance des textes religieux n'est pas pour surprendre dans la mesure où, dominant les appareils idéologiques d'État, la classe cléricale a longtemps été la seule détentrice du pouvoir de discourir de sorte qu'elle pouvait allègrement reproduire son aberrante idéologie sans crainte d'être confrontée à ses propres contradictions. Galilée faillit perdre la tête à ce jeu.

Les producteurs de textes littéraires façonnés dans l'appareil culturel de la classe dominante, reproduisent cette vision du monde dans un langage toutefois plus affiné qui confère au texte sa spécificité. Le volatile capturé par le chasseur est l'image privilégiée par le roman en vue de la représentation de l'objet féminin, ce qui est joliment présenté dans *Jean Rivard*

> Une fois la cage construite, ne fallait-il pas un oiseau pour l'embellir et l'égayer? Et cet oiseau se présentait à l'imagination de notre héros sous la figure d'une belle et fraîche jeune fille aux yeux bleus... (121).

La «cage» ou le «nid», selon que l'abri est conçu par un jaloux ou un procréateur, est destiné au «rossignol» figuré par Marcelle Larisière qui vocalise, au «pinson» quand l'objet féminin est gai, à la «caille» (*M-D*, 137) lorsqu'il s'agit de Blanche Varieur qui est grasse, à «l'outarde» figurée par la méfiante Angélina Desmarais. Par sa chevelure, l'objet féminin est apparenté à la «corneille» ou au «cygne» par son cou, et même au «poisson gelé» (*TG*, 53) par son regard. Craintif, l'objet féminin tel «une perdrix [...] se lève sous le pied du chasseur» (*MM-D*, 207); fragile, c'est un «oiselet» et «une petite poule bien emplumée» (*AR, 99*) quand les sujets des classes pauvres expriment leurs désirs. Les sujettes non dociles sont identifiées par une série de qualifications qui vise à les discréditer. Dorothy Lanting, la citadine qui ne veut pas être assimilée aux valeurs de la campagne, n'est qu'un «oiseau au beau plumage» (*LTV*, 75), c'est un leurre comme Lucille qui n'est «pas une oie blanche» parce qu'elle entend choisir ses amoureux; quant à Blanche Davis qui tient tête à son père, c'est une «tête de linotte» (*AT*, 49).

L'objet féminin, représenté comme un animal non domestiqué, crée un effet de titillation sur le sujet apparenté dans ces cas au dresseur. Gros-Gras, qui a «des gars à établir», dit à son fils : «faudra que tu retournes voir la grande Angèle à Desmarais. Elle finira ben par se laisser apprivoiser comme les autres» (*S*, 30). La «grande Angèle à Desmarais», qui est «rétive» (29), qui a une «allure efflanquée» (60) et qui est «farouche» (153) n'est pas une jument; c'est une femme, c'est la fille de Desmarais.

Comparer Angélina à une jument revient à lui conférer une certaine supériorité de statut par rapport aux autres objets assimilés aux oiseaux ou aux félidés car le cheval a longtemps été valorisé dans les sociétés humaines qui ont fondé leur développemement sur son potentiel énergétique. Dans une société de type agraire le cheval, à cause de son utilité, a pu être regardé comme un objet de valeur. C'est le vieux compagnon de travail, le coursier agile qui décroche prix et médailles lors des concours agricoles, contribuant ainsi à rehausser le prestige de la famille Barré dans *la Campagne canadienne*; c'est le fougueux coursier à nul autre comparable dont Pierre Salins est si fier; c'est l'objet de convoitise de la jeune génération qui se heurte aux travailleurs traditionnels, aux vieux défricheurs rivés à leurs bœufs, comme c'est le cas de Phydime Ouellet dans *Bœufs roux*. Enfin, s'il est fringant et bien harnaché, c'est l'indice d'un statut social élevé. Par sa valeur d'usage et sa valeur indicielle du statut de son propriétaire, le cheval entre dans la catégorie des animaux domestiques supérieurs de sorte que toute comparaison de la femme à cet animal a pour effet de créer l'illusion d'une valorisation de la sujette. Les non-domestiquées, assimilées à cet animal supérieur qu'est le cheval et qui ont tendance à «s'emballer» comme Blanche Davis, font partie de la catégorie des sujettes non dociles qui appartiennent à la classe bien dotée sur le plan matériel. Par contre, celles qui sont «farouches» comme Louise Routhier ou une Suzanne Germain «effarouchée» par le regard du sujet, ce sont les petites perruches des classes pauvres.

D'autres objets féminins sont représentés sous l'apparence des félidés. Les femmes-chattes ont des gestes et une démarche «souples», elles sont «calines» ou rusées». Suzanne Germain d'un «mouvement souple de jeune chatte, se dressa sur ses pieds» (*M*, 10); Madeleine Riendeau, allongée sur le sol, regarde le fils Robertson «à la manière des chats» (*FP*, 57). Elles adoptent les poses et attitudes des félins : Blanche Davis est «pelotonnée» (*AT*, 74) au fond du bateau, tandis que, «câlinement», Marguerite Morel penche sa tête sur l'épaule de Léon Lambert. «Se blottir» au «creux de l'épaule» d'un père ou d'un fiancé, s'y «nicher», chercher «refuge» dans les bras du sujet ou «s'enfouir dans sa poitrine», telles sont les poses favorites de tous ces petits animaux domestiqués que sont Sarah Alderson (*TG*), Jacqueline Duvert (*T*), Marie-la-fille-à-Menaud et autres. Les objets féminins qui subissent une domination brutale sont représentés sous les traits des animaux immolés traditionnellement lors des rites sacrificiels. Conduite de force à l'autel,

Ninon Rabidoux (*VS*) est une «jeune brebis» mariée contre son gré; kidnappée, la sœur d'André est «douce comme un agneau» (*RA*, 80); brutalisée, Marthe Rodier jette du côté de son mari «un coup d'œil de biche apeurée» (*AR*, 26).

Les rebelles, et il n'y a de rebelles que celles qui disposent librement de soi — ce qu'elles manifestent en ayant des relations sexuelles libres avec les sujets masculins — sont, à la manière de Lucette Neuville dont nous avons déjà évoqué le cas, assimilées aux serpents, aux insectes nuisibles ou aux parasites. Les partenaires masculins eux-mêmes sont assimilés dans ces cas-là aux animaux, tout particulièrement quand il s'agit d'étrangers ou d'individus issus des classes pauvres; d'ailleurs il n'est de déviants, dans le roman du terroir, que parmi ces classes. Padros n'avait-il pas un «flair de chien» pour renifler toute odeur de «viande féminine»? dit le narrateur dans *la Voix des sillons* (47). Et pour Georges Dupont, une Jeanne Drolet n'est qu'un «morceau de femme à ramasser» (*FV*, 19).

À des siècles de distance, le discours des Saints Pères se reproduit donc, inchangé, dans des textes qui exhibent une société divisée dans la représentation en position humiliée du groupe des femmes dominées.

4.4 *Une composante immatérielle*

Toute comparaison avec le minéral a pour effet d'objectiver la sujette présente au monde mais statique. Le végétal la manifeste peu dynamisée puisque la terre en laquelle elle est enracinée joue le rôle d'un sujet qui la retient. Dotée de qualifications l'assimilant aux animaux, elle apparaît réellement dynamisée, mais ce dynamisme est annihilé par un sujet masculin qui, pour la neutraliser et sous le prétexte du rapport d'amour qu'il entretient avec elle, l'encage, la dompte, la protège ou la brutalise.

La représentation de la femme immatérielle complète le processus d'objectivation dans la mesure où, désincarnée, elle apparaît comme une création du système patriarcal. Évidée de sa substance charnelle, elle ne subsiste qu'idéalement, chose abstraite qui prend la forme de l'ange ou du démon, de la fée ou de la sorcière, selon qu'elle est très soumise et très pratiquante catholique ou au contraire, autonome et par conséquent dotée d'un esprit critique face à l'idéologie des dominants.

Les notations qualificatives, comparaisons ou métaphores qui font référence à son inconsistance matérielle pullulent dans les textes. Elle est «l'ange consolateur», «l'ange de la maison», son «regard est angélique», sa «figure est angélique» ou bien, appartenant à la «pure lignée des vierges» (*CF*, 52) elle est une «Sainte Vierge», une «vierge sublime», elle a le «visage d'une vierge» ou simplement le front «vierge», son teint est alors «diaphane», son «sourire divin», son «air d'une innocence baptismale» (*F*, 16), c'est une «précieuse fille d'Ève» (*TG,* 180), un «objet sacré» que le sujet manipule comme «un vase sacré» de crainte «de commettre un sacrilège» (*ibid.,* 136).

Les vaniteuses-orgueilleuses, ce qui désigne les sujettes qui s'affirment, sont distinguées par un ensemble de qualifications évoquant un ordre profane ou païen connoté négativement par rapport à l'ordre sacré duquel relèvent les objets féminins soumis. Si l'ange est la figure de la bonté-douceur-dévouement dans laquelle s'abolit la sujette, l'idole ou la déesse, par contre, symbolise la domination. La représentation des relations amoureuses entre Oscar Gagnon et Lucille dans *Sur la route d'Oka*, se réalise par la mise en scène d'un sujet exhibé dans un état d'humiliation parce qu'il perçoit l'objet de son amour comme «une idole très chère mais quelque peu redoutée» (58). Toute relation d'amour dans laquelle le sujet masculin manifeste une reconnaissance de l'objet de son amour, lui conférant ainsi le statut de sujet, est dégradée, le sujet émergeant alors dans une position humiliée ainsi qu'il en est encore du héros dans l'*Erreur de Pierre Giroir*, lequel voue un «culte» à son «idole» devant laquelle il se prosterne «le front dans la poussière» (165), lui baisant dans son emportement amoureux le bas de la robe et les pieds. Un tel héros est discrédité et présenté comme «fou» par le narrateur, car Bella qui est assimilée à une «divinité» est substituée à Dieu dans l'esprit du sujet qui lui manifeste son adoration selon les rites gestuels et langagiers réservés aux détenteurs de pouvoir situés au sommet de la hiérarchie sociale et qui sont, incarnés, l'image de Dieu. Les classes humbles sont éduquées dans le respect de Dieu au cours d'un apprentissage de rites tels que la prosternation ou la génuflexion par lesquels se réalise la soumission du sujet. Ce dernier reproduit un tel comportement acquis dans ses relations avec les représentants du pouvoir clérical et du pouvoir d'État, devant lesquels il demeure en position courbée dans une crainte révérencielle que manifestent courbettes et baisements reflétant sa position humiliée comme effet de son assujettissement, affichant par là la reconnaissance de l'élévation sociale de son vis-à-vis. Or, ce type de rapport qui régit les relations entre pauvres et riches de même qu'entre femmes et hommes ne saurait s'inverser, c'est ce qu'explique le curé à son protégé dans *l'Œil du phare* :

> Il faut se défier de la femme qui aime à se laisser dire : — «je vous adore», de crainte que prenant son rôle de divinité au sérieux, et s'autorisant de ce sacrilège, elle ne veuille encore se faire toute-puissance (180).

Le sujet qui sort de son rôle est donc représenté comme «fou». Bien que la sujette Bella ne soit que la cause involontaire de la folie amoureuse du héros, le texte crée l'illusion de sa culpabilité en la discréditant par une attribution de qualifications connotées négativement de par le pouvoir qu'elles ont d'évoquer un ordre païen. En fait, le texte démontre que Bella n'est coupable que d'exister dans une forme incarnée et sexuée et que, de par la différenciation qui la marque, elle a le pouvoir de polariser le désir du sujet masculin, d'embrouiller son esprit qui se soustrait alors inévitablement à la domination d'une classe avec laquelle il entre en conflit puisqu'elle est constituée de castrés qui nient la sexualité. Bella est donc radiée de l'univers immanent des sujets, séquestrée au couvent, mise hors d'état de nuire et représentée dans la position d'humiliation conforme, c'est-à-dire non plus destinataire des hommages des sujets mais bien destinatrice.

Par contre, une sujette comme Lucille Mercier, liée à la classe bourgeoise montréalaise, n'est pas aussi sévèrement réprimée que Bella, même si elle est beaucoup plus dynamique au point que c'est elle qui choisit ses amoureux, ce qui lui vaut d'être représentée comme une brute primitive, «une vandale acharnée à détruire à coups répétés une statue magnifique, et cette statue c'était elle-même». La sujette dynamique bouleverse l'ordre social fondé sur d'imaginaires projections dont celle de la féminité associée à passivité. La richesse et l'appartenance à la classe sociale riche ayant un effet amnistiant, Lucille échappe à la répression car

> le soir, dans l'atmosphère luxueuse de l'hôtel, saturée de luxe, Lucille reprit sa place sur le piédestal d'où elle était tombée. Elle redevint la déesse. Sous l'éclat des lumières, sa beauté savoureusement étudiée ressortait davantage (*M*, 13).

Toutes les sujettes qui ont une certaine emprise sur les sujets, ce qui signifie que les sujets leur reconnaissent un statut de sujet, sont affectées d'un signe négatif par le biais des comparaisons avec les objets du monde païen. Même lorsque la sujette exerce une influence affirmée comme positive sur le sujet, ainsi qu'on le voit dans *Robert Lozé* où Madame de Tilly, qualifiée de «bon génie», remet Lozé sur le droit chemin. La relation entre ces deux sujets est suspecte dans la mesure où Lozé est célibataire tandis que Adèle de Tilly vit séparée de son mari. Lozé est «ébloui» par Adèle qui est alors désincarnée et projetée dans un univers suprahumain, classée parmi les «êtres d'un autre monde» (21); ainsi se trouve désamorcée toute éventuelle relation sexuelle entre le pauvre humain qu'est Lozé et cet être supérieur qu'est Adèle. Le pouvoir dont est doté ce type de sujette n'émane pas de Dieu car Dieu a soumis la femme à l'homme, la Bible l'affirme et l'ordre patriarcal le confirme. Ce pouvoir «étrange» dont sont dotées les citadines est négatif, voire même maléfique. Lucille Mercier, par exemple, était

> étrange, troublante, inquiétante même, possédant dans ses yeux violets le charme terrible de la civilisation des villes; traînant derrière soi l'indéfinissable séduction du mystère (*M*, 12).

Ces sujettes sont de dangereuses Circé qui dressent des embûches sur le chemin du retour de tous les petits Ulysse paysans qui sont partis, en mal d'aventures, loin de leur terroir. Elles surgissent comme des sirènes dont la

> voix charme tout homme qui vient vers elles. (Et) si quelqu'un les approche sans être averti et les entend, jamais sa femme et ses petits enfants ne se réunissent près de lui et ne fêtent son retour; le chant harmonieux des Sirènes le captive (Homère, *l'Odyssée*, 176).

En effet, Blanche Davis ou Dorothy Lanting ou encore Lucille Mercier ne correspondent-elles point à cette image de la puissance païenne? Tout particulièrement Lucille qui avait un

> port superbe : sa démarche harmonieuse et rythmée ensorcelait et sa voix, sa voix bien posée de mezzo avait des inflexions, quand elle voulait, grisantes et affolantes comme la caresse de deux bras soyeux... Tout cela influençait Fabien et le tenait sous le charme comme envoûté (*M*, 13).

Immatérialisée, désincarnée, mais surtout désexualisée, telle est la représentation de la femme exhibée dans le roman du terroir. Cette représentation, qui est sans rapport avec la réalité sociale, révèle les aspirations profondes de la classe dominante de l'ordre patriarcal, lesquelles sont saisies dans une formation sociale particulière, entre 1860 et 1960, dominée par l'élite cléricale définie comme un ordre de castrés dont les conditions de reproduction sont déterminées par la négation de la sexualité.

4.5 *Valeur d'usage, valeur d'échange de l'objet féminin*

Le processus de dégradation de la sujette déqualifiée par la soustraction de son statut est une opération qui se réalise par le biais d'une attribution de qualifications qui lui confèrent un statut d'objet, objet doté de valeur marchande quand elle est assimilée aux pierres ou métaux précieux ou objet doté d'une valeur d'usage quand, dotée d'une vie végétative qui la lie à la terre, elle est une force productive.

La valeur d'usage de l'objet féminin est dissimulée sous le fatras des qualifications ornementales qui visent précisément à distraire le / la consommateur / trice du texte et à occulter cette dimension. Un texte comme *Trente Arpents*, texte non conforme et par conséquent subversif, heurte la série des romans du terroir en manifestant explicitement le maquignonnage qui prévaut dans la relation d'amour. La subversion s'inscrit et s'affiche dans cet extrait où il est dit, par la voix du narrateur, que Euchariste Moisan qui «s'était rendu compte que cette fille-ci était chaussure à son pied [...] ne la paraît point d'irréel et ne lui tissait pas une robe de madone» (17). Or, idéaliser la femme est une pratique instituée dans le roman du terroir. Si Euchariste sélectionne Alphonsine, c'est essentiellement pour sa valeur d'usage. «Il savait fort bien ce qu'elle pourrait lui donner : forte et râblée, pas regardante à l'ouvrage, elle saurait à la fois conduire la maison et l'aider aux champs à l'époque de la moisson» (17). En outre, il est un autre usage, systématiquement occulté par toute la production du terroir soumise à l'idéologie des castrés, c'est la référence aux plaisirs sexuels : «elle lui donnerait des gars solides *après* (nous soulignons) des plaisirs auxquels il pensait sans honte ni hâte exagérée». Or, craignant de se la faire «souffler» par un autre et bien que peu pressé de se marier, il se décide à la négocier avec le père Branchaud. «On travaille ben trop dur pour ce que ça paye. On vit tout juste. Pas moyen de mettre une cenne de côté par ces temps icitte» déclare-t-il, ouvrant ainsi les enchères. «Le finaud», pense le père Branchaud qui pose alors les règles de l'échange : «Je suis pas riche, mais j'ai toujours quéques piastres que j'ai ménagées. Quand ça sera le temps de ... s'entendre, tu verras que je fafinerai pas». Euchariste «ne broncha pas [...] Tout le reste était facile maintenant que le père avait promis de doter sa fille et de faire les frais de la noce» (19).

Si la valeur des sujettes de la campagne qui polarisent le désir des acquéreurs est fondée sur le parti que le sujet suppute pouvoir en tirer, elle l'est tout autant sur leur valeur d'échange que le détenteur de l'objet féminin, figuré par le père, s'efforce de maintenir ou d'accroître en fonction des exigences du marché.

Les classes paysannes les plus pauvres ne peuvent que veiller au maintien de la valeur d'échange foncièrement basée sur la virginité de l'objet féminin. Citons encore le texte de Ringuet très éclairant sur cet aspect. Tenaillé par le désir sexuel Euchariste Moisan, dans lequel s'investit le narrateur, chemine un soir aux côtés d'Alphonsine, songeant à la Fancine qu'il avait une fois culbutée sous «le baldaquin des vieilles branches» et, résistant à l'impulsion qui le pousse à la «prendre subitement là» elle aussi, mais «peut-être que si elle avait voulu, il ne l'eut pas épousée» (19). Le réseau de surveillance dans lequel on enferme l'objet féminin accompagné dans ses déplacements et orienté vers les lieux clos peuplés, vise donc à protéger cette valeur de base qu'est la virginité.

Les destinateurs de l'objet féminin dont le statut social est plus élevé peuvent accroître la valeur d'échange de l'objet par le biais de «l'éducation». Quand Dosithée Ouellet (*BR*) revient du couvent, son père s'oppose à ce qu'elle participe aux travaux de la ferme et par ailleurs il va lui-même, pour l'embellir, lui acheter de la lingerie fine. Pareillement, Monsieur Lebrun (*CG*) est fort déçu de ce que Marichette à sa sortie du couvent ne veuille point se donner des airs de «grosse demoiselle» et se livre, tout au contraire, aux besognes de la ferme. Les célibataires éduquées sont exceptionnellement dépeintes dans une situation de travail. Elles apparaissent généralement oisives ou encore occupées à de menues tâches domestiques ou autres travaux de jardinage. Or, tous ces objets «éduqués» ont pour caractéristique de polariser le désir de plusieurs sujets de statut social variable, quand ils sont mis en marché par le père qui veut les marier. Deux classes rivales, figurées par les professionnels et les habitants, entrent en concurrence pour l'obtention de l'objet éduqué. Dosithée est convoitée à la fois par un médecin, par Zéphirin le voisin et par Léandre Langelier, un étudiant en droit originaire de la campagne. Marie Beaudry (*TV*) est courtisée par le docteur Fernand Bellerose de même que par Ephrem Brunet, son voisin, et il en va de même de Marichette Lebrun, de Marie Dumont et de bien d'autres.

L'éducation vise donc à augmenter la valeur d'échange de l'objet féminin pour lequel s'offrent d'autres débouchés que le marché des classes paysannes. Mais pour être échangeable sur le marché des classes riches, ce produit doit avoir non seulement le fini que lui donne l'éducation mais il ne doit, en outre, porter aucune trace de dépréciation ou d'usure résultant d'une déperdition de son potentiel énergétique, effet de son labeur. C'est donc pour accroître la valeur de l'objet féminin lors de l'échange qu'il est soustrait à toute exploitation par le détenteur.

Mais une fois acquis, la force de travail ainsi que le potentiel de reproduction de l'objet sont exploités par le destinaire qui tire ainsi un profit maximal de son acquisition. Ce n'est pas le hasard qui fait mourir Alphonsine Moisan, mais l'épuisement par le travail et les engrossements successifs car, comment s'aliter «un mois avant son temps» ainsi que le recommandait le médecin, «avec tout le travail de la maison et de la basse-cour»? (*TA*, 127). Marthe Rodier (*AR*) meurt des suites d'une exploitation excessive de sa force de travail tout comme Élizabeth Maltais «qui se fit mourir dix ans trop tôt à faire, pour le plaisir de geindre, des choses qui étaient au-dessus de ses forces» (*R-M*, 73), «choses» qu'elle dut faire pour pallier l'absence de son fils. Toutes apparaissent, à l'exemple de Dame Ouellet ou de Madame Lacourse, plus vieilles que leurs maris et usées. Que la femme soit acquise essentiellement comme objet doté d'une valeur d'usage — et qu'elle subisse une exploitation à un degré extrême de sa force de travail et de reproduction — transparaît dans le fait que nombre d'entre elles soient décédées à l'ouverture du roman ou meurent en cours de route, tandis que le sujet bénéficiaire de sa force de travail, parvenu ainsi au sommet de sa prospérité matérielle, domine la scène jusqu'à la phase finale. L'atteste le cheminement critique de Marie-Anne Salins (*TD*), laquelle songe qu'une fois marié, l'habitant fait moins de cas de sa femme que de sa vache plus coûteuse à remplacer.

Lorsque le destinateur-père a le moyen d'accroître la valeur de l'objet afin d'en négocier un échange fructueux, c'est toujours lui et non l'objet féminin qui, en dépit des apparences, en tire profit. Ce profit est susceptible d'être matérialisé dans des services à l'exemple de ceux que Phydime Ouellet va recevoir de son gendre qui viendra labourer ses terres avec ses chevaux. Exceptionnellement le destinateur de la classe paysanne aisée exploite la valeur d'usage de l'objet qu'il détient, comme on le voit dans le cas d'Adèle Rioux (*LTA*) épuisée par les travaux qu'elle doit accomplir en remplaçant son frère dans l'exécution des travaux de la ferme. C'est presque toujours sur la valeur d'échange de la célibataire que table le père et que l'on se souvienne, pour s'en convaincre, de toutes ces sujettes qui courent au mariage pour sauver une terre en détresse, apportant ainsi à leur père les deux bras d'un gendre, à défaut de ceux du fils déserteur.

Issu de la couche la plus pauvre de la classe paysanne, le père peut tirer profit de la force de travail de ses filles, exploitant ainsi leur valeur d'usage à la manière de Pierre Giroir qui se laisse tenter par son ami :

> Six ou sept mains en âge de travailler aux «facteries» y penses-tu Pierre? C'est une fortune ça, mon vieux, une vraie fortune. Chaque semaine, à la paye, ça représente soixante-quinze à cent dollars, dans le p'tit moins (95).

Par leur travail dans les fermes voisines, Josephte Auray (*N-S*) ou Jeanne Girard font vivre des parents démunis. Or, en dépit de son extrême pauvreté et de son âge canonique, le vieux Girard, quand il échange sa fille que désire acquérir le fils de la riche famille des Montépel, en retire un profit inapparent car de nature symbolique. La pauvreté économique qui expose un sujet en état de privation de biens matériels réduit tout sujet — effet que nous avons observé en décrivant la situation spécifique des sujettes — et le dégrade en l'assimilant à un objet ou au plus, à l'instar du vieux Girard, à un étant. Incapable d'assumer sa propre existence matérielle, d'ailleurs prise en charge par son fils et sa fille par suite de sa pauvreté et de son état souffreteux, le vieux Girard tire néanmoins profit de la situation en s'affirmant le possesseur d'un objet convoité par le riche clan des Montépel. Pendant un instant, qui correspond à la durée du marché, il retrouve son statut de sujet, dominant la classe riche à laquelle il dicte les conditions selon lesquelles il entend négocier.

> Eh bien! tout en vous donnant ma parole et mon consentement, vous me permettrez d'imposer une épreuve à votre constance. Attendez six mois. Consulter vos intérêts pécuniaires et voyez en même temps quels sont vos projets pour l'avenir (...) Jeanne, en attendant, vous sera fidèle et lorsque vous reviendrez me la redemander je vous dirai : Elle est à vous, soyez heureux! (156).

L'imposition de ce délai a pour effet de prolonger la situation grisante de dominant du vieux Girard qui, passé ce laps de temps, devient à nouveau le point de mire puisqu'il s'affirme toujours le possesseur de l'objet convoité, ce que légalise et confirme l'ordre patriarcal par ses statuts. Utilisant alors les formules rituelles et sacrées de la société divisée et hiérarchisée, d'une «voix tremblante et solennelle» destinée à agir sur les réflexes et sensations de ses auditeurs en même temps que sur ceux des consommateurs/trices du texte, il légitime un ordre qui le fonde en puissance, «donnant» Pierre Montépel à Jeanne qui lui est «accordée» et sacrant Jean Girard «chef de famille».

> Pierre Montépel, en présence de mon fils, de celui qui, lorsque je ne serai plus, sera le chef de la famille, je vous accorde la main de ma fille, avec la conviction sincère que le fiancé que je te donne est digne de toi, accepte comme sacré le dépôt de l'amour qu'il t'a voué et souviens-toi des sacrifices qu'il a faits pour obtenir ta main (162).

Ce discours de potentat masque et dénote à la fois la situation paradoxale du vieux Girard, figure du patriarche doté d'un statut de sujet non réel puisque son existence dépend de ceux-là mêmes qu'il traite en objets, leur attribuant une place et un rôle dans l'univers des relations humaines alors que ce sont eux qui détiennent le pouvoir réel de par leur potentiel, eux qui sont les sujets réels. Somme toute ce que le texte insinue, c'est que le sujet, même le plus démuni, qui affirme la société bourgeoise divisée est sûr d'en retirer un bénéfice quelconque car l'ordre patriarcal permet à tout sujet, à condition qu'il soit masculin, d'y trouver son profit. La satisfaction de dominer par la possession d'une ressource désirée se manifeste à maintes reprises dans le roman. Quelle jouissance Phydime Ouellet (*BR*) n'éprouve-t-il pas quand son voisin vient lui demander sa fille Dosithée pour son fils Zéphirin. Or, Phydime, qui avait eu une méchante querelle il y a quelque vingt ans avec son voisin pour une affaire de clôture, voit là l'occasion de se venger. Il le laisse venir, revenir, faire des offres, sachant très bien que jamais il ne lui donnera Dosithée. Le père de Lucienne Bellefleur (*CF*) qui avait eu autrefois, lui aussi, un différend avec son voisin pour une semblable affaire voit poindre le jour où il va damer le pion à ce dernier quand Jean Bérubé manifeste son amour pour Lucienne. C'est en négociant sa fille avec un autre qu'il marque son pouvoir. Et Menaud lui-même, quel est son pouvoir réel face au Délié qu'il hait? Il détient l'objet que l'autre convoite, et le lui soustraire, peu importe que Marie aime ou n'aime pas le Délié, le consacre aux yeux de tous comme un sujet dominant. Ainsi s'affirme le père de Mérilda Bellefleur (*RC*) devant lequel tremble et pâlit l'objet féminin jetant un regard angoissé vers le «juge de son amour» doté de la puissance de délier ce qui s'est uni et de lier ce qui refuse de s'unir.

L'alliance s'opère selon un processus semblable et dans les mêmes conditions quand il s'agit d'une citadine, sauf qu'il n'est point fait état de la valeur d'usage de ces objets que le roman du terroir présente, selon les termes de Nicole de Recontre (*S*), comme des «rouages inutiles». L'inutilité de ces objets de luxe s'affiche à travers les falbalas vestimentaires et les colifichets dont elles sont affublées. La fragilité du tissu des robes de velours et de dentelles exclut toute expansion du potentiel énergétique ainsi réprimé comme signe apparent de leur appartenance à la classe sociale riche. Le père ne spécule donc que sur la valeur d'échange de la fille. Voyons «fillette», gourmande Monsieur Davis quand Blanche prétend vouloir épouser l'habitant Paul Duval (*AT*), ne nous «ridiculise pas», tu es riche, il est pauvre. L'éducation, par ailleurs, n'est pas destinée dans les classes sociales riches à doter les sujettes d'un pouvoir en vue de leur permettre d'être autonomes. Edna Lalonde (*DV*), par exemple, est dynamique, sportive et si peu soumise de nature qu'elle fait échouer les projets de son père en combinant un stratagème destiné à insinuer le doute dans l'esprit de ce dernier quant à l'honnêteté de son candidat qu'elle ne veut point épouser. Or, bien que son père soit riche, ce n'est pas elle, la fille unique, qui a été dotée de compétence par une instruction appropriée qui lui aurait permis d'assumer la succession de son père, mais un petit paysan que le hasard a mis sur le chemin de Monsieur Lalonde. Ce dernier lui paie ses études, le traite comme son fils en vue d'en faire à la fois son successeur, son héritier et son gendre. Tout ce que sait faire Edna, après tant d'années de couvent, c'est broder dans son salon en attendant un acquéreur. La sujette qui refuse de n'être qu'une monnaie d'échange se voit contrainte d'entrer au couvent comme le fait Clorinde Wagnër dans *Charles Guérin* et comme pourrait y être acculée Edna que son père menace de déshériter si elle persiste à contrarier ses plans.

Conclusion

Le texte littéraire, de par ses seules structures n'a pas de sens; il n'existe, comme pratique signifiante, qu'en fonction de l'intertexte. Les romans du terroir ne sont lisibles, et nous l'avons démontré, que dans leur encadrement constitué de discours et d'écrits politiques, culturels, sociaux, économiques et religieux. Le texte n'est produit et conçu qu'en vue de créer un effet sur le destinataire. L'orientement du texte est un fait repérable tant au niveau des investissements sémantiques qu'à celui de la structuration, deux plans qui s'ajustent aux transformations que subit la structure sociale de 1860 à 1960.

Selon Grivel, la combinaison d'unités sémiques qui entrent dans la fabrication du texte obéirait à trois modes. Opportunément, la production textuelle «relance, réanime, illustre l'information d'origine», n'étant somme toute que «le résultat d'une manipulation sémique déjà rodée» (*Semiotica X*, 104). La série du terroir, dans son ensemble, se situe dans cette catégorie, ce type de roman étant le support de l'idéologie agriculturiste qui est un parti pris d'idéalisation de la vie rurale secrété par un monde de pensée bipolaire valorisant le rural au détriment de l'urbain. La production textuelle de la deuxième période, qui correspond approximativement à l'entre-deux-guerres, se classe tout particulièrement dans cette catégorie. Elle a pour caractéristique d'être le fait de producteurs issus d'une classe moyenne assujettie à l'idéologie dominante sous l'effet de la mise en place et de l'efficace de fonctionnement de l'appareil scolaire opérationnel (du point de vue de l'idéologie dominante) dès le début du XXe siècle. On enregistre d'ailleurs une différenciation, sur le plan de l'esthétique, du type de texte produit par cette génération de producteurs par rapport à certaines productions de la fin du XIXe siècle qui tendaient à «varier» l'information de base, cherchant des solutions à une situation en cul-de-sac, échouant dans leur tentative conciliatrice, prônant à la fois et contradictoirement l'enfermement des Canadiens français dans une économie de subsistance et leur ouverture sur le marché. Quant au troisième mode d'organisation du texte, qui opère «la radiation» de l'information en innovant, il n'a pu émerger dans la formation sociale décrite, comme en témoigne *la Scouine* d'Albert Laberge.

Le roman du terroir ne représente pas la réalité, il est «représentatif de l'état idéologique, c'est-à-dire de l'image élaborée par la classe dominante et généralisée par elle pour dérober l'état de fait» (Grivel, *Production de l'intérêt romanesque*, 226). À la campagne la vie n'est pas riante, la sueur coule; les êtres sont frustres, parfois brutaux; la femme n'est pas une fleur, c'est une force de production et de reproduction exploitée par l'homme; les relations interindividuelles ne sont pas harmonieuses car il n'y a pas de communication entre les êtres dispersés dans l'espace, soumis les uns aux autres dans une société divisée et hiérarchisée. Cet envers de l'image projetée par l'ensemble d'une production soumise à la classe qui détient les moyens de production et de diffusion émerge néanmoins sous l'effet d'une lecture qui, en prenant appui sur les instruments d'analyse de la sémiotique, exhibe les contradictions que recèlent ces textes. Ces contradictions, qui sont les signes de leur «diversité matérielle», sont apparues nombreuses dans les productions de la fin du XIXe siècle et quasiment nulles dans le roman de l'entre-deux-guerres si nous excluons *la Scouine* qui, en 1916, prend le contre-pied de la pastorale pour projeter une vision réaliste de la vie rurale canadienne-française — vision non conforme qui valut à ce texte d'être censuré et occulté jusqu'en 1960, date à laquelle il émerge, par suite des changements institutionnels, pour entrer dans le musée de l'Histoire littéraire. Son avanie demeure toutefois inscrite dans la position qu'il occupe sur l'échelle de la légitimité littéraire. *Maria Chapdelaine*[1], que nous n'avons évoqué qu'en de rares

1.   Nous renvoyons les lecteurs(trices) à l'analyse du texte de Hémon (Janine Boynard-Frot, «le Mythe de Maria Chapdelaine», *Lettres québécoises*, n° 21, printemps 1981, p. 40-44) laquelle obéit au

occasions par suite de l'origine de son producteur Louis Hémon qui ne vécut que quelques mois au Canada français, est particulièrement riche de contradictions. Quant au roman de la dernière période, il est riche de contradictions que nous avons manifestées en exploitant très largement le texte de Ringuet.

La sélection, et par le fait même la hiérarchisation, qui va de la sacralisation à l'élimination des textes entrant dans la programmation des scolarisé(es), est un effet de l'efficace de fonctionnement de l'appareil scolaire qui vise à socialiser les individus en les dotant de représentations idéologiques et des catégories de perception de l'univers conformes aux intérêts de la classe dominante, de sorte que l'apprentissage par la lecture débouche sur une pratique d'écriture destinée à reproduire «naturellement» la société divisée.

Le roman du terroir renvoie l'image d'une organisation sociale qui crée l'illusion de la réalité mais il ne s'agit, en fait, que de l'inversion d'une réalité sociale en voie de transformation en dépit des efforts déployés par une fraction de classe qui s'arc-boute, faisant obstacle à ces modifications structurelles, coulant son idéologie dans la forme convaincante et rassurante de son roman dans lequel elle se mire, masquant ainsi les déterminations matérielles qui révèlent son incompétence à résoudre les contradictions sociales existantes dans une société dont elle prétend néanmoins assumer le leadership.

La situation du roman du terroir n'est pas sans analogie avec celle du roman courtois dont l'analyse socio-sémiotique a été faite par Karin Boklund (*Semiotica* 21 : 3/4, 1977, p. 226-256). Obéissant à un schéma structurel identique à celui du roman du terroir, le roman courtois est constitué d'une séquence de base, le héros quittant un espace marqué de valeurs positives — la courtoisie synthétise des qualités

souci d'intégrer les deux plans de recherche que sont le hors-texte et le texte qui «doit réfracter la position de classe du créateur et manifester, à différents niveaux (écriture et thématique entres autres), la nature des rapports qu'il entretenait avec l'institution littéraire et le système social» (42). Grâce à la recherche exhaustive du groupe Deschamps-Héroux-Villeneuve (*le Mythe de Maria Chapdelaine*, PUM, 1980) des déterminations matérielles qui ont favorisé la production et l'émergence du texte de Hémon, l'analyse s'enrichit. Si nous avons procédé à la normalisation des producteurs, dans la présente analyse qui s'en trouve appauvrie, c'est par économie, le corpus traité étant trop volumineux pour faire une étude sociologique des auteurs telle que conçue par Chamboredon par exemple.

«socio-économiques», esthétiques et éthiques telles que noblesse, richesse, luxe, beauté, sagesse et bonté — pour «s'avanturer» dans un espace étranger, extérieur, assimilé au «chaos» qui menace cet univers clos qu'est l'espace courtois. La mission du héros est de prévenir toute intrusion du chaos, synonyme de désordre, dans ce petit univers privilégié caractérisé par la «joie». Or, à partir du XXᵉ siècle, «le mode de production féodal subit une transformation», le commerce en «Méditerranéen» se développe, une «industrie de tissage apparaît en Flandres», des développements techniques joints à l'amélioration des méthodes agricoles de même que la croissance démographique donnent de l'expansion à la production; des foires, des centres urbains se développent conjointement à la circulation monétaire, ce qui entraîne l'émergence d'une «nouvelle classe sociale, la bourgeoisie». L'affranchissement des serfs et la crise économique affectent les Seigneurs qui s'appauvrissent et se réunissent dans les cours de puissants seigneurs. Dès lors, une nouvelle idéologie se développe, non plus articulée sur l'opposition du monde chrétien et du monde païen, mais sur celle du courtois et au vilain. Inapte à s'adapter aux nouvelles conditions socio-économiques qui prévalent, la petite noblesse de l'époque médiévale, qui seule détient les moyens de produire et de diffuser sa représentation du monde, va idéaliser son mode de vie désuet cloîtrée dans son petit univers, comme le fit l'élite clérical et laïque canadienne-française inapte à passer de l'économie de subsistance à l'économie de marché aux XIXᵉ et XXᵉ siècles.

La production et la diffusion des représentations idéalistes des conditions de production de l'univers matériel n'est pas un jeu innocent. Préfaçant une des multiples éditions de *Maria Chapdelaine* qui ont inondé par «centaines» les marchés français et étrangers, (Nicole Deschamps et coll., *le Mythe de Maria Chapdelaine*, 1980), Mᵍʳ Savard, en 1958, ne sut que s'interroger : «quoi dire, en effet, qui n'ait été dit sur ce livre fameux, entré de par le consentement universel, dans l'ordre des plus purs chefs-d'œuvre?» Quoi dire selon Mᵍʳ Savard, quand «tant d'études et d'éloges ont épuisé [...] sa substance si limpide», quoi dire sinon exprimer «le regret et le désir d'une vie, comme celle de Maria, passée tout près de la nature et de Dieu». Or, «le texte est susceptible de résister à l'usure que les lectures lui font subir : il ne s'épuise pas» (Grivel, *ibid.*, 111). Ce qui est épuisé, vers 1960, c'est un type d'idéologie dont Mᵍʳ Savard est encore le tenant. Un texte ne devient littéraire que sous l'effet des gloses critiques, analyses et interprétations qui en fixent le sens, «capitalisation du sens propagé par la classe dominante» (*ibid.,* 110) qui ne vise que la reproduction de son système. Reproduction qui opère subtilement par la représentation des classes et groupes dominés dans leur position humiliée. Ce «regret» et ce «désir» exprimés par Mgr Savard d'une vie comme celle de «Maria, passée tout près de la nature et de Dieu», d'une vie d'illettréc, d'une vie de bête de somme enclose au cœur de la forêt et destinée à produire et reproduire sans amour, jusqu'à épuisement de ses forces, sont des sentiments fort suspects quand ils émanent du fin lettré, dépourvu de charges familiales et dispensé du labeur physique éprouvant, que fut Mgr Savard! La société «ment à propos d'elle-même par l'office du texte tout autant qu'elle se déclare» (*ibid.,* 105). C'est ce mensonge que nous avons dépisté par le biais d'une analyse socio-sémiotique du roman du terroir visant à démontrer que le texte «en position institutionnelle» sert à «l'édification de la société productrice et consommatrice, dans la codification de sa pensée, dans le maintien de son discours» (*ibid.,* 105). Le modèle d'analyse a fait émerger une différenciation sexuelle perceptible au niveau linguistique dans des assemblages hybrides de déterminatifs masculins associés à des substantifs féminins que la grammaire réprouverait comme usage incorrect si le modèle s'inversait, de sorte que «c'est moi qui suis le maître» est admis par les grammairiens, linguistes et usagers ordinaires, même si c'est une locutrice qui s'exprime tandis que «c'est moi qui suis le maîtresse» serait une formulation irrémédiablement radiée comme usage fautif, que l'émetteur soit un locuteur ou une locutrice. Au niveau narratif cette différenciation sexuelle est à ce point visible et «évidente» qu'elle est au principe même de la société divisée. Refuser de voir que le «codage sexuel existe aussi dans nos langues» (Houdebine, «Les femmes et la langue» *Tel quel*, 1977, 87), c'est perpétuer l'approche idéaliste de la littérature, c'est reproduire le mensonge d'une société qui affiche dorénavant son système de classes, ne s'évertuant qu'à le masquer par une production de discours qui le justifient, de même qu'est justifiée la société sexuellement divisée, laquelle fonde le système patriarcal. L'analyse des structures narratives du roman du terroir, démontre, par ses résultats, l'inexistence d'un sujet féminin performant dans la littérature et ne saisit, dès lors, qu'un sujet apparent dont le statut est analogue à celui d'un objet. Cernant cet objet, l'analyse sémiologique des silences, des gestes, des attitudes, de la tenue vestimentaire des femmes, vérifie, par les intérêts matériels qui en découlent pour le sujet masculin, que la division sexuelle constitue les assises matérielles de la société de classes dans un système patriarcal.

Appendice

Sigles utilisés pour le Corpus des romans du terroir répertoriés* entre 1846 et 1960 et soumis à l'analyse.

B et *R*   Barré, Laurent, *l'Emprise I; Bertha et Rosette*, Saint-Hyacinthe, s. éd., 1929, 224 p.

CC   Barré, Laurent, *l'Emprise II; Conscience de croyants*, Saint-Hyacinthe, s. éd., 1930, 230 p.

JF   Beaugrand, Honoré, *Jeanne la fileuse*, La Patrie, 2e éd., 1888, 330 p. (1re éd., 1875).

JA   Bernard, Harry, *Juana mon aimée*, Montréal, Éditions Albert Lévesque, 1931, 212 p.

FP   Bernard, Harry, *la Ferme des Pins*, Montréal, L'Action canadienne-française, 1930, 206 p.

TV   Bernard, Harry, *la Terre vivante,* Montréal, Bibliothèque de l'Action, française, 1925, 214 p.

JL   Bernard, Harry, *les Jours sont longs*, Montréal, Cercle du livre de France, 1951, 183 p.

NB   Biron, Hervé, *Nuages sur les brûlés*, Montréal, Éditions Fernand Pilon, 1948.

PO   Biron, Hervé, *Poudre d'or,* Montréal, Éditions Fernard Pilon, 1945, 191 p.

RL   Bouchette, Errol, *Robert Lozé*, Montréal, Éditions Pigeon, 1903, 170 p.

RO   Carmel, Aimé, *Sur la route d'Oka*, Montréal, Imprimerie Saint-Joseph, 1952, 221 p.

*   La première édition apparaît entre parenthèses quand l'analyse a été effectuée sur une autre édition.

CG   Chauveau, Pierre J.O., *Charles Guérin*, Montréal, Librairie Beauchemin, 4e éd., 1925, 211 p. (1re éd., 1846-47).

LTV   Chenel, Eugénie, *la Terre se venge*, Montréal, Éditions Garand, 1932, 110 p.

CP   Choquette, Ernest, *Claude Paysan*, Montréal, La Cie d'Imprimerie et de Gravures Bishop, 1899, 226 p.

T   Choquette, Ernest, *la Terre*, Montréal, Librairie Beauchemin Limitée, 1916, 289 p.

OP   Chouinard, Ernest, *l'Œil du phare*, Le Soleil, 1923, 280 p.

EPG   Cloutier, Joseph, *l'Erreur de Pierre Giroir*, Québec, Le Soleil, 1924, 248 p.

LTA   Côté, Louis-Philippe, *la Terre ancestrale*, Québec, Marquette, 1933, 171 p.

PGC   Desforêts, Benoît, *le P'tit gars du colon*, Montréal, Éditions Albert Lévesque, 1934, 154 p.

SF   Desforêts, Benoît, *Un sillon dans la forêt*, Montréal, Librairie Beauchemin Limitée, 1953, 201 p.

C   Desmarchais, Rex, *la Chesnaie* Montréal, Éditions de l'Arbre, 1942, 294 p.

N-S   Desrosiers, Léo-Paul, *Nord-Sud*, Montréal, Éditions du Devoir, 2e éd., 1943, 217 p.

S   Desrosiers, Léo-Paul, *Sources*, Montréal, Éditions du Devoir, 1942, 227 p.

LCC   Dugré, Adélard, *la Campagne canadienne,* Montréal, Imprimerie du Messager, 1925, 236 p.

FV   Gagnon, Émile, *Une fille est venue*, Québec, Éditions du Quartier latin, s.d., 231 p. (3e éd., 1952).

JR   Gérin-Lajoie, Antoine, *Jean Rivard. Le défricheur canadien*, Montréal, Beauchemin, 4e éd., 1922, 141 p. (1re éd., 1862-1864).

MC   Girard, Rodolphe, *Marie Calumet*, Montréal, Éditions Serge Brousseau, 2e éd., 1946, 285 p.

M-LC   Grandpré, Pierre de, *Marie-Louise des champs*, Montréal, Fidès, 1948, 173 p.

HP   Grignon, Claude-Henri, *Un homme et son péché*, Montréal, Éditions du Vieux-Chêne, 2e éd., 1935, 249 p. (1re éd., 1933).

GP   Groulx, Lionel (pseud. Alonié de Lestres), *Au Cap Blomidon*, Montréal, Librairie Granger, 3e éd., 1950, 176 p. (1re éd., 1932).

PT   Guèvremont, Germaine, *En pleine terre, Paysannerie, trois contes*, Montréal, Éditions Paysana, 1942, 159 p.

S	Guèvremont, Germaine, *le Survenant*, Montréal, Fidès, 6e éd., 1966, 248 p. (1re éd., 1945).

S　Guèvremont, Germaine, *le Survenant*, Montréal, Fidès, 6e éd., 1966, 248 p. (1re éd., 1945).

M-D　Guèvremont, Germaine, *Marie-Didace*, Montréal, Beauchemin, 1947, 283 p.

MC**　Hémon, Louis (*Maria Chapdelaine*, Montréal, Fidès, 1958, 189 p. (1916).

FR　Jean-Pierre (pseud. de Gauthier Irénée), *le Feu dans les roseaux,* Montréal, Éditions de la Jeunesse rurale, 1945, 253 p.

LS　Laberge, Albert, *la Scouine*. Montréal, Éditions de l'Actuelle, 2e éd., 1972, 134 p. (1re éd., 1918).

TP　Lacombe, Patrice, *la Terre paternelle*, nouvelle édition, Montréal, Beauchemin, 1912, 140 p. (1re éd., 1846).

RA　Lamontagne-Beauregard, Blanche, *le Rêve d'André*, s.l., s.e.,. s.d., 142 p.

CF　Lamontagne-Beauregard, Blanche, *Un cœur fidèle*, Montréal, Bibliothèque de l'Action française, 1924, 169 p.

TD　Lapointe, Henri, *la Terre que l'on défend*, Montréal, Garand, 1928.

TG　Lapointe, Henri, *le Trésor du géant*, Longueuil, Imprimerie l'Éclaireur Ltée, 1929, 264 p.

BR　Lebel, Joseph-Marc (pseud. de Feron Jean), *Bœufs roux*. Montréal, Éditions Édouard Garand, 1929, 80 p.

RC　Legault, Roland, *la Rançon de la cognée*, Montréal, Éditions Lumen, 2e éd., 1945, 196 p.

A　Legendre, Napoléon, *Annibal,* Lévis, Éditions P.-G. Roy, 1898, 120 p. (1re éd., 1891).

AR　Malouin, Reine, *Cet ailleurs qui respire*, Québec, les Presses du Soleil, 1954, 250 p.

PS　Malouin, Reine, *la Prairie au soleil*, Québec, l'Action sociale, 1960, 181 p.

CJ　Michelet, Magali, *Comme jadis*, Montréal, l'Action française, 1925, 270 p.

FJL　Nadeau, H.B., *la Fugue de Jean Larochelle*, Montréal, Librairie Beauchemin Ltée, 1928, 121 p.

TH　Nantel, Adolphe, *la Terre du huitième*, Montréal, Éditions de l'Arbre, 1942, 190 p.

V**　Ouvrard, René, *la Veuve*, Montréal, Chantecler, 1955, 280 p.

M　Paquin, Ubald, *le Mirage*, Montréal, Éditions Édouard Garand, 1930, 38 p.

**　Auteurs d'origine française.

P	Paquin, Ubald, *le Paria*, Montréal, Éditions Albert Lévesque, 1933, 204 p.
VS	Parenteau, Anatole, *la Voix des sillons*, Montréal, Éditions Édouard Garand, 1932.
AT	Potvin, Damase, *l'Appel de la terre*, Québec, Imprimerie de l'Événement, 1919, 186 p.
R-M	Potvin, Damase, *la Rivière-à-Mars*, Montréal, Éditions du Totem, 1934, 222 p.
F	Potvin, Damase, *le Français,* Montréal, Éditions Édouard Garand, 1925, 346 p.
RC-N	Potvin, Damase, *Restons chez-nous!*, Montréal, Librairie Granger Frères Limitée, 2e éd., 1945, 221 p. (1re éd., 1908).
TA	Ringuet (Dr Philippe Panneton), *Trente Arpents*, Montréal, Fidès, 2e éd., 1969, 306 p. (1re éd., 1938).
LM	Savard, Félix-Antoine, *la Minuit*, Montréal, Fidès, 1948, 177 p.
MM-D	Savard, Félix-Antoine, *Menaud Maître-draveur*, deuxième version modifiée, Montréal, Fidès, 1968, 215 p. (1re éd., 1937).
DV	Yon Armand, *Au Diable vert*, Paris, Éditions Spès, 1928, 253 p.

Éléments de bibliographie

1. Histoire-littérature canadienne-française

A. Histoires littéraires, ouvrages de critique
Livres et brochures

Deschamps, Nicole, Fernand Dumont et Jean-Charles Falardeau, (sous la direction de), *Littérature et société canadiennes-françaises*, Québec, P.U.L., Deuxième colloque de la revue *Recherches sociographiques*, 1964, 270 p.

Deschamps, Nicole, Raymonde Héroux et Normand Villeneuve, *le Mythe de Maria Chapdelaine*, Les Presses de l'Université de Montréal, 1980, 263 p.

Falardeau, Jean-Charles, *Notre société et son roman*, Montréal, H.M.H., 1967, 235 p. ; *l'Évolution du héros dans le roman québécois* (conf. De Sève), Montréal, P.U.M., 1968, 36 p.

Grandpré, Pierre de (sous la direction de). *HLFQ**, Histoire de la littérature française du Québec, vol. II et IV, Montréal, Beauchemin, 1968 et 1969.

Halden, Charles Ab der, *Études de littérature canadienne-française*, Paris, F.R. de Rudeval, t. I, 1904, 352 p. ; *Nouvelles études de littérature canadienne-française*, Paris, F.R. de Rudeval, 1970, 379 p.

Marcotte, Gilles, *Une littérature qui se fait*, Montréal, Éditions H.M.H., «Constantes», vol. 2, 1972, p. 1-61.

* *RC :* La Revue canadienne.

Robidoux, Réjean et André Renaud, *le Roman canadien-français du vingtième siècle,* Ottawa, Université d'Ottawa, 1966, 213 p.

Rousseau, Guildo, *Préfaces des romans québécois du XIXᵉ siècle,* Éditions Cosmos, 1970, 112 p.

Tuchmaier, Henri, «L'évolution du roman canadien», *Revue de l'Université Laval,* octobre et novembre 1959, (Thèse : *Évolution de la technique du roman canadien-français).*

2. Études générales

A. Livres et brochures

Dumont, Fernand, Jean-Paul Montminy et Jean Hamelin, (Ouvrage publié sous la direction de), *Idéologies au Canada français 1850-1900,* Québec, P.U.L., 1971, 327 p.

Dumont, Fernand et Guy Rocher, «Introduction à une sociologie du Canada français», *Le Canada français aujourd'hui et demain,* Paris, Librairie Arthème Fayard, 1961, p. 189-206.

Elkin, Frederick, *la Famille au Canada ; données, recherches et lacunes du savoir sur les familles au Canada,* Ottawa, Congrès canadien de la famille, 1964, 208 p.

Fortin, Gérald et coll., «Les changements socio-culturels dans une paroisse agricole», *la Fin du règne,* Montréal, Hurtubise, H.M.H., p. 123-145.

Garigue, Philippe, *la Vie familiale des canadiens français,* Montréal, Les Presses de l'Université de Montréal, 2ᵉ éd. augm. d'une *«Critique de la vie familiale des Canadiens-français»,* 1970, 146 p.

Gosselin, Auguste, *l'Église du Canada depuis Monseigneur de Laval jusqu'à la conquête,* Québec, Laflamme, 1911, 3 vol.

Labarrère-Paulé, André, *les Institutions laïques au Canada français 1836-1900,* Québec, P.U.L., 1963, 185 p.

Mandements, lettres pastorales et circulaires des Évêques de Saint-Hyacinthe, Saint-Hyacinthe, Imprimerie du «Courrier de Saint-Hyacinthe», 22 vol.

Monière, Denis, *le Développement des idéologies au Québec ; des origines à nos jours,* Montréal, Québec/Amérique, 1979, 381 p.

Paquet, Louis-Adolphe, *Droit public de l'Église ; l'Église et l'éducation à la lumière de l'histoire et des principes chrétiens,* Québec, Laflamme, 2ᵉ éd., 1916, 359 p.

Parent, Étienne, *la Littérature canadienne de 1850 à 1860,* Québec, Imprimerie Desbarats et Derbishire, 1863, p. 7-178.

Rioux, Marcel et Yves Martin, (Études choisies et présentées par), *la Société canadienne-française,* Montréal, Éditions Hurtubise, H.M.H., Ltée, 1971, 404 p.

Rocher, Guy, *le Québec en mutation,* Montréal, Hurtubise H.M.H., p. 14-48.

Tessier, Gérard, *Face à l'imprimé obscène,* Montréal, Éditions de la Feuille d'érable, 1955.

Têtu, Henri et C.-O. Gagnon, *Mandements, lettres pastorales et circulaires des Évêques de Québec,* Québec, Côté, 1887-1893, 8 vol.

B. Articles de journaux et périodiques

Boynard-Frot, Janine, «Le mythe de Maria Chapdelaine», *Lettres québécoises,* nᵒ 21, printemps 81, p. 40-43.

Brunet, Michel, «Trois dominantes de la pensée canadienne-française», *Écrits du Canada français,* Montréal, t. II, 1957, p. 31-117.

Caron, Jos.-E. (ministre de l'Agriculture), «L'agriculture», *l'Action française,* vol. IV, nᵒ 1, janvier 1920, p. 3-7.

Desrosiers, Joseph, «Revue bibliographique», (Critique de *Jeanne la fileuse* par H. Beaugrand), *RC*,* t. 15, 1878, p. 402-404.

Desrosiers, Léo-Paul, «M. Henri Pourrat et le Canada», *le Canada français,* vol. XXI, nᵒ 2, octobre 1933, p. 107-118.

Falardeau, Jean-Charles, «Des élites traditionnelles aux élites nouvelles», *Recherches sociographiques,* vol. VII, nᵒˢ 1-2, janvier-août 1966, p. 131-145.

Harvey, Jean-Charles, «Opinion canadienne sur le roman», *le Roman canadien-français,* Montréal, Fidès, Archives des lettres canadiennes, t. III, 1964, p. 271-281.

Hayne, David, «Sur les traces du préromantisme canadien», *RUO**,* numéro spécial, avril-juin 1961, Ottawa, Éditions de l'Université d'Ottawa, Archives des lettres canadiennes, t. I, p. 137-157.

***RUO :* Revue de l'Université d'Ottawa.

Keyfitz, Nathan, «L'exode rural dans la province de Québec, 1951-1961», *Recherches sociographiques,* vol. III, n° 3, septembre-décembre 1972, p. 305-315.

«La Famille au Québec», *Relations,* n° 305, mai 1966.

LaRue, Achille, «Institut canadien de Québec», *RC,* t. 14, 1877, p. 800.

Legault, Émile, «La paix dans la famille», *Paysana,* vol. IV, n° 1, mars 1941, p. 2-3 et 24.

Létourneau, Firmin, «Ce que l'agriculture a fait pour le développement de l'intelligence», *le Devoir,* vol. 32, n° 4, avril 1941, p. 2.

Noiseux, Henri, «L'action malsaine du roman», *RC,* t. 25, 1889, p. 63-69.

Perrier, Mgr Ph., «La puissance de la presse et sa mission», *le Devoir,* vol. 32, n° 7, 11 janvier 1941, p. 2.

Raymond, J.S. (prêtre), «Entretien sur les études classiques», *RC,* t. 9, 1872, p. 598-614 et 671-685.

Rioux, Marcel, «Sur l'évolution des idéologies au Québec», *Revue de l'Institut de sociologie,* Université libre de Bruxelles, Éditions de l'Institut de sociologie, vol. 1, 1968, p. 95-124.

Royal, Joseph, «La colonisation en 1866», *RC,* t. 3, 1866, p. 618-628.

Savard, Abbé F.-A., «La conférence de M. l'Abbé F.-A. Savard à l'École des Hautes Études», *le Devoir,* vol. XXX, n°s 43-44-45, 22-23-24 février 1939, p. 7

Savard, Pierre, «La vie du clergé québécois au XIXe siècle», *Recherches sociographiques,* vol. III, n° 3, septembre-décembre 1967. p. 259-273.

Sirois, Antoine, «L'image de la ville dans le roman du terroir d'expression française et d'expression anglaise», *Revue canadienne de littérature comparée,* CRCL, automne 1976, p. 269-285.

Tremblay, M.-Adélard, «Modèles d'autorité dans la famille canadienne-française», *Recherches sociographiques,* vol. VII, n°s 1-2, janvier-août 1966, p. 215-230.

3. Approches marxistes, formelles, et sociologiques de la littérature
A. Livres et brochures

Balibar, Renée (Présentation de Étienne Balibar et Pierre Macherey), *Les Français fictifs,* Paris, Hachette, 1974, 295 p.

Barthes, Roland, *le Degré zéro de l'écriture,* Éditions du Seuil, «Points», 1972.

Bourdieu, Pierre, *la Distinction, critique sociale du jugement,* Paris, les Éditions de Minuit, 1979, 670 p.

Bremond, Claude, *Logique du récit,* Éditions du Seuil, «Poétique», 1973, 350 p.

Chabrol, Claude, (présentation de), *Sémiotique narrative et textuelle,* Paris, Larousse, 1973, 224 p.

Charlot Bernard et Madeleine Figeat, *l'École aux enchères,* Paris, Payot, 1979, 314 p.

Coquet, Jean-Claude, *Sémiotique littéraire, contribution à l'analyse sémantique du discours,* Maison Mame, «Univers sémiotiques», 1973, 268 p.

Courtès, J., Introduction à la sémiotique narrative et discursive, (Préface de A. J. Greimas), Paris, Hachette, 1976, 144 p.

Genette, Gérard, *Figures III,* Paris, Éditions du Seuil, «Poétique», 1972, 282 p.

Greimas, A.-J., *Sémantique structurale,* Paris, Librairie Larousse, 1969, 262 p.

Greimas, A.-J., *Du sens ; essais sémiotiques,* Paris, Éditions du Seuil, 1970, 314 p.

Greimas, A.-J. *Essais de sémiotique poétique,* Paris, Larousse, «L», 1972, 239 p.

Grivel, Charles, *Production de l'intérêt romanesque,* La Haye, Mouton, 1973, 427 p.

Groupe (Le), *Rhétorique générale,* Paris, Librairie Larousse, 1970, 206 p.

Nef, Frédéric (sous la direction de), *Structures élémentaires de la signification,* Bruxelles, Éditions Complexe, «Creusets», 1976, 173 p.

Papaiouannou, Kostas (présentation de), *les Marxistes,* Paris, Éditions J'ai Lu, 1965, 512 p.

Propp, Vladimir JA., *Morphologie du conte,* Paris, Gallimard, 1970, 242 p.

Todorov, Tzvetan, *Poétique de la prose,* Paris, Éditions du Seuil, 1971, 253 p.

Todorov, Tzvetan, «La poétique structurale», *Qu'est-ce que le structuralisme,* Paris, Éditions du Seuil, 1968, p. 99-165.

Todorov, Tzvetan, *Théorie de la littérature,* textes des formalistes russes réunis, présentés et traduits par T. Todorov, Paris, Éditions du Seuil, 1965, 315 p.

Verdiglione, Armando, *la Sexualité dans les institutions,* Paris, Petite bibliothèque Payot, 1978, 178 p.

Vernier, France, *l'Écriture et les textes,* Paris, Éditions sociales, 1977, 254 p.

Vernier, France, *Une science du littéraire est-elle possible?* (Supplément au n° 49, janvier 1972 de la *Nouvelle Critique*), Éditions de la Nouvelle Critique, 1972, 53 p.

B. Articles de journaux et périodiques

Althusser, Louis, «Idéologies et appareils idéologiques d'État», *la Pensée,* n° 151, juin 70, p. 3-38

Barthes, Roland, «Introduction à l'analyse structurale des récits», *Communications,* n° 8, 1966, p. 1-27

Boklund, Karin, «Socio-sémiotique du roman courtois», *Semiotica,* 21 : 3/4, 1977, p. 226-256.

Bourdieu, Pierre, «Champ du pouvoir, champ intellectuel et habitudes de classe», *Scolies,* n° 1, 1971, p. 7-26.

Bourdieu, Pierre, «Champ du pouvoir, champ intellectuel et habitus de classe», n° 246, novembre 1966, p. 865-906.

Bremond, Claude, «La logique des possibles narratifs», *Communications,* Paris, Éditions du Seuil, n° 8, 1966, p. 60-76.

Bremond, Claude, «Le message narratif», *Communications,* n° 4, 1964, p. 4-32.

Chamboredon, J.C., «Marché de la littérature et stratégies intellectuelles dans le champ littéraire», *Actes de la recherche,* n° 4, juillet 1975, p. 41-43.

Damisch, Hubert, «Histoire et/ou théorie de l'art», *Scolies,* n° 1, 1971, p. 27-36.

Darrault, Ivan (sous la direction de), «Modalités, logique, linguistique, sémiotique», *Langages,* n° 43, septembre 1976, 124 p.

Fonagy, Yvan, «Le langage poétique : forme et fonction», *Revue Diogène,* n° 51, juillet-septembre 1965, p. 72-113.

Greimas, A.-J., «Un problème de sémiotique narrative : les objets de valeur», *Langages,* n° 31, septembre 1973, p. 13-35.

Grivel, Charles, «Du traitement d'apprentissage des textes», *Pratiques,* n° 10, 1976, p. 19-36.

Grivel, Charles, «Pour une sémiotique des produits d'expression, 1 : Le texte», *Semiotica,* X, 1974, 2, p. 101-116.

Hamon, Philippe, «Pour un statut sémiologique du personnage», *Littérature,* n° 6, mai 1972, p. 86-110.

Lefebvre, Maurice-Jean, «Rhétorique du récit», *Poetics II,* Mouton, juin 72, p. 119-134.

Lotman, Youri, «Le texte et la fonction», *Sémiotica,* n° 1, 1969, p. 205-217.

Ponton, Guy, «Les images de la paysannerie dans le roman rural à la fin du 19e

siècle», *Actes de la recherche,* 17/18, novembre 1977, p. 62-71.
Rastier, François, «Les niveaux d'ambiguïté des structures narratives», *Sémiotica,* n° 3, 1971, p. 290-392.

4. Approches féministes*
A. Production québécoise
Livres et brochures

Allaire, Emilia Boivin, *Têtes de femmes ; essais biographiques,* Québec, Éditions de l'Équinoxe, 1965, 239 p.

Archambault, Marie-Thérèse, *la Destinée sociale de la femme,* Montréal, L'œuvre des tracts, 1930, 16 p. (*L'œuvre des tracts,* 128).

Bourassa, Henri, *Femmes-hommes ou hommes et femmes?,* Montréal, Imprimerie du Devoir, 1925, 83 p.

Canada-Commission royale d'enquête sur la situation de la femme au Canada *(Rapport...),* Ottawa, Information Canada, 1970, 540 p.

Carisse, Colette (avec la collaboration de Aimé Lebeau, Lise Parent et Serge Monast), *la Famille mythe et réalité québécoise.* (Rapport présenté au Conseil des Affaires sociales de la Famille mars 1974), Québec, Éditeur officiel du Québec, 1976, vol. 1, 138 p.

Carisse, Colette et Dumazedier, Joffre (avec la collaboration de Mireille Gagnon, Marguerite Langlois et Serge Proulx), *les Femmes innovatrices : problèmes post-industriels d'une Amérique francophone : le Québec,* Paris, Éditions du Seuil, 1975, 283 p.

Casgrain, Thérèse F., *Une femme chez les hommes,* Montréal, Éditions du Jour, 1971 296 p.

Champagne, Maurice, *Pourquoi la Ligue des droits de l'Homme?* Montréal, Ligue des droits de l'Homme, 1972, 4 p. Texte préparé pour la revue *Maintenant.*

Champagne, Maurice, *Pourquoi lutter pour les droits de l'Homme au Québec?* Montréal, Ligue des droits de l'Homme, 1973, 14 p.

* Ouvrages traitant spécifiquement de la condition féminine : de l'histoire de la femme, de son statut juridique, social, économique, politique ou encore de ses représentations dans la littérature ou autres véhicules idéologiques.

Dandurand, Madame Raoul, *Nos travers*, Montréal, Beauchemin, 1924, 123 p.

David, Laurent-Olivier, «Le féminisme», *Mélanges historiques et littéraires*, Montréal, Beauchemin, 1917, p. 327-330.

De Calan, Madeleine, «La question des femmes», *Liaison*, vol. 4, 1950, p. 207.

Dolment, Marcelle et Marcel Barthe, *la Femme au Québec*, Montréal, Les Presses libres, 1973, 158 p.

Dunnigan, Lise, *Analyse des stéréotypes masculins et féminins dans les manuels scolaires au Québec*, Québec, Conseil du statut de la femme, 1975, 188 p.

Fadette (pseud.), *Lettres de Fadette*, Montréal, Imprimerie du «Devoir», 1914.

Fortin, Gérard, «Le rôle de la femme dans l'évolution de l'agriculture du Québec», *la Fin d'un règne*, Montréal, Éditions H.M.H., 1971, p. 331-337.

Gagnon, Mona-Josée, *les Femmes vues par le Québec des hommes; 30 ans d'histoire des idéologies*, Montréal, Éditions du Jour, 1974, 159 p.

Gaudet-Smet, Françoise, *Femme d'habitant 1947*, Montréal, L'École sociale populaire 1947, 28 p. (*L'École sociale populaire*, 406).

Gendron, Lionel, *Qu'est-ce qu'une femme?* Montréal, Éditions de l'Homme, 7e éd., 1963, 140 p.

Gérin-Lajoie (Sœur), *le Retour de la mère au foyer*, Montréal, L'École sociale populaire, 1932, 30 p. (*L'École sociale populaire,* 227).

Jean, Michèle, *Québécoises du 20e siècle*, Montréal, Éditions du Jour, 1974, 303 p.

Labonté, René, *Quelques aspects de la femme canadienne-française dans la famille d'après le roman canadien-français contemporain,1938-1958,* Montréal, 1959, 145 p., thèse, Montréal.

Le Moyne, Jena, «La femme dans la civilisation canadienne-française», *Convergences*, Montréal, Éditions H.M.H., 1961, p. 69-114.

Marie du Rédempteur (Sœur), *la Femme canadienne-française*, Montréal, L'œuvre des tracts, 1929, 16 p. (*L'œuvre des tracts*, 121).

Mémoire des collèges classiques de jeunes filles du Québec à la Commission royale d'enquête sur les problèmes constitutionnels, *la Signification et les besoins de l'enseignement classique pour les jeunes filles*, Montréal, Fidès, 1954, 154 p.

National Council of Women of Canada, *les Femmes du Canada, leur vie et leurs œuvres,* Montréal, s.é., 1900, 474 p. «Pour être distribué à l'Exposition universelle de Paris, 1900».

Paquet, Louis-Adolphe, «Le féminisme» *Études et appréciations*, Québec, Imprimerie franciscaine missionnaire, 1917-1932, p. 3-43.

Paradis, Suzanne, *Femme fictive, femme réelle, le personnage féminin canadien-français, 1884-1966*, Québec, Garneau, 1966, 330 p.

Québec (Province) Conseil du statut de la femme, *Rapport annuel, 1973/1974*, Québec, Éditeur officiel du Québec, 1975.

Sainte-Marie-Eleuthère (Sœur), *la Mère dans le roman canadien-français contemporain, 1930-1960*, Montréal, 1961, 220 p., thèse, publiée aux Presses de l'Université Laval, 1964.

Tessier, Abbé Albert, *Canadiennes*, Montréal, Fidès, 1946, 160 p.

B. Articles de journaux et périodiques

Basselier, Marguerite, «La jeune fille et le sport», *Revue des jeunes*, 24e année, n° 9, 15 septembre 1933, p. 1085-1094.

Boucher, Roméo, «Femmes-médecins», *Liaison*, t. 1, 1967, p. 488-489.

Boynard-Frot, Janine, «La Femme et le nationalisme dans le roman du terroir de l'entre deux guerres», *Voix et Images*, vol. 3, n° 1, septembre 1977, p. 54-70.

Gérin-Lajoie, Marie, «Le syndicalisme féminin», *les Semaines sociales du Canada, 1921*, Montréal, Imprimerie du messager, 1922, p. 282-307.

Grignon, Claude Henri, «De l'éducation des filles», *les Pamphlets de Valdombre*, vol. 3, n° 12, novembre 1939, p. 443-447.

Havel, Jean, «La femme dans la société moderne», *Liberté*, vol. 10, n° 1, janvier-février 1968, p. 34-39.

Hébert (P.P.), «L'Éducation supérieure et l'apostolat de la femme», *le Devoir*, vol. 32, nos 172 et 173; 28 et 29 juillet 1941, p. 5. «La famille au Québec», *Relations*, n° 305, mai 1966, p. 129-164.

Martin, Paul-Aimé (directeur de Fidès et de *Mes fiches*), «La femme dans la vie sociale», *Mes fiches*, n° 115, numéro spécial, Montréal, Fidès, 5 décembre 1942, p. 1-2.

Rocher, Guy, «Les modèles et le statut de la femme canadienne-française», *Revue internationale des sciences sociales*, vol. 14, n° 1, 1962, p. 132-139.

Tessier, monseigneur Albert, «Les Écoles ménagères au service du foyer», *Relations XI*, 21 septembre 1942, p. 235-237.

Valois, Jocelyne, «La presse féminine et le rôle social de la femme», *Recherches sociographiques*, vol. VIII, n° 3, septembre-décembre 1967, p. 351-375.

C. Production étrangère

Albistur Maïté et Daniel Armogathe, *Histoire du féminisme français du moyen âge à nos jours,* Paris, Éditions des Femmes, 1972, 508 p.

Alzon, Claude, *la Femme potiche et la femme boniche*, Paris, Maspero, 115 p.

Aubert, Jean-Marie, *la Femme antiféminisme et christianisme*, Paris, Le Cerf-Desclée, 1975, 226 p.

Beauvoir, Simone de, *le Deuxième sexe*, Paris, Gallimard, 1949, 2 vol.

Beauvoir, Simone de (présentation de), *les femmes s'entêtent*, Paris, Gallimard, «Idées», 1975, 478 p.

Chasseguet-Smirgel, J., *la Sexualité féminine*, traduction américaine, Paris, Payot, 1970, 310 p.

Chesler, Phyllis, *les Femmes et la folie*, traduit de l'américain par J.-P. Cottereau, Paris, Payot, 1975, 260 p.

Chombart de Lauwe, Marie-José, *la Femme dans la société*; son image dans différents milieux sociaux par Marie-José et Paul-Henry Chombart de Lauwe (*et al.*; 2 annexes par Philippe Robert, Colette Guillaumin, Nicole Mathieu. Paris, Centre national de la recherche scientifique, 2e éd., 1967, 439 p.

Decaux, Alain, *Histoire des Françaises*, Paris, Librairie académique Perrin, 1972, 2 vol.

Eaubonne, Françoise d', *le Féminisme ou la mort*, Paris, Horay, 274 p.

Eaubonne, Françoise d', *Histoire de l'art et lutte des sexes*, Paris, Éditions de la Différence, «Le Goût du vrai», 1977, 182 p.

Friedan, Betty, *la Femme mystifiée,* Genève, Gonthier, 1964, 2 vol.

Greer, Germaine, *la Femme eunuque*, traduit de l'anglais par L. Casseau, Paris, Laffont, 1970, 430 p.

Halimi, Gisèle, *la Cause des femmes*; propos recueillis par M. Cardinal, Paris, Grasset, 1973, 206 p.

Harding, Esther, *les Mystères de la femme dans les temps anciens et modernes*, Paris, Payot, 1953, 315 p.

Houdebine, Anne-Marie, «Les femmes et la langue», *Tel quel*, n° 74, hiver 1977, p. 84-95.

Kristeva, Julia, *Des Chinoises*, Paris, Éditions des Femmes, 1974, 228 p.

Malinowski, B., *la Sexualité et sa répression*, traduit de l'anglais par S. Jan Kélévitch, Paris, Payot, 1976, 232 p.

Marx, Karl et Friedrich Engels, *la Sainte Famille*, traduction d'Erna Cogniot, Paris, Éditions sociales, 1972, 256 p.

Mead, Margaret, *l'Un et l'autre sexe*, traduit de l'américain par Claudia Ancelot et Henriette Étienne, Paris, Denoël / Gonthier, 1966, 344 p.

Millet, Kate, *la Politique du mâle*, traduit de l'américain par Élisabeth Gille, Paris, Stock, 1971, 478 p.

Mitchell, Juliet, *Psychanalyse et féminisme*, traduit de l'anglais par Françoise Basch, Françoise Ducrocq, Catherine Léger, Paris, Éditions des femmes, 1975, 634 p.

Money, John et Patricia Tucker, *Êtes-vous un homme ou une femme?* Traduit de l'anglais par J.-P. Partensky, préface de Jean-Yves Desjardins, Montréal, la Presse, 1977, 222 p.

Moscovici, Serge, *la Société contre nature,* Paris, Union générale d'éditions, «10 / 18», 1972, 444 p.

Piettre, Monique, *la Condition féminine à travers les âges,* Paris, Éditions France-Empire, 1974, 315 p.

Quéré-Jaulmes, France, *la Femme; les grands textes des Pères de l'Église*, Paris, Éditions du Centurion, 1968, 327 p.

Rowbotham, Sheila, *Féminisme et révolution*, traduit de l'anglais par Pierre Kamnitzer Paris, Payot, 1973, 309 p.

Sartin, Pierrette, *Aujourd'hui la femme; pour une politique pratique de la femme*, Paris, Stock, 1974, 413 p.

Stora-Sandor, Judith, *Alexandra Kollontaï : marxisme et révolution sexuelle*, Paris, Maspero, 1973, 286 p.

Stuart Mill, John, *l'Asservissement des femmes*, traduction et préface de Marie-Françoise Cachin, Paris, Payot, 1975, 195 p.

Sullerot, Évelyne, *Histoire et sociologie du travail féminin; essais,* Paris, Gonthier, 1968, 395 p.

Sullerot, Évelyne, *la Femme dans le monde moderne*, Paris, Hachette, 1970, 255 p.

Sullerot, Évelyne (direction) ouvrage collectif, *le Fait féminin*, Paris, Fayard, 1978, 520 p.

Wollstonecraft, Mary, *Défense des droits de la femme*, traduction de Marie-Françoise Cachin, Paris, Payot, 1976, 239 p.

Table des matières

Achevé d'imprimer
en novembre 1982 sur les presses
des Ateliers Graphiques Marc Veilleux Inc.
Cap-Saint-Ignace, Qué.

LES PRESSES DE L'UNIVERSITÉ DE MONTRÉAL
C.P. 6128, succ. « A », Montréal, Qué., Canada   H3C 3J7

EXTRAIT DU CATALOGUE

Linguistique

Description grammaticale du parler de l'Île-aux-Coudres. Émile SEUTIN
Les Discours de Cicéron. La concurrence du tour casuel et du tour prépositionnel. Michel THÉÔRET
Études sur la langue parlée des enfants québécois 1969-1980. Émile GAGNÉ et Michel PAGE
Introduction à la linguistique générale, vol. I-II-III. Claude GERMAIN et Raymond LEBLANC
Virgile. Concordance I Églogues, Géorgiques, Enéide. Concordance II Appendix Vergiliana. Domenico FASCIANO

Littérature

Albert Camus ou l'imagination du désert. Laurent MAILHOT
André Breton, hermétisme et poésie dans *Arcane 17.* Suzanne LAMY
André Gide, écriture et réversibilité dans *les Faux Monnayeurs.* N. David KEYPOUR
André Gide ou l'ironie de l'écriture. Martine MAISANI-LÉONARD
Bachelard ou le concept contre l'image. Jean-Pierre ROY
Balzac. Sémiotique du personnage romanesque : l'exemple d'ature*Eugénie Grandet.* Roland LE HUENEN et Paul PERRON
Balzac et le jeu des mots. François BILODEAU
Boileau : visages anciens, visages nouveaux. Bernard BEUGNOT et Roger ZUBER
Colette, ses apprentissages. Paul D'HOLLANDER
Commvnes méMORiALISTE. Jeanne DEMERS
Cyrano de Bergerac et l'art de la pointe. Jeanne GOLDIN
Le Dandysme de Baudelaire à Mallarmé. Michel LEMAIRE
Émile Zola   Correspondance, tome I (1858-1867). Sous la direction de B.H. BAKKER
Émile Zola   Correspondance, tome II (1868-mai 1877). B.H. BAKKER
Émile Zola   Correspondance, tome III (juin 1877-mai 1880). B.H. BAKKER
Émile Zola   Correspondance (édition de luxe), tome I (1858-1867). B.H. BAKKER
Émile Zola   Correspondance (édition de luxe), tome II (1868-mai 1877). B.H. BAKKER
L'Entretien au XVIIᵉ siècle. Bernard BEUGNOT
Expérience religieuse et expérience esthétique. Marcelle BRISSON
Flaubert ou l'architecture du vide. Jean-Pierre DUQUETTE
Guez de Balzac. Bibliographie générale. Supplément 1. Bernard BEUGNOT
Henri de Régnier : le labyrinthe et le double. Mario MAURIN
Hugo : amour / crime / révolution. André BROCHU
Jean Racine : un itinéraire poétique. Marcel GUTWIRTH
La Bruyère ou le style cruel. Doris KIRSCH
Mallarmé et *les Mots anglais.* Jacques MICHON
Mallarmé, grammaire générative des *Contes indiens.* Guy LAFLÈCHE
Marcel Proust, critique littéraire. René de CHANTAL
Marcel Proust et l'architecture. Kay BOURLIER
Michel de Montaigne ou le pari d'exemplarité. Marcel GUTWIRTH
Le Mythe de Maria Chapdelaine. Nicole Deschamps, Raymonde Héroux et Normand VILLENEUVE
Paul Claudel : une musique du silence. Michel PLOURDE
La Recherche du dieu chez Paul Valéry. Abraham LIVNI
Samuel Beckett et l'univers de la fiction. Fernande SAINT-MARTIN
Sigrid Undset ou la morale de la passion. Nicole DESCHAMPS
Valéry : pour une poétique du dialogue. Alexandre LAZARIDÈS